MARIO BERTOLINI

Ocultismo, Guerra Espiritual y Liberación

Peniel

BUENOS AIRES - MIAMI - SAN JOSÉ - SANTIAGO

www.peniel.com

Ocultismo, guerra espiritual y liberación
Mario Bertolini

Publicado por:
Editorial Peniel
Boedo 25
Buenos Aires C1206AAA - Argentina
Tel. (54-11) 4981-6034 / 6178
e-mail: info@peniel.com

www.peniel.com

Copyright © 2003 Editorial Peniel

Diseño de cubierta e interior: Arte Peniel / arte@peniel.com

ISBN N° 987-557-013-3

Edición N°2 Año 2003
Segunda edición, actualizada

A menos que se indique de otra manera, todas las citas fueron tomadas de la Santa Biblia, versión Reina Valera, revisión 1960.

Impreso en Colombia
Printed in Colombia

Índice

L I B E R A C I Ó N

Advertencia

Hay un peligro latente cuando intentamos abordar temas como el ocultismo, guerra espiritual y liberación. Y el peligro se encuentra ligado a la posición que adoptemos, como cristianos, ante estos temas. Porque estamos profundizando y discerniendo lo que la Biblia dice respecto a la despiadada lucha espiritual que el diablo ha desatado contra la creación de Dios, y como esto supone un constante desafío y amenaza a la efectividad y estabilidad de cada creyente, deben evitarse dos peligrosos extremos.

Un extremo peligroso es la tendencia de algunos que han dispuesto ignorar a nuestro más acérrimo enemigo y desdeñar el tema de los demonios, con el argumento de que es la voluntad de Dios que prediquemos a Cristo resucitado –lo que es una verdad absoluta– pero con el agregado de que no hay que preocuparse del diablo, pues el Señor ya lo venció en la cruz, y que lo mejor es ignorarlo. Esto suena como algo muy espiritual, pero no es bíblico. Precisamente, una de las estrategias más inteligentes de Satanás es tratar de mantener a los creyentes en la ignorancia de su poder y forma de obrar. Todo creyente que se consagra para servir a Dios debe saber que se ha transformado en un blanco de los ataques del diablo, y que se encuentra en medio de una guerra espiritual; por lo tanto ignorar las armas espirituales que Dios nos ha provisto para esta lucha, es como elegir el camino de la derrota.

El peligro del otro extremo es vivir constantemente preocupado por las maquinaciones del diablo, al punto de ver demonios amenazantes en todos los hechos y circunstancias de la vida. Esto impide ver la verdad de la Palabra de Dios que dice que Satanás es un enemigo vencido, y sobre todo priva al que sigue este concepto erróneo, el poder vivir en la victoria que Cristo logró en la cruz del Calvario.

El punto de equilibrio está en saber y aprender todo lo que la Biblia dice y no dice respecto al ocultismo, la guerra espiritual y la liberación.

Le invito a que al leer este libro coloque al Señor Jesucristo delante de su vida, en el centro de su visión, y lo mantenga afirmado en el trono de su corazón. Entonces desde allí podrá ver la realidad del diablo vencido y siempre a la sombra de la cruz de Cristo, sin ignorar que Satanás es un ser espiritual en persona, tan real y vivo como usted o como yo, pero con la gran diferencia de que él solo busca destruir nuestras vidas.

Introducción testimonial

He puesto todo mi empeño en escribir este libro con la pretensión de que sea totalmente práctico para su vida de creyente, y para que pueda aplicarlo a sí mismo o usarlo como ayuda para alguien necesitado y vinculado a la incesante lucha espiritual en la que estamos enrolados todos los cristianos. Esto no deja de lado el uso de la teología bíblica, no como teoría sino como fundamento de todo lo expuesto, porque nada de lo que hagamos nos servirá si excluimos el estudio de Dios en cualquier asunto, y sobre todas las cosas si dejamos de enfocar a Cristo como el centro de nuestra vida. Por ello le aconsejo que tenga siempre a su mano la Santa Biblia, especialmente por la mención de textos que le ayudarán a ampliar la comprensión de la voluntad divina sobre estos temas tan profundos, y que mantenga un espíritu de oración antes y durante la lectura. En todos los casos, salvo aclaración, los textos están tomados de la Biblia en la Versión Reina Valera, revisión 1960.

Dice la Biblia que el Hijo de Dios vino a salvar la humanidad, y a *"deshacer las obras del diablo"* (1 Juan 3:8). Y que Jesús apareció en la Tierra debido a que todos los habitantes estaban sumidos en la práctica del pecado, y que en esa condición pertenecían al diablo, pues el diablo peca desde el principio.

Este versículo bíblico no solo autentica la real existencia del diablo y su nefasta influencia sobre la humanidad, sino que manifiesta que todo el que practica el pecado tiene como padre espiritual al diablo, pues él es el iniciador del pecado y el que lo introdujo en el mundo cuando logró que nuestros primeros padres, Adán y Eva, en lugar de guardar la verdad de Dios, creyeran a su mentira y desobedecieran al Creador.

El diablo es sin lugar a dudas el jefe supremo de las *"huestes espirituales de maldad"* (Efesios 6:12). Está en una continua actividad pecaminosa, peca él mismo como principal promotor del pecado, y mantiene a la humanidad bajo el engaño de que todos los caminos religiosos (lo que incluye las falsas religiones y doctrinas erróneas) conducen a Dios. Aunque su mayor esfuerzo es el de seducir personas interesadas en el conocimiento de los misterios del más allá, y esclavizarlas espiritualmente a través de los atractivos del ocultismo. De su actual naturaleza no fluye nada bueno, sino solo el mal y todo lo que conduce al pecado. Dice 1 Juan 3:8 que *"el diablo peca desde el principio"*. Esto marca un punto de inicio; el diablo no fue creado como ángel perverso sino, todo lo contrario, fue creado por Dios como un ángel de luz. Pero el día que se reveló contra su Majestad cayó de la justicia divina en la que andaba y comenzó su vida de diablo. Cayó de la verdad, por lo cual dijo Jesús: *"no ha permanecido en la verdad"* (Juan 8:44).

Dice la Biblia que *"para esto apareció el Hijo de Dios, para deshacer..."*. Es significativo aquí el uso del verbo griego *Luo* traducido como *deshacer,* y que tiene como sinónimos: desatar, desligar y liberar. En realidad, lo que expresa este versículo es que la humanidad estaba atada, cautiva en las garras del diablo, sin poder desligarse por sí misma, pues todos estaban en un estado natural pecaminoso y seducidos en la práctica del pecado. La acción principal de Jesús fue frenar, quitar fuerza o reducir a la impotencia el poder del diablo. El diablo sigue activo en la realización de sus malvadas obras, pero ya ha sido derrotado por Cristo en la cruz, donde fue abolida para siempre la esclavitud al pecado. Y si confiesa su fe en Cristo, todo habitante del planeta puede escapar de la tiranía del diablo.

Después de resucitar Jesús se apareció a sus discípulos, vivo, y les dio una comisión que debían realizar con total abnegación. En realidad, les delegó la tarea que Él había iniciado, de extender el amor de Dios al anunciar las buenas nuevas del evangelio de salvación y el de llevar liberación a todos los esclavos del pecado. Jesús les dijo:

"Id por todo el mundo y predicad el evangelio a toda criatura. El que creyere y fuere bautizado; será salvo; mas el que no creyere, será condenado.

Y estas señales seguirán a los que creen: En mi nombre echarán fuera demonios; hablarán nuevas lenguas; tomarán en las manos serpientes, y si bebieren cosa mortífera, no les hará daño; sobre los enfermos pondrán sus manos, y sanarán" (Marcos 16:15-18).

Y finalmente, al cumplirse los cuarenta días desde su resurrección, Jesús se reunió por última vez con sus discípulos antes de ascender a los cielos y les encomendó nuevamente la tarea de la evangelización mundial, pero les dio la promesa de que enviaría el Espíritu Santo para que los dotara de poder para actuar y para ir hasta lo último de la Tierra como testigos de su verdad.

Este mandamiento está sobre la iglesia del Señor en nuestros días. Pero si lo intentamos cumplir en nuestras fuerzas naturales, fracasaremos ante los embates espirituales del diablo y sus demonios. Por ello necesitamos el primer ungimiento y bautismo del Espíritu Santo, necesitamos su poder para servir con efectividad, para salvar a los cautivos espirituales, para sanar a los enfermos, para liberar a los poseídos por demonios. Y, además, debemos esforzarnos en obtener el conocimiento bíblico acerca de la acción de los espíritus malignos y de sus constantes asechanzas alrededor de los creyentes para tratar de recapturarlos.

Debido a la falta de conocimiento de la verdad bíblica es que muchos creyentes, en su ignorancia, han caído seducidos por demonios y falsos profetas, en el afán y la curiosidad de conocer los misterios del más allá. Quiero decirle que todo lo que es de Dios fluye únicamente de Él a nuestras vidas por su Espíritu Santo. Sin embargo, la ignorancia y la distorsionada enseñanza sobre estos importantísimos temas han sido uno de los motores que me impulsaron y me dieron la energía para terminar este libro, para que todo creyente conozca los principios bíblicos, sobre todo lo que Dios *dice* y lo que Dios *no dice* en cuanto al ocultismo, la guerra espiritual y la liberación de cualquier afectación demoníaca.

Quiero manifestarle que antes de convertirme en un verdadero hijo de Dios y de llegar a ser un siervo de Dios, transité desde mi juventud por varios y distintos caminos del ocultismo. Lo hice al principio por curiosidad, pero luego me sentí atraído y seducido, para transformarme en uno más de los fieles seguidores de las tantas ofertas de falsa religiosidad que existen en el mundo.

Comencé asomándome al mundo del espiritismo y de los seguidores del fenómeno OVNI, aprovechando mis temporales estadías en Bogotá, Colombia, debido al ejercicio de mi profesión como productor y director de cine publicitario. Allí conocí a un redactor publicitario que

9

me prestó un libro esotérico, que despertó en mí el deseo de conocer más, y prontamente empecé a reunirme con el grupo al que él pertenecía, y casi sin darme cuenta quedé atrapado por el ocultismo.

Pasé luego a incursionar, también en Bogotá, en una secta que pretendía la fraternidad universal, fundada por un europeo occidental poseído por un fuerte espíritu del anticristo, con una mezcla de enseñanzas tal como las presenta la Nueva Era, que incluían prácticas de yoga y esoterismo, importadas de la masonería y del misticismo oriental. Estudié con ellos y practiqué el trazado de cartas natales y predicciones astrológicas.

También llegué, en la misma secta, a ser instructor de ejercicios de yoga. Más tarde me involucré en la profundización de la práctica esotérica del yoga con otro grupo que se denominaba "asociación de autorrealización", que impartía las enseñanzas de un conocido yogui oriundo de la India.

Todo esto lo hice acompañado de abundante lectura de libros esotéricos y un curioso impulso de descubrir algunos de los secretos ocultos de las culturas prehispánicas. Esto me llevó a visitar los más importantes yacimientos arqueológicos de Latinoamérica, de los que escribí artículos periodísticos que fueron publicados en distintas revistas de interés general. También alcancé a realizar un documental y un proyecto de programa de televisión sobre los secretos de las culturas prehispánicas que dejaron huellas indescifrables hasta hoy.

Cuando vivía en México con mi familia, realicé un curso de aprendizaje del idioma, de las ciencias y del ocultismo de los mayas con un chamán oriundo de Yucatán, que me enseñó el esoterismo guardado en todos los jeroglíficos de su escritura.

En realidad, el ocultismo me había sumergido en un mundo de tal confusión, que prácticamente mi vida estaba sin rumbo; había alcanzado la fama y la fortuna, por medio de mi profesión, pero me sentía totalmente vacío. Hasta que el Señor Jesucristo entró en mi vida y me llenó de su luz, y pude ver su verdad para entregarme a Él para siempre, y abandonar así todas esas prácticas.

Sin embargo, algo ocurrió muchos años después. Todas estas experiencias con el ocultismo me habían dado alguna preeminencia en los púlpitos de los distintos países que visitaba a través de mi testimonio personal, que acompañaba con la disertación de algunos seminarios o conferencias sobre el tema.

Este incidente que pasaré a narrarle ocurrió después de que yo había recibido la última credencial como Ministro Ordenado de las Asambleas de Dios en la Argentina, la que me acreditaba a ejercer los servicios pastorales de la Iglesia Cristiana Evangélica. Había concluido todos los estudios bíblicos y los requisitos de enseñanza que ameritaban ese título.

Un pastor amigo me pidió que lo auxiliara con una persona que había llegado a su iglesia, y que tenía unas revelaciones trascendentes provenientes de supuestos ángeles de Dios, aunque era algo incomprensibles para él, por estar relacionadas con el esoterismo. Quería que por medio de mi experiencia en el ocultismo le ayudara a determinar la autenticidad de las manifestaciones de tal profetisa.

Pero allí ocurrió algo para lo que yo no estaba preparado ni tampoco experimentado en la lucha con las artimañas y asechanzas de Satanás. El diablo es un gran seductor, y él mismo preparó mi llegada, pues fui recibido como el "gran experto y único iluminado" que podría lidiar con esa situación. Y, lamentablemente, mi orgullo fue inflado lo suficiente para anular mi discernimiento espiritual, y debido a ello caí en la trampa.

Usted quizás se pregunte, ¿para qué sirvió toda la experiencia pasada, si terminó por caer tan fácilmente en la trampa del diablo? Bueno, esto no duró mucho tiempo. Esta lección me ayudó a ver en mi propia experiencia la fragilidad de mi ser y cómo el Espíritu Santo es mucho más poderosos que el engañador.

Fue con la ayuda de mi esposa Nilda, una formidable guerrera de oración, la que Dios puso por columna del hogar en esos tiempos de confusión. Nilda, unos años atrás fue el testimonio que abrió mis ojos espirituales para que yo pudiese ver al Cristo que vivía en su corazón. Ella se convirtió primeramente al Señor, y por el impacto de su trascendente cambio fui impulsado a entregar mi vida al Señor Jesucristo, y también por la oración de mis hijos: Mariana, Pablo, Elías, de mi yerno Diego, y a través de las reveladoras palabras que el Espíritu Santo me dio por medio de la Biblia. Tuve, además, el respaldo de mi denominación y las oraciones de los ancianos, y por medio de todos ellos recibí la liberación del Señor, y no solo de aquella oscura situación, sino que tuve luz para descubrir el falso espíritu que estaba en la famosa profetisa, para poder confesarlo y advertirlo a todos los que habían sido afectados.

Y también pude humillarme y pedir perdón a todos los que había criticado o juzgado porque no me acompañaron en la brecha del engaño en que estuve sumergido. Y por la gracia de Dios fui restaurado al ministerio que Dios me llamó, para seguir siendo un siervo del Señor a la manera de Dios: "para siempre".

Aunque las batallas no han terminado, continúo lidiando diariamente, no en mis fuerzas sino en las misericordias y el amoroso cuidado que me da el Señor, pues solo Él es el Todopoderoso vencedor.

Con esta introducción, me permito humildemente invitarlo a compartir con usted, amado hijo o hija de Dios, este libro, que resume todo lo que he aprendido hasta hoy, con la inspiración y la guía del Espíritu Santo, y a través de la lectura de grandes hombres de Dios que dejaron sus experiencias, y que están refrendadas y autenticadas en la Palabra de Dios, que verdaderamente nos revela respecto a las profundas raíces del ocultismo, a la importancia trascendente de la guerra espiritual, y de cómo llegar a ser instrumentos de liberación del asedio de los demonios que hasta hoy dominan las regiones celestes y hostigan la vida de multitud de creyentes.

Como le anticipé, este libro está dedicado y dirigido a usted, estimado hijo o hija de Dios, a cada miembro del Cuerpo de Cristo, a cada creyente de la Iglesia del Señor y Salvador Jesucristo; a toda la familia de Dios. Y particularmente a cada uno de mis amados hijos: Mariana, Pablo y Elías, a mi querido hijo político Diego, y mis nietos Virginia y Felipe. A la memoria de mis padres que partieron para estar con el Señor en los cielos, y a mi hermano Marcelo y su hermosa familia. Quiero, además, agradecer el constante aliento y apoyo de mi amada esposa Nilda durante el proceso de elaboración de este libro, especialmente con sus atinadas y sabias correcciones. Y a mi amigo y consejero, el Pastor Daniel Curra, por su aliento y valiosa ayuda en la lectura del manuscrito y la aclaración de importantes detalles.

Mario Bertolini
San Isidro, Buenos Aires
20 de febrero de 2002

OCULTISMO

13

Capítulo 1

El origen del ocultismo

Cuando los israelitas estaban listos para la conquista de la tierra prometida, la de Canaán, Dios les dijo claramente que debían destruir toda alma viviente en esa tierra. Es bueno preguntarnos el por qué de tan aparente despiadado mandato. La razón de esta acción era porque todos los habitantes, hasta los niños, adoraban ídolos satánicos en una abierta práctica de artes mágicas, adivinación, sacrificios humanos, etc., en medio de las más perversas prácticas de inmoralidad sexual.

Este severísimo juicio de Dios sobre todos los habitantes marcaba la gravedad de la maldición sobre Canaán a causa del libertinaje existente en la práctica del ocultismo. El hechizo maligno estaba sobre la tierra prometida y había que desarraigarlo antes de habitarla.

La Biblia dice que las raíces de la maldición de la práctica del ocultismo alcanzan hasta la tercera y cuarta generación. Dios quería impedir que su pueblo fuese contaminado, y el camino a seguir era la destrucción por la muerte de los habitantes que portaban la maldición.

Hoy, el pueblo de Dios y todos los cristianos del mundo estamos liberados de la maldición del ocultismo, por lo tanto ningún creyente podrá ser contaminado, salvo que preste su voluntad para permitirlo.

Y en el caso de que una persona llegara a convertirse al cristianismo con una herencia de maldición de generaciones anteriores, con la sola renuncia de esa atadura, en el nombre de Cristo, quedará liberada. Porque la muerte de Cristo quebró la maldición del ocultismo, rompió las ligaduras y las raíces han sido cortadas para siempre. Definitivamente, la maldición del ocultismo fue abolida en la cruz del Calvario.

Volviendo a los orígenes del ocultismo, analizando los rastros dejados por las más antiguas civilizaciones e indagando en sus prácticas religiosas descubiertas por arqueólogos y estudiadas profundamente por antropólogos, nos encontramos con un denominador común: sus raíces provienen del ocultismo.

El diccionario Larousse define la palabra oculto "como algo escondido"; pero como segundo significado lo vincula a algo secreto, misterioso y sobrenatural: "Asociado a la práctica de las ciencias ocultas como la alquimia, la magia, la nigromancia, la astrología, la cábala, etc. Son conocimientos y prácticas que se desarrollan en el misterio".

Precisamente las Escrituras profetizan que en el final de los tiempos resurgirá un sistema religioso que en el libro del Apocalipsis está representado por una mujer, y que en su frente exhibe un título escrito, que dice: *"Un misterio: BABILONIA LA GRANDE, LA MADRE DE LAS RAMERAS Y DE LAS ABOMINACIONES DE LA TIERRA"* (Apocalipsis 17:5).

Esta palabra "misterio" fue traducida del griego *musterion,* y significa literalmente "aquello que es conocido de los *mustês,* los iniciados en los secretos. Proveniente de *mueõ,* que significa iniciar en los misterios que están más allá de ser conocidos por medios naturales".

El mismo diccionario define "misterio" como el "conjunto de doctrinas o reglas que deben conocer solo los iniciados". Y respecto a la palabra "ocultismo" la define como el "conjunto de doctrinas y prácticas misteriosas, espiritistas, que pretenden explicar los fenómenos misteriosos de las cosas".

Esto no es una coincidencia, sino la clarificación del verdadero significado. Los humanos en la antigüedad descubrieron los secretos escondidos del mundo sobrenatural, incentivados por el conocimiento del bien y del mal que heredaron del pecado de Adán y

Eva, y establecieron contacto con los espíritus demoníacos, que les abrieron las puertas al conocimiento sobrenatural del ocultismo; estos son los secretos del misterio de Babilonia.

Dios desató un juicio de destrucción sobre el territorio que ocupaba una de las más esplendoras ciudades de la antigüedad, hecho descrito en la Biblia en los capítulos 50 y 51 del libro del profeta Jeremías, y que hoy como desolados testigos solo quedan algunas ruinas arqueológicas de lo que fue Babilonia en tiempos pasados.

Pero Dios, en el libro de Apocalipsis habla de un misterio, algo que todavía no ha sido revelado; por lo tanto es otra Babilonia, es la Babilonia espiritual que continúa existiendo en los sistemas religiosos que practican el ocultismo. Aguardamos su caída final, que ocurrirá en el final de los tiempos, y que de acuerdo a la profecía de Apocalipsis 19:2 dice que Dios *"ha juzgado a la gran ramera que ha corrompido a la tierra con su fornicación, y ha vengado la sangre de los siervos de la mano de ella".*

Para consolidar la identificación de esta Babilonia como el sistema religioso que sostiene las prácticas del ocultismo que tanto aborrece Dios, demos una mirada al pasaje del libro de la revelación que Dios le da al apóstol Juan en Apocalipsis 17:1-5:

"...te mostraré la sentencia contra la gran ramera (...) con la cual han fornicado los reyes de la tierra, y los moradores de la tierra se han embriagado con el vino de su fornicación(...) vi a una mujer sentada sobre una bestia (...) y tenía en la mano un cáliz de oro lleno de abominaciones y de la inmundicia de su fornicación (...) y en su frente un nombre escrito, un misterio:

BABILONIA LA GRANDE,

LA MADRE DE LAS RAMERAS

Y DE LAS ABOMINACIONES

DE LA TIERRA".

No cabe duda que este texto nos ayuda a sacar claras conclusiones de la maldición con que está impregnada y de los peligros que conlleva el involucrarse en la práctica de las ciencias ocultas u ocultismo religioso. Desde los orígenes, su práctica fue absolutamente satánica; esto explica una de las razones de por qué es tan peligroso tener recuerdos de viajes con piezas arqueológicas, especialmente si se desconoce el tipo de uso que se les daba.

Muchos personas y aún creyentes, inocentemente han llevado a sus hogares, tal vez como simple decoración, reliquias arqueológicas de pueblos paganos, y más tarde comenzaron a experimentar sucesos extraños, que denotaban la presencia de espíritus demoníacos.

Hace algunos años una mujer muy asustada me solicitó que fuera a su casa para orar, porque hacía un tiempo estaban ocurriendo allí cosas extrañas. Comenzaron por escuchar en la noche ruidos en la sala principal, como de muebles que se movían y también pasos de personas, pero cuando llegaban al lugar no había nada y todo estaba en orden. Pero la noche anterior, mientras cenaban, vieron desplazarse platos y utensilios sobre la mesa, y también las sillas se movieron por sí mismas, y entonces decidieron llamarme para que, como su pastor, fuese a orar y reprender cualquier espíritu que se hubiera instalado en la casa.

Lo primero que hice fue indagar acerca de las actividades que habían realizado en el último tiempo, y me contaron que hicieron un viaje al norte de la Argentina y visitaron un asentamiento arqueológico donde se conservaban los restos de una antigua ciudadela de origen incaico. Allí compraron unas especies de potes cerámicos originales, los que habían colocado como decoración sobre una repisa de la sala principal.

Oré y fui guiado a reprender cualquier espíritu que pudiese estar sobre los objetos. Inmediatamente, una fuerte presencia demoníaca se manifestó y sacudió a la dueña de casa. Les recomendé que se deshicieran de esos potes de cerámica, pero la mujer me dijo que los habían pagado muy caros porque eran valiosas urnas funerarias donde se depositaba las cenizas de los muertos.

Entonces pude comprender la razón de la presencia de los demonios. Les expliqué lo que estaba ocurriendo, pues ellos era nuevos en el camino del Señor y solo tenían un conocimiento superficial acerca del obrar de los demonios sobre este tipo de antigüedades de culturas prehispánicas.

El ocultismo comienza con la idolatría del practicante

El ocultismo atrae primeramente a los curiosos de los secretos del más allá, pero luego, bajo la seducción de los misterios que comienzan a ser develados, el practicante de las ciencias ocultas recibe el impulso de adorar a los dioses que los demonios le van indicando.

Estas imágenes de dioses son la máscara del mismo Satanás, quien obra en los sistemas religiosos para robar del ser humano la adoración que solo le pertenece a Dios, y esto lo lleva a cabo por medio de la idolatría. Esta idolatría es alimentada por el diablo, que obra desde el mundo sobrenatural, a través de milagros y señales engañosas con los que esclaviza a los adoradores de imágenes.

La idolatría siempre abre las puertas para la operación de los ocultos poderes de las tinieblas sobre los devotos idólatras.

Después de la muerte de Josué, extensas áreas de Canaán no fueron tomadas en posesión por el pueblo de Dios tal como Dios se los había demandado, y sus habitantes continuaron viviendo allí. Debido a ello, los israelitas comenzaron a casarse con las mujeres cananeas, sin recordar que la maldición estaba sobre todos sus habitantes. Como resultado de estos casamientos, la maldición alcanzó al pueblo de Dios, sumado al pecado de su desobediencia que los aislaba de toda bendición divina.

Así fue que los israelitas comenzaron a adorar a dioses ajenos, y rompieron el pacto de fidelidad a Dios que habían hecho con Josué antes de su muerte, quien había convocado a todo el pueblo para que tomaran una decisión, respecto a qué Dios servirían desde ese momento en más. Él les dijo: *"Y si mal os parece servir al Señor, escogeos hoy a quien sirváis; si a los dioses a quienes sirvieron vuestros padres, cuando estuvieron al otro lado del río, o a los dioses de los amorreos en cuya tierra habitáis; pero yo y mi casa serviremos al Señor. Entonces el pueblo respondió y dijo: Nunca tal acontezca, que dejemos al Señor para servir a otros dioses"* (Josué 24:15-16).

Cuando los israelitas se juntaron con las mujeres cananitas la maldición los separó de Dios, y dado que no obtenían respuestas de Dios a sus peticiones, a causa de la condición espiritual en que se encontraban, decidieron buscar dioses reemplazantes, y como los cananitas los tenían a la mano, cayeron en la idolatría.

La Biblia narra con claridad la forma en que se prostituyó el pueblo de Dios, en el libro de los Salmos 106:34-39, donde dice: *"No destruyeron a los pueblos que Jehová les dijo. Antes se mezclaron con las naciones y aprendieron sus obras, y sirvieron a sus ídolos, los cuales fueron causa de su ruina. Sacrificaron sus hijos y sus hijas a los demonios (...) que ofrecieron en sacrificio a los ídolos de Canaán (...) y se prostituyeron con los hechos".*

El practicante de las ciencias ocultas cree que al rendir su adoración a las entidades superiores que desconoce, podrá llegar a manipular esas fuerzas espirituales de las tinieblas como si fuese Aladino que frota la lámpara mágica y logra que el genio le obedezca en sus peticiones, como en el legendario cuento de *"Las Mil y Una Noche"*.

En la realidad, los ocultistas aparecen como si manipularan los poderes de las tinieblas en su propio beneficio, pero la verdad es que los demonios se ofrecen a ser manipulados, como por ejemplo, por los médiums que llevan adelante las sesiones de espiritismo.

Pero involucrarse con el ocultismo es rendir la vida al mismo diablo, pues siempre Satanás termina por esclavizar aún a sus propios servidores.

Esta impía relación abre las puertas al mundo sobrenatural de las tinieblas, y el ocultista tendrá acceso para manipular los poderes demoníacos por un tiempo determinado, así como los magos de las cortes imperiales obraban sus encantos y subyugaban a los reyes y magistrados. Pero esto es obra del diablo para incentivar el compromiso del ocultista, hasta que este le entregue su vida, y finalmente sea totalmente poseído por sus demonios, para convertirse en un auténtico sacerdote del diablo.

La rebeldía contra Dios está enraizada con el ocultismo

Relata el libro de Génesis que cuando Eva se paseaba por los jardines del Edén se encontró con la serpiente antigua, que no era otra sino Satanás, que le hizo una seductora propuesta, si ella se animaba a transgredir la orden impartida por Dios de que no comiesen del fruto del árbol de la "ciencia del bien y del mal".

La seductora propuesta de la serpiente fue de que si comía del fruto prohibido le serían abiertos sus ojos espirituales, y llegaría a ser como Dios (Génesis 3:5). Eva no solo tuvo el deseo profundo de obtener el conocimiento oculto, sino que simultáneamente nació en ella un espíritu de rebeldía contra Dios. Y luego de obtener el conocimiento oculto y prohibido por Dios, Adán y Eva descubrieron tardíamente que estaban sujetos y esclavizados bajo un gobierno de tinieblas regido por el que los había seducido.

Dice la Biblia que después del diluvio, los seres humanos, a medida que se multiplicaron, poblaron una llanura que denomina Sinar. Si bien este lugar no ha podido ser identificado geográficamente, sus habitantes decidieron instaurar un sistema religioso por sí mismos, y comenzaron a construir un templo en forma de torre. Génesis 11:4 pone en boca de los constructores estas palabras: *"Vamos, edifiquémonos una ciudad y una torre, cuya cúspide llegue al cielo..."*. En realidad, trataban de erigirse como dioses, y los cielos serían el objeto de su adoración.

La ciudad donde habitaban se llamaba Babel, y muchos estudiosos de las escrituras vinculan esta ciudad como el incipiente nacimiento de lo que fue la esplendorosa Babilonia.

La Biblia no explica las razones por la que Dios confundió sus idiomas para hacerlos desistir de la construcción de la torre y así impulsarlos a separarse en pueblos para que habitaran toda la Tierra y no solo esa región. Pero podemos inferir que, dado que el pecado y el conocimiento del mal está inmerso en toda la descendencia de Adán y Eva, ellos siguieron indagando los secretos de lo oculto, y favorecidos por el diablo y sus demonios, pudieron acceder a los poderes sobrenaturales del gobierno de las tinieblas.

La Biblia explica que, a causa de la dispersión ocurrida en Babel, las corrientes emigratorias dieron origen a las principales razas humanas que poblaron la Tierra después del diluvio. Así fue cómo una de las corrientes llegó a la región que hoy conocemos como Europa, y dieron nacimiento a la raza blanca. Otra llegó al África y conformaron la raza negra. Recordemos que el pigmento de la piel es una protección a la supervivencia de los habitantes de ese continente con vastas regiones de espesas selvas y otras desérticas y fuertemente soleadas, que poseen los registros de las más altas temperaturas del planeta. Y la corriente que emigró a las regiones del medio y lejano oriente, dieron nacimiento a la raza comúnmente llamada amarilla.

A través de los estudios realizados por antropólogos, historiadores y estudiosos de religiones comparadas de distintas nacionalidades, descubrimos dos coincidencias predominantes halladas en la práctica de sus ceremonias religiosas, y que se reiteran en todas las razas y culturas de la antigüedad.

La primera de ellas es la evidencia de la práctica del ocultismo en sus rituales religiosos, y la segunda es la infaltable presencia del culto a la diosa madre. Aquí podemos vislumbrar una de las razones del porqué en el libro de Apocalipsis aparece la figura de una mujer que lleva el nombre de *"Misterio: Babilonia la grande, la Madre de las rameras..."*.

En Europa se practicó la brujería desde los albores de la civilización. Los druidas britanos, los antiguos galos y los frigios, practicaban el esoterismo, y hacían rituales con dólmenes y menhires, y con ciertos árboles cuyos bosques consideraban sagrados. Adoraron el Sol, la Luna, y ciertas estrellas a las que le asignaban las características de dioses que regían los espíritus humanos.

También el cielo era el gran dios venerado devotamente como el dador o retenedor de la lluvia. Los frigios adoraban a la diosa madre Ma. Cuando los frigios llegaron desde Europa al Asia, llevaron el culto de la diosa madre, pero la rebautizaron Cibeles, la adoraron como el gran espíritu de la Tierra y como la personificación de todas las energías reproductoras de la Tierra.

Los rituales incluían celebraciones con prostitución sagrada y se les exigía a los sacerdotes de la gran madre que se castraran para servir en su templo.

Más tarde los romanos adoptaron el culto a la diosa madre Cibeles, lo que dio origen a los rituales orgiásticos que caracterizaban los carnavales romanos, que no era otra cosa que los ritos desenfrenados de los frigios que celebraban anualmente en conmemoración por la muerte y resurrección del dios Atis. Dice la leyenda que se había enamorado de Cibeles, y como prueba de amor ella lo obligó a castrarse en su honor; de ahí surge que los sacerdotes de Cibeles debían hacer lo mismo para poder entrar en el servicio.

En Egipto el culto más trascendente era rendido a la diosa Isis, la gran madre de los egipcios. La mitología dice que era la hermana y fiel esposa del dios Osiris, pero como diosa era más grande que él porque había vencido la muerte por medio del amor. La diosa Isis era el símbolo del misterioso poder creador, y de la madre que nutre la nueva vida hasta la madurez.

22

La veneraban con especial devoción y llenaban su imagen con cantidad de valiosas joyas. En el siglo III ocurrió el gran cisma del cristianismo y los evangélicos (llamados así por el celo en cumplir prioritariamente el mandato del Señor Jesucristo de evangelizar todo el mundo), se separaron de los católicos, debido a la participación de muchos de estos en la política gubernamental.

Fue el tiempo en que Constantino oficializó a la iglesia Católica Apostólica y Romana como la religión oficial del imperio, y procedió a confiscar todos los templos paganos y transformarlos en templos católico romanos.

Sin embargo, en muchos de ellos mantuvieron las imágenes de Isis amamantando a su divino hijo Horus, debido a que era la diosa que tenía el poder de la reproducción, y como la mayoría de los fieles eran agricultores y ganaderos, confiaban que la diosa les daría buenas crías y abundantes cosechas. Como la veneraban como madre de Dios, los dirigentes de la iglesia romana no se animaron a quitarla de los templos.

Esto continuó hasta el siglo IV, en que los católicos elevaron a la virgen María, como diosa y madre de Dios; entonces pudieron reemplazar las imágenes de Isis de los templos y colocar las imágenes de María.

En Asia, y específicamente en la India, eran los dioses Brama, Shiva y Visnú que conformaban la tríada que recibía la mayor adoración de los hindúes. Sin embargo, Shiva, que representaba al dios de la energía creadora, tenía como esposa a la diosa Kali, que era reverenciada como la diosa de la maternidad y del poder creador de la naturaleza; representaba a la energía creadora y reproductora. Sin embargo, esta diosa requería cultos con rituales sangrientos que incluían sacrificios humanos, aunque posteriormente se redujo el ritual a los sacrificios de cabras. En definitiva, Kali representa la diosa madre de los hindúes.

El conocimiento del mas allá y el poder sobrenatural son los principales elementos del ocultismo

La mayoría de las personas que se involucran en el ocultismo, lo hacen buscando descubrir el destino eterno y el conocimiento del más allá. Hay una curiosidad natural en todo ser humano de encontrar el significado y propósito de la vida, y así muchas personas en su inocencia son atrapadas espiritualmente y seducidas por la fascinación del ocultismo. Todas las formas de ocultismo pretenden ser las depositarias de los ocultos secretos de la eternidad.

Las Escrituras advierten cuando dicen que todas *"las cosas secretas pertenecen al Señor nuestro Dios"* (Deuteronomio 29:29). La revelación de lo oculto despierta la codicia de alcanzar poder sobrenatural para dominar y controlar todas las cosas. Este fue el impulso egoísta que se despertó en Eva para anhelar *"ser como Dios"* (Génesis 3:5).

En realidad, Dios había puesto sobre Adán y Eva el potencial para conquistar y dominar toda la creación para la gloria del Señor, pero este potencial fue pervertido por el pecado. El ser humano llegó a poseer el conocimiento de lo oculto, y el poder sobrenatural que le otorgaban los demonios, y así con el conocimiento y el poder, el ocultista (brujo, chamán, iniciado, adivino, mago, etc.) buscó dominar y controlar a sus semejantes por medio del temor de lo sobrenatural; hacían ostentación de tener poder sobre los dioses del más allá.

Todos los seres humanos podemos ejercer distintos poderes en la relación con nuestros semejantes. Puede ejercerse el poder coercitivo, que es a través del temor y la fuerza. También el poder natural de la seducción humana, que se utiliza en el intercambio de valores o poderes; es un uso negociador del poder donde muchas veces interviene el engaño y la seducción maligna. Y el poder de la integridad de los más altos valores espirituales, que la Biblia lo denomina el poder de la santidad, que todo creyente debe alcanzar en sujeción y colaboración con el Espíritu Santo de Dios.

Los ocultistas, al tener el conocimiento del más allá, se sienten poderosos y comienzan a ejercer ese poder por medio del temor hacia sus fieles súbditos. Este es uno de los comportamientos característicos de las sectas religiosas, en la que la mayoría de los seguidores son sometidos a través del temor por el "iluminado" que los dirige.

Los "iluminados" creen que con el conocimiento de los secretos revelados de lo oculto pueden manipular los dioses del más allá, y hacerse poderosos a sí mismos. Esto es lo opuesto de la revelación de la verdad bíblica, que dice que el sometimiento a Dios es el camino que nos conduce a la meta de lograr ser semejantes a Cristo (Santiago 4:7-8).

Capítulo 2

La falsificación del ocultismo

El ser humano es naturalmente religioso, pero a causa del pecado tiene el corazón pervertido, inclinado hacia el lado incorrecto. Dice la Biblia que después de la muerte de Josué y de los ancianos dirigentes de la congregación israelita, y también de todos los que habían presenciado con sus propios ojos las maravillas de Dios, *"Se levantó después de ellos otra generación que no conocía a Dios, ni la obra que él había hecho en Israel. Después los hijos de Israel hicieron lo malo ante los ojos de Dios, y sirvieron a los baales. Dejaron al Señor Dios de sus padres (...) y se fueron tras de otros dioses (...) a los cuales adoraron; y provocaron la ira de Dios. Y dejaron a Dios y adoraron a Baal y a Astarot"* (Jueces 2:10-13).

Los israelitas negaron su adoración y servicio al Señor su Dios, y cayeron en un estado de apostasía, aceptaron adorar y servir a dioses falsos y pervirtieron sus corazones, cautivados por el seductor engaño de las maravillas sobrenaturales que presenciaron.

Se produjo así un despertar espiritual de lo oculto que les impidió comprender que eran introducidos en un gobierno de tinieblas, y que como resultado de ello, quedaron en las manos de sus enemigos, que comenzaron a oprimirlos.

Es importante aquí desentrañar las razones por las que los israelitas fueron presa de semejante patraña, al punto de adorar y servir a dioses falsos como Baal y Astarot.

La razón fue que los sacerdotes de Baal se disfrazaron de sacerdotes del Altísimo, y por medio de esta falsificación engañaron a un pueblo que estaba debilitado en sus creencias; por un lado los matrimonios celebrados con esposas que los fueron induciendo a transformar sus corazones en fieles seguidores de los baales, y por otro la ausencia de un liderazgo que impulsara la devoción a Dios, que les advirtiera del engaño, y fácilmente cayeron en la apostasía.

Hay una advertencia en la segunda carta de Pablo a los Corintios 11:13-15, y que es también para nuestros días, y en la que debemos poner suma atención todos los creyentes, que dice: *"Porque estos son falsos apóstoles, obreros fraudulentos, que se disfrazaron como apóstoles de Cristo. Y no debemos maravillarnos, porque el mismo Satanás se disfraza como ángel de luz. Así que, no es extraño si también sus ministros se disfrazan como ministros de justicia, cuyo fin será conforme a sus obras"*.

No dice el texto bíblico que Satanás se disfrazaba, sino que hoy, tiempo presente, se sigue disfrazando, y también lo hacen sus sacerdotes. Por lo tanto, debemos mantener nuestros ojos bien abiertos para no ser engañados, para no caer en ninguna trampa como la que cayeron los israelitas cuando desobedecieron los mandatos del Señor, y amaron más los placeres del mundo que a Dios.

El ocultismo descubre la realidad de otra dimensión

Ante todo debemos aceptar que las Escrituras enseñan que hay un mundo oculto a nuestros ojos, y que es absolutamente real. La carta de Pablo a los Efesios habla de principados, potestades, gobernantes de las tinieblas y huestes espirituales de maldad, que habitan en una dimensión de las *"regiones celestes"* (6:12).

Por lo tanto, el mundo de lo oculto está en una dimensión sobrenatural, y el diablo y su ejército habitan esa dimensión. Desde allí logran producir efectos sobrenaturales, los que pueden confundir a muchos creyentes, que creen que esas falsificaciones provienen de Dios.

Esto es posible si el creyente no ha aprendido que el enemigo de nuestras almas es también un gran falsificador, que se hace pasar muchas veces por un ángel de luz.

Esta dimensión oculta es el mismo reino de las tinieblas, que ha sido abierto a muchos seres humanos por medio de las ciencias ocultas. Las llaves que permiten al ocultista entrar en esa dimensión son las prácticas del espiritismo, la adivinación, la brujería, el chamanismo, la astrología, el yoga, el misticismo oriental, la idolatría, las artes mágicas, los fenómenos psíquicos, la teosofía, los seguidores del fenómeno OVNI, el satanismo, las sectas y doctrinas del anticristo, etc.

A través del ocultismo se falsifica la imagen de Dios

En el capítulo 17 del libro de los Jueces podemos descubrir cómo se operó la falsificación del culto a Dios. Una madre israelita y su hijo, llamado Micaía, que vivían al norte del territorio de Canaán, alejados del centro de adoración israelita que estaba en Silo, decidieron encargarle a un orfebre la realización de una imagen tallada y otra de fundición. Luego las pusieron en su casa, a la que convirtieron en "casa de dioses".

Micaía hizo, además, un efod y terafines que usaban para la adivinación, y contrataron a un levita errante como sacerdote de la casa de dioses. Evidentemente, sufrieron la influencia de los cultos paganos que celebraban los cananeos en esa región.

Habían agregado un aspecto pagano al culto del Dios de Israel, y se acomodaron al mismo. Más tarde llegaron a la región los israelitas de la tribu de Dan en busca de un lugar para establecerse, y cuando se encontraron con el sacerdote levita en la casa de dioses levantada por Micaía y su madre, decidieron llevar al falso levita con ellos, junto a las imágenes y los instrumentos de adivinación; dejaron la casa vacía de dioses.

27

Finalmente llegaron a Lais y allí se establecieron, llamaron el nombre de la ciudad Dan, como su padre, y comenzaron a adorar a las imágenes de los dioses falsos. En Jueces 18:31 dice que *"así tuvieron levantada entre ellos la imagen de talla que Micaía había hecho, todo el tiempo que la casa de Dios estuvo en Silo"*.

En Silo los israelitas habían levantado un altar para adorar al Dios verdadero, pero los de la tribu de Dan establecieron su propio santuario y le rendían culto a dioses falsificados.

Dice la Biblia que la idolatría a estos falsos dioses quedó establecida en esa tribu hasta que los asirios llevaron cautivos, después de la invasión, a todos los israelitas. Lo que significa que esta práctica se mantuvo por 270 años, aproximadamente.

Lo importante es analizar cómo fue que aquellos israelitas de la tribu de Dan cayeron en la idolatría de dioses falsos. Los de Dan buscaban la aprobación de Dios para tomar la ciudad de Lais, y el levita errante les dijo lo que ellos querían oír.

Pero no analizaron, ni tampoco se preocuparon por ver que ese levita estaba debajo o fuera de la gracia de Dios; por lo tanto nunca supieron que era un falso sacerdote errante separado de su tribu, y que abiertamente estaba practicando la idolatría. Por lo tanto, si no era Dios que estaba con el falso levita, los que les otorgaban las peticiones eran los mismos demonios que estaban detrás de las imágenes de los falsos dioses.

En realidad, los de Dan llevaron al falso levita con las imágenes de falsos dioses y los instrumentos de adivinación, como un talismán, porque confiaban que con su presencia los dioses les favorecerían en la conquista de Lais.

Buscaban dioses que pudiesen manipularlos, y los demonios se prestaron a ello y produjeron señales engañosas que atraparon a toda la tribu.

Así fue como Lais se transformó en un centro de idolatría, donde los israelitas rendían adoración a dioses falsificados, y lograron que todo el territorio y sus habitantes, pese a la conquista, continuaran bajo la maldición cananea. Al punto de que años más tarde, el rey Jeroboam allí mismo hizo fundir imágenes de becerros de oro y convocó a los israelitas para decirles: *"He aquí tus dioses, oh Israel (...) y puso uno en Bet-el, y el otro en Dan"* (1 Reyes 12:28-29).

Pero la paciencia de Dios tuvo sus límites, y el juicio del Señor fue dictado en la profecía de Amós cuando dijo: *"Los que juran por el pecado de Samaria, y dicen: Por tu dios, oh Dan (...) caerán y nunca más se levantarán"* (Amós 8:14).

Los fenómenos ocultistas son la contraparte de los dones espirituales de Dios

Para descubrir cualquier tipo de falsificación debemos confrontarla con los rasgos inequívocos del original, y aún así se necesitan expertos para dilucidar si el objeto es original o no.

Muchas veces, ante la duda de la autenticidad de una joya, es necesario recurrir a un experto joyero como el único idóneo que puede lograr identificar lo falso de lo verdadero. Para descubrir una falsedad espiritual debemos tener un conocimiento profundo de la verdad espiritual.

Dice la Biblia que Dios envió el Espíritu de verdad a todos los creyentes, el que ha venido a morar en forma sobrenatural en cada corazón.

Sin embargo, Jesús advierte en el Sermón del Monte que cada hijo de Dios debe tener sumo cuidado con los falsos profetas que andan disfrazados de ovejas, y que por dentro son como lobos rapaces.

Pero al mismo tiempo nos enseña la forma de cómo identificar al verdadero profeta y distinguirlo del falso, cuando dijo: *"por sus frutos le conoceréis"* (Mateo 7:15-20). Cuando los discípulos le preguntaron a Jesús acerca de cuáles serán las señales del fin del siglo, Él les dijo: *"Mirad que nadie os engañe. Porque vendrán muchos en mi nombre, diciendo: Yo soy el Cristo, y a muchos engañarán (...) Porque se levantarán falsos Cristos, y falsos profetas, y harán grandes señales y prodigios, de tal manera que engañarán, si fuere posible, aun a los escogidos"* (Mateo 24:4-5, 24).

Las características principales de la falsificación que advierten las Escrituras, son referidas a las señales y prodigios engañosos. Como Satanás conserva sus poderes sobrenaturales, aunque limitados por Dios, ha logrado adulterar y continúa adulterando cada una de las

29

verdades de Dios. Por lo tanto, es necesario que cada creyente se esfuerce en conocer de una manera profunda la manifestación verdadera de los dones sobrenaturales del Espíritu Santo de Dios, y de su contraparte, que es la adulteración que ha hecho el diablo de cada uno de los dones espirituales, con el fin de confundir y engañar, si es posible, a los mismos hijos e hijas de Dios. Veamos el siguiente gráfico:

LA VERDAD DE DIOS DONES DEL ESPÍRITU SANTO (1 Corintios 12:8-10)	FALSIFICACIÓN DEL DIABLO CONTRAPARTE DE LOS DONES ESPIRITUALES (Apocalipsis 13:13-15)
1- Don de palabra de sabiduría	1- Clarividencia y clariaudiencia (como la sabiduría de los brujos por medio de la revelación de los demonios).
2- Don de palabra de ciencia	2- Precognición
3- Don de discernimiento de espíritus	3- Telepatía
4- Don de fe	4- Fe psíquica
5- Dones de sanidades	5- Sanidad sobrenatural por entidades ocultas
6- Don de milagros	6- Magia
7- Profecía	7- Adivinación
8- Don de lenguas	8- Lenguas manifestadas por posesión demoníaca
9- Don de interpretación de lenguas	9- Estado hipnótico del médium

La verdad de Dios llega únicamente al creyente a través del espíritu humano, y allí es revelada por el Espíritu Santo. En cambio, la falsificación del diablo llega a la persona por medio de la psiquis, así es trasmitida por los demonios a la mente humana. Ninguna persona que no haya nacido de nuevo por su confesión de fe en el Señor Jesucristo como el Hijo del Dios viviente, puede recibir la revelación de esta verdad. Por lo tanto, los que buscan los secretos ocultos del más allá, prestan su órgano de pensamiento, creen que tienen un potencial sin desarrollar en sus mentes, y así caen como una presa fácil en manos de los demonios que comienzan a usar las mentes que se prestan voluntariamente, para desarrollar sus planes de iniquidad sobre la raza humana.

Para alcanzar la verdad de Dios no se requiere que la persona entre en un estado de trance o de pasividad en su mente. El Espíritu de Dios no anula la personalidad humana, ni mucho menos oprime a las personas que lo reciben.

El Espíritu Santo es el brazo constructor de Dios, y su trabajo se centra en la maduración del fruto del Espíritu en cada vida.

Él mismo otorga los dones espirituales a cada creyente de acuerdo a su soberana voluntad, pero nunca en base a los méritos personales del cristiano, porque estos dones no son otorgados para el beneficio personal de la persona que los tiene, sino a favor de la obra de Dios.

En cambio, la contraparte de las manifestaciones sobrenaturales engañosas, no solo otorga la exaltación y el beneficio del que los posee (brujo, hechicero, chamán, yogui, iniciado, etc.), sino que esclaviza espiritualmente a los beneficiarios de estas señales y falsos milagros, aunque momentáneamente hayan recibido una sanidad sobrenatural u otro beneficio; sus vidas inconscientemente han sido activadas hacia el pecado y en una profunda rebeldía contra Dios.

El don de discernimiento de espíritus descubre el engaño del ocultismo

El don del Espíritu Santo que necesita todo creyente para descubrir a los espíritus demoníacos que obran sobre la vida de alguna persona, o para desenmascarar a algún falso profeta, es el discernimiento de espíritus.

Hemos visto el texto de 1 Corintios 11:13, referido al cuidado que debemos tener acerca de falsos profetas, y aún de creyentes fraudulentos, que pueden infiltrarse en la congregación de los santos, y especialmente con los que aparentan ser como ángeles de luz.

En el libro de los Hechos nos encontramos con Pablo y su compañero Silas que predicaron el evangelio del Señor en la cuidad de Filipos. Allí les salió al encuentro una muchacha que descubrió la tarea que Pablo y Silas llevaban a cabo, y lo divulgó a viva voz para que lo oyeran todos los pobladores de la ciudad, diciendo: *"Estos hombres son siervos del Dios Altísimo, quienes os anuncian el camino de salvación"* (Hechos 16:17).

Y esto lo hizo por muchos días, lo que molestaba la labor de Pablo y Silas, hasta que Pablo se dirigió al demonio que estaba en la muchacha y le dijo: *"Te mando en el nombre de Jesucristo, que salgas de ella"*. Y al mismo instante el demonio obedeció la orden de Pablo y salió de la mujer. El apóstol apeló en ese instante al don de discernimiento de espíritus con que el Espíritu Santo lo había equipado, y pudo descubrir que lo que había en la muchacha no era un buen espíritu, pese a que lo que decía era lo correcto, sino que estaba poseída por un falso espíritu de adivinación.

Pablo exhortó a su discípulo Timoteo a que activara el don de Dios que estaba en él, y que le fuera otorgado por la imposición de manos del presbiterio, para que discerniera las doctrinas de demonios; y en los últimos tiempos –dice Pablo– muchos creyentes se debilitarán espiritualmente y *"apostatarán de la fe, escuchando a espíritus engañadores y a doctrina de demonios"* (1 Timoteo 4:1). La única forma en que los creyentes podemos descubrir la falsificación de los milagros producidos por demonios es a través del don de discernimiento de espíritus. La Biblia nos instruye de que ya está en acción el misterio de la iniquidad, *"cuyo advenimiento es por obra de Satanás con gran poder y señales y prodigios"* (1 Tesalonicenses 2:9). Recordemos a la mujer de Apocalipsis que lleva en su frente el cartel de *"misterio: Babilonia la grande..."*.

El don de Dios de discernimiento de espíritus trae una penetración sobrenatural dentro del oscuro mundo de los espíritus, que nos permite identificar al o a los demonios, y aún los nombres de los que poseen u oprimen a las personas, y a través de quienes manifiestan tales poderes o conocimiento sobrenaturales. Y en ese caso podremos, tal como lo hizo Pablo, reprender en el nombre de Jesucristo y echarlo fuera de la persona poseída u oprimida.

33

Capítulo 3

El ocultismo se ramifica de generación en generación

Así como se ramifican las rutas viales y sus ramales traspasan las fronteras de las naciones hasta enlazar continentes, de la misma forma el ocultismo no solo trae maldición al que lo practica, sino que puede ramificarse hasta alcanzar varias generaciones, y sus consecuencias conllevan graves trastornos espirituales y psíquicos a los descendientes (Números 14:18, Deuteronomio 5:9).

Antes de que los israelitas entraran en la conquista del territorio de Canaán, Moisés les advirtió con las palabras que Dios le había hablado, respecto del sumo cuidado que debían tener para no involucrarse en el ocultismo que practicaban los cananeos.

Dice Deuteronomio 18:9-12 (Versión La Biblia Al Día): "Cuando hayas entrado en la Tierra Prometida, tendrás especial cuidado de no dejarte llevar por las costumbres corrompidas de las naciones que ahora viven allí. Por ejemplo, cualquier israelita que presente su hijo para quemarlo en sacrificio a un dios pagano, debe ser muerto. Ningún israelita deberá practicar la magia, la invocación de espíritus, la adivinación, ni el encantamiento, la hechicería, ni ningún tipo de espiritismo. Cualquiera que haga estas cosas será abominable delante del Señor, pues es por esta causa que el Señor echa de esta tierra a los pueblos que la habitan".

En la época de la conquista de la Tierra Prometida, Dios todavía no había volcado sobre la humanidad, su gracia salvadora a través del sacrificio expiatorio de su Hijo quien por el derramamiento de su propia sangre abolió todo efecto de maldición en la cruz del Calvario.

Dado que faltaban muchos años para la venida de Jesucristo, los israelitas estaban bajo la inmutable ley de Dios, y la ley decía que la única forma de cortar la ramificación de la maldición era con la muerte del que se hubiera involucrado en la abominación del ocultismo, tal como ocurrió con Acán, el israelita que desobedeció a Dios cuando se apoderó de un objeto maldito durante la conquista de Jericó.

Por medio de Acán la ramificación de la maldición cananea alcanzó a todos los israelitas, y como resultado culminó con la derrota del pueblo de Dios en la batalla de Hai. Esta maldición no se cortó hasta que el portador de la maldición no fue eliminado de la congregación.

Toda persona que practica cualquier forma de ocultismo le otorga a Satanás autoridad legal para dominar su propia vida.

Los ocultistas o iniciados en las ciencias ocultas, transfieren los secretos y los poderes recibidos del mundo sobrenatural, de generación en generación. Lo mismo sucede con los dones espirituales falsificados. De esa forma la ramificación de la maldición del ocultismo se extiende de generación en generación.

La idolatría y el ocultismo tienen una sola raíz

Las imágenes de falsos dioses están sostenidas por espíritus demoníacos, y por lo tanto todo practicante de la idolatría brinda adoración al diablo y sus demonios. La Biblia no deja dudas de esto, tal como lo expresa el Salmo 106:36,27: *"Y sirvieron a sus ídolos (...) sacrificaron sus hijos y sus hijas a los demonios"*.

En la primera carta de Pablo a los Corintios 10:20 también advierte a los creyentes acerca de que *"lo que los gentiles sacrifican, a los demonios lo sacrifican, y no a Dios; y no quiero que vosotros os hagáis partícipes con los demonios"*.

La vanidad, el orgullo humano y el profundo egoísmo hacen que el ocultista pretenda manipular los poderes demoníacos en la ignorancia de la terrible realidad del fin que le espera. Los demonios le hacen creer que está logrando esa pretendida manipulación, hasta que logran completar su total posesión. Sin embargo, esto no sucederá hasta que el diablo reciba completa adoración a través de la idolatría.

En el Evangelio de san Mateo 4:9, Satanás le ofreció a Jesús el dominio de los reinos del mundo, a cambio de que se postrara ante él y lo adorara, y la repuesta de Jesús fue: *"Al Señor tu Dios adorarás, y a Él sólo servirás. (...) El diablo entonces le dejó"*.

Los demonios entran en asociación con los practicantes de las ciencias ocultas, los hacen sacerdotes idólatras, y les confieren poderes sobrenaturales, para lograr sus maléficos fines sobre la raza humana.

Hay una paradoja en esto, y es que los "beneficios" sobrenaturales ofrecidos y otorgados por los demonios a sus asociados ocultistas, inexorablemente siempre llevan la maldición a sus beneficiarios.

El diablo ha implementado un sistema de transferencia, hace que el maestro, o gurú iniciado en las ciencias ocultas busque un discípulo para enseñarle y prepararlo en el traspaso de la herencia de los dones sobrenaturales recibidos de los demonios. De esta manera nunca se corta la ramificación de los misterios revelados a los idólatras iniciados en el ocultismo.

Hace muchos años yo vivía temporalmente en el Distrito Federal de México mientras realizaba la producción de un largo metraje documental. Debido que por aquel entonces estaba todavía ligado a las prácticas del ocultismo, me relacioné con un empresario mexicano con el que desarrollamos un acercamiento amistoso por nuestra afinidad con el esoterismo y por un proyecto de programa de TV que planificábamos.

Un día me confesó que estaba dispuesto a someterse a una mágica operación por un mal que afectaba su columna vertebral, debido a que los médicos le habían diagnosticado que su enfermedad no tenía solución clínica ni quirúrgica.

Este empresario era el dueño de una editorial que publicaba, entre otros títulos, una revista de contenido esotérico. Un conocido le dijo que había una mujer que hacía curas milagrosas y que manifestaba ser la reencarnación de un eminente cirujano azteca que había recibido los honores y el reconocimiento del emperador, aproximadamente en los años 600 d.C., por la magia que empleaba para curar.

Dada nuestra amistosa relación y la afinidad con el esoterismo, el empresario me solicitó que lo acompañara. Debo confesar que me sentí atraído por un fuerte espíritu de curiosidad, por lo que accedí a ir con él a la primer consulta.

Así fue que una tarde llegamos a un modesto departamento ubicado en un primer piso al que se accedía por una escalera exterior. Nos hicieron pasar a una habitación donde había otras personas que esperaban ser atendidas por la milagrosa curandera.

Finalmente llegó nuestro turno y pudimos conocerla. Era una mujer entrada en años, de contextura robusta y de baja estatura, que nos habló con mucha humildad y, luego de revisar a mi amigo, le dio una cita para practicar la operación. Solo le pidió algunas cosas que debía llevar para realizarla.

Ante la consulta por parte del empresario del tiempo postoperatorio que debía guardar, nos sorprendió al responderle que saldría caminando por sus propios medios. También le preguntó por los honorarios de la intervención y la mujer le contestó que no cobraba por sus servicios, pues la habilidad para curar la había recibido como un don de los "espíritus celestiales".

Al llegar el día acordado fuimos con el empresario y su esposa a la casa de la curandera. Allí presencié algo increíble a mis ojos, algo que difícilmente olvidaré. Los asistentes de la mujer lo hicieron acostar sobre una cama, boca abajo, con la espalda descubierta, y cuando todo estuvo listo, ella entró a la oscura habitación que estaba alumbrada con velas, y se sentó en una silla al lado de la cama.

La curandera cerró sus ojos y de pronto fue sacudida en todo su cuerpo, y su apariencia y postura cambiaron: ahora estaba erguida y su rostro era firme y concentrado. Tomó en sus manos un cuchillo grande y común, como los que se usan en la cocina para trozar la carne, nos pidió que rezáramos cada uno al dios de nuestra religión, y en un perfecto corte de cuchillo abrió la espalda del empresario desde la cintura hasta la base de la nuca. Pude ver con claridad las vértebras de su columna.

Inmediatamente volcó un frasco de alcohol que había traído mi amigo sobre el corte efectuado, y sorprendentemente ninguna gota de sangre emanó de su herida.

Luego, con una velocidad enorme –al punto que me costaba seguir sus movimientos– sacó y cambió vértebras en segundos, pude ver que le dio a la esposa del empresario un cordón blanco cortado, (lo que supongo era la médula espinal), para que sostuviera cada extremo con los dedos de sus manos mientras hacía los cambios, volvió a colocar y unir la supuesta médula, le dio unos golpes con el mango del cuchillo a las vértebras, para acomodarlas, y cerró los bordes del corte de la herida con sus dedos, como quien une dos trozos de blanda masilla, que dejaba ver una línea oscura como cicatriz de la cirugía.

Cuando terminó la operación la curandera se acomodó en la silla, su cuerpo sufrió otra convulsión, y volvimos a ver a la casi encorvada mujer con su figura de anciana.

Mi amigo debió reposar una hora antes de salir, pero lo extraordinario fue que bajó las escaleras del departamento sin ninguna ayuda, y sin nada de dolor. Lo más increíble todavía, fue que al otro día había desaparecido por completo la cicatriz de la operación y la columna del empresario fue totalmente curada.

Años después me enteré que la curandera había fallecido, pero que antes de morir le había transferido sus poderes sobrenaturales de sanidad a un cantante de música popular, quien continuó usando el cuchillo con las mismas habilidades sobrenaturales de ella, y producía los mismos resultados de mágicas y milagrosas sanidades. De esta forma fue transferido el secreto del don sobrenatural a otra generación.

Como consecuencia de aquella operación sobrenatural a la que mi amigo se sometió –a quien lamentablemente no pude volver a verlo más, aunque cuando regresé años más tarde a México como un verdadero hijo de Dios, traté de encontrarlo, pero él ya había cerrado su editorial, y no estaba registrado en la guía telefónica– no pudo agradecer a Dios su sanidad, porque estaba agradecido al espíritu que obró en la curandera, y dado que había recibido su sanidad, pensaba que era un espíritu de luz. Pero ese espíritu ni era de Dios ni pertenecía al reino de los cielos; era ciertamente del reino de las tinieblas. No tengo dudas acerca de ello, porque aunque la mujer obraba estas sanidades para bien de los enfermos, se adjudicaba ser el espíritu reencarnado de un afamado y legendario médico del antiguo imperio azteca. Sabemos por la Biblia que el espíritu de quien operaba en ella no era otro más que un espíritu de las tinieblas. La Biblia niega la reencarnación a través de distintas vidas, pero sí afirma que existen espíritus engañadores, que pueden entrar en los cuerpos humanos y operar señales engañosas a través de ellos.

Cuando esperábamos el turno para ser atendidos por la curandera, en la sala de recepción y sobre una de las paredes vi colgado un enorme retrato: era una foto de color sepia de Helena Petrovna Blavatsky, que fue la fundadora de la Sociedad Ocultista Teosófica en Nueva York en el año 1875. De ella yo había leído algunos de sus libros.

Esta sociedad esotérica pretende ser un movimiento teosófico universal que une las filosofías teológicas orientales con las de occidente. Los seguidores de la teosofía creen en la ley del karma, conocida como la ley de causa y efecto, que como consecuencia obliga a las personas a sucesivas reencarnaciones a través de distintas vidas, para purificar sus conductas, hasta llegar a ser literalmente dioses o fundiéndose en una eterna conciencia universal.

Niegan la existencia del pecado en el ser humano, por lo tanto niegan implícitamente la necesidad y la existencia de un Salvador, y debido a ello son básicamente una de las doctrinas del anticristo.

Dos años después de haber presenciado esa "operación" sobrenatural, recibí al Señor Jesucristo como mi único y suficiente Salvador personal, en la Iglesia Cristiana Evangélica de los Olivos, bajo el ministerio del pastor Antonio Regge; y también renuncié a todas las prácticas ocultistas en las que había participado; ahora tenía el deseo profundo de anunciar la verdad de Dios por todos los medios que el Señor me permitiera hacerlo.

Volvamos a los tiempos de la conquista de la Tierra Prometida. A pesar de que Dios había advertido y prohibido estrictamente a los israelitas cualquier tipo de idolatría, el pueblo elegido del Señor terminó por adorar a otros dioses en total rebeldía contra Dios, y cometiendo adulterio espiritual al adoptar las costumbres paganas del ocultismo que practicaban sus vecinos.

Como consecuencia, la maldición vino sobre ellos, y los enemigos que antes habían sido sus vencidos, ahora los invadían y robaban sus cosechas, el ganado, y aún sus mujeres, y también llegaron a capturarlos y esclavizarlos.

El propósito de Satanás es siempre el mismo, quiere robarle a Dios la adoración de los seres humanos, hace todos los esfuerzos a través de sus demonios para que las personas queden apresadas en la idolatría religiosa.

Detrás de cada ídolo o imagen religiosa que reciba honores y reverencia espiritual de parte de los seres humanos, está Satanás y sus demonios que sostienen con milagros engañosos cada una de las imágenes de falsos dioses o diosas; y la consecuencia de adorar a las imágenes en lugar de Dios, hace que, no solo la persona, sino el pueblo, la ciudad, la región o el país queden presos de toda maldición.

En la actualidad la idolatría se manifiesta cuando el corazón de alguna persona reemplaza a Dios por otro objeto de adoración.

Por eso es fundamental que cada creyente comprenda profundamente cuál es la naturaleza de la idolatría: básicamente todo lo que se interpone entre el adorador y Dios, eso es idolatría. Aunque todavía hoy existen muchos ídolos de imágenes religiosas de falsos diosas y dioses sostenidos por distintas instituciones religiosas, algunas de ellas escondidas bajo un disfraz de cristianismo, a las que muchos adoradores inocentes le dan devoción. No tienen el conocimiento verdadero, no saben a quién adoran e ignoran la maldición que reciben.

También hay creyentes que pretenden compartir su adoración con personas u objetos sin ropaje religiosos, y esto conlleva la misma maldición como si adoraran a una imagen religiosa. Me refiero a personajes populares o cantantes famosos, héroes, deportistas, o cosas materiales, como propiedades, marcas de objetos valiosos, el mismo dinero, etc.

Recordemos que la búsqueda del poder sobrenatural y el orgullo de las posesiones son las ofertas con que los demonios seducen a los ocultistas. Satanás está detrás de todo ídolo encumbrado por la fama, de todos los placeres hedonistas, del fanatismo religioso, de las adicciones perversas y de cualquier objeto codiciable que pueda esclavizar espiritualmente al ser humano. Siempre Satanás estará detrás de cualquier cosa que pueda robar del corazón humano la adoración a Dios.

Hay desastrosos resultados que provienen de las ramificaciones del ocultismo

Las ramificaciones del ocultismo afectan a la descendencia de las personas involucradas en la idolatría y provoca serios bloqueos espirituales, de manera que los herederos tienen una actitud de rebeldía "natural" contra toda forma de autoridad espiritual; este es un gran impedimento para que puedan confesar su fe en Jesucristo.

Esto hace que instintivamente rechacen cualquier intento del Espíritu Santo para crear convicción de pecado en sus conciencias, hecho que también los inhabilita para leer la Biblia y les impide elevar cualquier tipo de oración a Dios.

El bloqueo espiritual producido por una herencia de maldición afecta la mente, las emociones y la voluntad del "heredero". Provoca un carácter y conducta de manifiesta inestabilidad emocional, con temperamento irascible y violento, fuertes perturbaciones nerviosas, con depresión, hosquedad e insociabilidad.

Otros de los síntomas de alguien con herencia de maldición espiritual, son las alteraciones psíquicas, como en algunos casos se manifiesta en epilepsia y desórdenes nerviosos. También la falta de memoria, confusión y perturbación mental, la conducta sexual pervertida, la pornografía, la homosexualidad, el bestialismo. Todo tipo de adicción y vicios pueden tener sus raíces en la herencia de la maldición del ocultismo y la idolatría.

Quiero responder a dos de las más reiteradas preguntas que me han formulado durante sesiones de consejería bíblica, o en seminarios que he dictado sobre el tema.

Pregunta 1 - *¿Puede un creyente seguir padeciendo de opresión espiritual debido a experiencias en la práctica del ocultismo anteriores a la conversión?*

Respuesta: Las puertas espirituales que fueron abiertas a los poderes de las tinieblas, deben ser cerradas por medio de una clara confesión del pecado y renuncia a los pactos que se hayan celebrado, lo que incluye la expulsión de todo espíritu demoníaco que haya intervenido. Si la puerta no ha sido cerrada, es una invitación abierta, que los demonios no despreciarán para continuar oprimiendo esa vida.

Pregunta 2 - *¿Puede un creyente que nunca ha participado en ninguna forma de ocultismo, estar bajo opresión demoníaca?*

Respuesta: a) Sí puede tener una herencia de maldición de padres o abuelos, y aun tatarabuelos que hayan practicado las ciencias ocultas. En su caso deberá hacer una renuncia a los pactos demoníacos de sus antepasados.

b) También de niño un creyente puede haber sido contaminado por la maldición de alguna práctica ocultista hecha por sus padres y de las que participó involuntariamente. Debe renunciar al pacto satánico realizado por los padres, y al pacto involuntario de la persona por haber estado presente, o por haber recibido algún tipo de sortilegio.

c) Toda participación inocente o indirecta con el ocultismo trae opresión demoníaca. En una ocasión una creyente me pidió oración porque comenzó a tener sueños perturbadores que se transformaban en pesadillas, y la despertaban asustada en la noche, de manera que le impedían retomar el sueño.

Comencé a orar por ella y a reprender todo espíritu angustioso, y ella caía al suelo y quedaba momentáneamente libre, pero luego volvía con el mismo problema.

Ella ya había renunciado a los pactos con adivinos que había realizado en su pasado. Volví a preguntarle si últimamente había hecho alguna consulta con brujos o hechiceros, y me lo negó. Pero luego me dijo que había entregado una foto de su marido, que no era creyente, y debido a que no andaba bien su relación, una amiga le dijo que iría a consultar a un hechicero, y como le sugirió llevar la foto de su marido, accedió a entregársela.

Entonces oré reprendiendo al espíritu de hechicería e inmediatamente se manifestó el demonio que la oprimía y que se negaba a dejarla. Cayó al piso, daba gritos y se contoneaba. Luego que el demonio la dejó, la hice renunciar al pacto que había hecho al entregar la foto de su esposo, y quedó así libre de la opresión demoníaca.

Quiero también advertir acerca de los peligros que corren los creyentes cuando juegan con el ocultismo y se exponen a la maldición sobre sus vidas, ya sea por inocencia o por diversión.

Algunos permiten que una adivina lea las líneas de sus manos, y dicen "fue solo por diversión". Otros dejan que adivinen su futuro por medio de las cartas, o leen los horóscopos y se disculpan diciendo "Leo los horóscopos, pero no me los tomo en serio". Esto no cambia el hecho de que la Palabra de Dios condena su práctica y, además, los demonios no tiene sentido del humor: todo lo que les permita obrar se lo toman bien en serio.

d) Algunos creyentes aceptan regalos o adquieren algún *souvenir* de culturas antiguas, pues ignoran lo que representan en sí mismo, especialmente los objetos que tienen un significado en el mundo ocultista.

Quizás son recuerdos de viaje, máscaras o cerámicas indígenas, estatuillas de dioses míticos, un mapamundi con los signos del zodíaco, un tapiz hindú u oriental con imágenes de deidades o animales sagrados.

La advertencia que en el pasado Dios les dio a los israelitas, sigue vigente para los creyentes de hoy: *"Las esculturas de sus dioses quemarás en fuego; no codiciarás ni plata ni oro de ellas para tomarlo para ti, para que no tropieces con ello, pues es abominación al Señor tu Dios"* (Deuteronomio 7:25). Cuando Pablo fundó la iglesia del Señor en Éfeso, muchos de los nuevos conversos habían tenido compromisos con el ocultismo, y el Señor a través del ministerio del apóstol, cuando oraba por ellos, eran liberados de toda maldición.

Dice Hechos 19:18-19, que *"muchos de los que habían creído, venían confesando y dando cuenta de sus hechos. Asimismo muchos de los que habían practicado la magia, trajeron los libros y los quemaron delante de todos ellos"*.

Después de convertirme al cristianismo yo había conservado una biblioteca de libros de culturas prehispánicas, que tenían valiosos contenidos arqueológicos, antropológicos y también esotéricos. Como me dio pena desligarme de ellos, los separé en una biblioteca que estaba en un cuarto que yo usaba como estudio.

Al tiempo comencé a sentir cierto malestar cuando estaba en esa habitación, y como ese cuarto además lo usaba para hacer mis oraciones, también comencé a sentir perturbaciones para orar. Hasta

44

que un día me encontré con el texto de Hechos 19, y al instante tuve el testimonio claro del Espíritu Santo a mi espíritu respecto a lo que debía hacer.

Saqué todos los libros de la biblioteca, y como en el jardín que tenemos al fondo de casa hay una parrilla, sin dudarlo, uno a uno quemé en ella todos los libros. Inmediatamente que entré al cuarto la atmósfera espiritual había cambiado, y hasta hoy sigo gozando de la paz que solo Dios puede otorgar y que reina en mi cuarto de trabajo.

El problema de la atadura espiritual producida por opresión demoníaca nos inhabilita no solo para orar, sino para la guerra espiritual. Cuando el diablo no puede seducir a algún creyente que no está fortalecido espiritualmente, buscará a través de la opresión hacerlo ineficaz como siervo de Dios.

Es imprescindible romper cualquier relación o herencia del ocultismo, renunciar y expulsar a todo espíritu ligado a la opresión demoníaca para vivir en la libertad con que Cristo nos hizo libre.

Las ramificaciones del ocultismo pueden ser cortadas

Cuando el pueblo de Dios terminó de establecerse en la Tierra Prometida, y después de la muerte de Josué, nació otra generación que no había experimentado la obra sobrenatural que Dios hizo a favor de los israelitas.

Tampoco dieron cumplimiento al mandato de Dios de desalojar a todos los moradores del territorio de Canaán. Y no prestaron atención a las advertencias que Dios les había dado sobre la maldición que pesaba sobre ellos, de manera que comenzaron a convivir con los cananeos, y terminaron por dejar de servir a Dios, y comenzaron a adorar a los dioses cananeos, Baal y Astarot (Jueces 2:13).

El culto cananeo a Baal y Astarot, o Asera, tenía sus raíces en el ocultismo babilónico. En la mitología babilónica el dios Baal, o Bel, era el dios masculino de la vida y la muerte, y le rendían culto como "Bel-Marduck" o el Señor del Sol del que creían que emanaba la vida, y también como el "Señor de la Tierra", a la que todos volverían al morir.

La diosa Ishtar era reverenciada porque tenía los atributos femeninos como diosa y madre del secreto inspirador del suelo reproductor, de la fertilidad y del principio creador de vida. Era principalmente la diosa del amor y de las prostitutas; tenía características bisexuales. Los adoradores de Ishtar la llamaban "Virgen Santa", "Virgen Madre" y "Madre de Dios". Estas eran las ramificaciones de las raíces del misterio religioso de Babilonia.

Este sistema de idolatría se esparció por todas las naciones y se instauró en todas las falsas religiones de este mundo, y es la obra de Satanás para robarle a Dios la adoración de la raza humana.

Cuando los israelitas comenzaron a rendir culto a la diosa Astarot como la "Madre de Dios", en realidad estaban adorando a "La Madre de las Fornicaciones y de las Abominaciones de la Tierra", de Apocalipsis 17:5.

Pese a ello Dios no los abandonó a su propia suerte, y cada vez que clamaban a Dios, arrepentidos por sus pecados, el Señor les enviaba un libertador para sacarlos de la cautividad en la que habían caído.

En el capítulo 6 del libro de los Jueces encontramos que uno de los acérrimos enemigos del pueblo de Dios, los madianitas, llevaban siete años en que los mantenían en esclavitud y servidumbre. *"Y cuando los hijos de Israel clamaron a Dios, a causa de los madianitas"* (Jueces 6:7), el Señor envió su ángel, que a su vez llamó a Gedeón para que liberara a su pueblo de los madianitas.

Y la primer acción que demandó Dios de Gedeón fue la de derribar el altar del dios Baal y de la imagen de la diosa Asera. Pero antes tuvo que ofrecer el sacrificio de dos toros. Con la sangre del primero roció el altar ofrecido a Dios. Y luego de derribar las imágenes de Baal y de Asera, a la que cortó en pedazos porque era una talla de madera, puso los trozos de la imagen junto al segundo toro sacrificado sobre el altar. Desde esta imagen de Asera Satanás esclavizaba espiritualmente a todos sus adoradores y mantenía vivo el culto a "la Madre de las Fornicaciones y de las Abominaciones de la Tierra", que en definitiva era el oculto poder del misterio de Babilonia la grande.

Pero por medio de la sangre de los sacrificios ofrecidos por Gedeón a Dios, fue quebrada la maldición espiritual que oprimía a los israelitas.

Este sacrificio fue una anticipación o tipo de lo que ocurriría cuando Jesús se ofrecería a sí mismo como el sacrificio expiatorio que hiciera propicio a Dios, para saldar la deuda del pecado humano y quebrar la herencia de la maldición del pecado por medio de la sangre derramada.

Como Gedeón, con la ayuda de diez hombres destruyeron los ídolos, y todo lo hicieron de noche. Cuando se levantaron los israelitas y vieron las imágenes de los dioses derribadas, y se enteraron que lo había hecho Gedeón, tuvieron pánico por los madianitas y le pidieron al padre que entregara a su hijo para matarlo, pero el padre de Gedeón les dijo: *"Si estos son dioses, que ellos peleen con quien los derribó"*.

Y así Gedeón salvó su vida. Luego, cuando los madianitas se enteraron de lo que había ocurrido a sus dioses, se unieron a los amalecitas y marcharon con un poderoso ejército para aniquilar a los israelitas y a Gedeón, que había destruido sus dioses. Pero entonces el Espíritu de Dios envolvió a Gedeón (Jueces 6:34), y le dio la estrategia y el poder para derrotar a los ejércitos invasores como si fueran un solo hombre.

El poder liberador de Dios por medio de la sangre de Jesucristo y la unción del Espíritu Santo hacen invencibles a los creyentes y anulan cualquier ataque del diablo.

En el libro de Levítico 8:30 dice que *"Tomó Moisés el aceite de la unción, y de la sangre que estaba sobre el altar, y roció sobre Aarón, y sobre sus vestiduras..."*. Esta mezcla de aceite y sangre que se aplicaba en la consagración de los sacerdotes a Dios, es un simbolismo que hoy se ha hecho realidad por medio del sacrificio de Jesucristo y de la venida del Espíritu Santo.

Jesús ha delegado a la iglesia la tarea de continuar deshaciendo las obras del diablo, y para ello ha dotado a cada creyente con la capacidad de recibir el bautismo del Espíritu Santo y su poder para ejercer la función de reyes y sacerdotes en el lugar donde cada uno sirve al Señor.

Dios quiere que apliquemos la sangre de Jesucristo a nuestras vidas, hogares y familias, iglesia, trabajos... a todas nuestras pertenencias, no como un ritual, sino en oración y proclamación de su verdad que está en su Palabra, desde la posición de santos para Dios, y que vivamos en un estado de continua pureza espiritual a través de la sangre de Jesucristo, que nos limpia de todo pecado.

Y entonces, cuando estamos bajo la cobertura de la sangre del Cordero de Dios, ni Satanás ni ninguno de sus espíritus demoníacos podrán traspasarla, y cualquier ramificación de pecado o maldición será cortada y anulado su dominio opresor.

Pero debemos recordar que cualquier rebeldía contra Dios y sus estatutos, o un acto de idolatría en el corazón, anula la cobertura protectora de la sangre de Jesús (Isaías 59:1-2).

Si usted ha tenido alguna participación con el ocultismo, o presume que es heredero de alguna maldición, le ofrezco dos modelos de oración para renunciar a estos pactos demoníacos.

Algunas personas asienten que han realizado consultas a curanderos, o que han permitido que lean sus manos, pero me han dicho: "Pastor, yo no he hecho ningún pacto con ellos". Yo les explico que el hecho de que hayan prestado su voluntad para hacerlo, esto es considerado por la Biblia como un acuerdo o pacto con los demonios, y si ha realizado un pago por los servicios recibidos, eso también es considerado un pacto.

Recuerde que toda alianza o sometimiento voluntario a otros dioses, trae fuertes ligaduras espirituales muy difíciles de romper. Es necesario mantener una fe activa en Jesucristo, y una renuncia a la cesión de derechos de su alma a favor del diablo y sus demonios. Por eso también es necesario cortar las amarras espirituales de nuestros ancestros que hayan hecho impías alianzas o pactos demoníacos.

El pacto que Jesús hizo en su propia sangre con nosotros tiene el poder de anular cualquier pacto con demonios, y de hacer ineficaz cualquier maldición proveniente del tenebroso y oculto mundo de las tinieblas. La oración para renunciar a las herencias o participación con el ocultismo es preferible confesarla en voz alta, así serán quebradas todas las alianzas o pactos hechos en el pasado y hasta el presente.

Modelo de oración para confesar y renunciar a la participación con el ocultismo e idolatría

"Padre eterno, reconozco que busqué la ayuda de Satanás, lo reconozco y confieso que he pecado por medio de... (nombrar los pecados del ocultismo e idolatría en que ha incurrido: adivinación, quiromancia, espiritismo, yoga, meditación trascendental, control mental, hechicería, curanderos, magia blanca, roja o negra, religiones esotéricas, teosofía, Nueva Era, adoración de imágenes de dioses o diosas, adoración de falsos dioses, etc.).

Confieso todas mis faltas contra ti, mi Señor, y aún las que no recuerdo.

Padre del cielo, me arrepiento por haberte ofendido, y te pido perdón.

Renuncio a la dependencia de Satanás y sus demonios, rompo y cancelo todo pacto consciente e inconsciente que hice con el diablo, ángeles caídos o demonios.

En el nombre de Jesucristo, ¡sea cortada toda relación mía con la idolatría y el ocultismo para siempre! Gracias Señor, amén."

49

Modelo de oración para cortar cualquier herencia de maldición por el ocultismo o idolatría

"Padre del cielo, en el nombre de Jesucristo, sea rota y cortada toda ramificación del diablo en mi vida, y toda herencia de maldición y de espíritus del mal.

Te pido, Señor, que esta liberación alcance a mis hijos y toda mi descendencia, y que sean cortados todos los lazos de hechizos, encantos, conjuros, maleficios, embrujos, sortilegios, maldiciones, idolatría, ensalmos que hayan venido sobre mi familia, por medio de ancestros, o poderes ocultos o psíquicos, vivos o muertos, de cualquier origen oculto del mundo de las tinieblas.

Te doy gracias, Señor Jesucristo, por haberme liberado de toda herencia de maldición, y de toda ligadura satánica o demoníaca. Me desligo hoy de toda maldición de idolatría y hechicería, hasta mi segunda, tercera, cuarta y anteriores generaciones de ascendientes. Señor, esto lo hago en el poder de tu Nombre, amén."

Después de la oración, si usted ha estado en las anteriores situaciones es recomendable recurrir a un pastor u anciano de la iglesia local, para que verifique si la liberación ha sido completada, y si fuese necesario pueda echar fuera o expulsar cualquier tipo de influencia espiritual que pretenda seguir operando sobre su vida.

Capítulo 4

La adivinación

El libro de los Jueces dice que los israelitas, después de la conquista de la Tierra Prometida, habían pervertido su adoración y servían *"a los Baales y Astarot, a los dioses de Siria, a los dioses e Sidón, a los dioses de Moab, a los dioses de los hijos de Amán, a los dioses de los Filisteos; y dejaron al Señor Dios y no le sirvieron"* (Jueces 10:6).

El servir a esos falsos dioses implicaba participar en sus prácticas de ocultismo, de las que Dios les había advertido que *"no aprendiera a hacer ninguna de las abominaciones de aquellas naciones. No sea hallado (...) quien practique adivinación (...) ni encantador, ni adivino (...) porque es abominación para con Dios"* (Deuteronomio 18:9-12).

En la época del reinado de Ocozías, en Israel, el rey tuvo un serio accidente al caerse de una ventana y, preocupado por las consecuencias que lo postraron en la cama, envió sus siervos a hacer una consulta de adivinación a Baal-Zebud, dios de Ecrón, para preguntarle si sanaría del percance.

Entonces Dios llamó al profeta Elías para que interceptara a los siervos en el camino y les diera un mensaje al rey Ocozías de parte del Señor, que decía: *"¿No hay Dios en Israel, que vais a consultar a Baal-Zebud dios de Ecrón? Por tanto así ha dicho el Señor Dios: del lecho en que estás no te levantarás, sino que ciertamente morirás."* (2 Reyes 1:1-4, 17). Y murió el rey de acuerdo al mensaje que Dios le envió por medio del profeta.

Satanás, por medio de sus demonios, fue quien les enseñó los secretos del arte de adivinar el futuro a los egipcios y babilonios. Este conocimiento de lo oculto fue trasmitido de generación en generación por los sacerdotes de Egipto y Babilonia, hasta alcanzar a los "barus" o sacerdotes de Baal y de la diosa Astarot, o Asera, en tierras de Canaán. Estos secretos eran la llave que tenían los adivinos para contactarse con los demonios y recibir de ellos los vaticinios o interpretación de presagios.

Sin embargo, las adivinaciones o interpretaciones tienen un límite impuesto por Dios. Dice la Biblia que durante el gobierno de Nabucodonosor, rey de Babilonia, una noche fue despertado por un sueño fuertemente perturbador, y al instante llamó a todos los sabios del reino para que le explicasen su significado. Acudieron magos, astrólogos, caldeos y adivinos, a los que el rey les contó su sueño, pero ninguno pudo interpretarlo. Hasta que llegó Daniel, el mensajero de Dios, y descifró toda la simbología del sueño (Daniel 4:5-8).

A causa de que los israelitas se alejaron de Dios, estaban inseguros y muchas veces confusos para encontrar sus caminos, porque no estaban en condiciones de recibir respuestas de Dios por sus continuas desobediencias y rebeldías; así fue que comenzaron a consultar con adivinos acerca de su futuro.

Los babilonios y los cananeos usaban distintos sistemas de adivinación, y en esa práctica cayeron los israelitas.

Hay un pasaje en el libro del profeta Ezequiel donde dice que el rey de Babilonia con su ejército se detuvo en una bifurcación del camino. Un camino lo conducía a Jerusalén y el otro a Rabá. Y como estaba indeciso llamó a sus magos para que adivinaran a cuál de las ciudades debía atacar.

Dice Ezequiel 21:21 "Ellos arrojaron suertes agitando flechas de aljaba; sacrificaron a los ídolos e inspeccionaron el hígado del sacrificio" (versión La Biblia al Día). Y luego dice que "la adivinación señaló la mano derecha". Los magos ponían flechas con distintos nombres en el estuche, luego las sacudían y elegían una a ciegas, y a esa le daban el carácter de la elección divina.

Luego cotejaban esta adivinación con la consulta al "terafín" o ídolo, por medio de un sacrificio, que les daba la decisión y juicio de la adivinación sobre la elección.

Y finalmente practicaban la "hepatoscopía", donde los magos adivinaban sobre las líneas o deformaciones del hígado del animal sacrificado. Estas no son otras que las bases de la prácticas de adivinación actual, como la quiromancia, la iridiología, la cartomancia, los cristales, psicometría, etc.

La astrología

Otro sistema de adivinación que usaban los babilonios, y que su práctica y maldición han llegado hasta nuestros días, fue la astrología. Le asignaron a cada astro o planeta un principio universal de influencia sobre el destino de los seres humanos, el que comienza a obrar en el instante del nacimiento y afecta su futuro.

Uno de los errores cometido por algunos creyentes, con la intención de que las personas se alejen de las consultas o lectura de los horóscopos, es decir que sus vaticinios son mentirosos.

Lamentablemente, mientras las personas no hayan recibido la salvación de Jesucristo en sus corazones, no solo están en pecado ante Dios, sino a merced de las manipulaciones del diablo, y la astrología forma parte del misterio religioso de Babilonia.

Durante mis incursiones en el ocultismo me uní a una organización esotérica ramificada por todo el continente americano, con su sede central en Caracas, Venezuela, e institutos de yoga y enseñanza de astrología en casi todos los países. Y en ella comencé a estudiar la práctica de la astrología, hasta aprender a proyectar cartas astrológicas.

No voy a aburrirlo con una clase de astrología, pero debo decirle que los resultados obtenidos no solo dan un vaticinio de la persona estudiada, sino que son reveladores de todo su pasado hasta el presente, y le da la proyección cercana a la realidad del futuro. De tal manera que la persona queda impactada cuando el astrólogo describe aquellos detalles que únicamente conoce la misma persona, pero al mismo tiempo se despierta en ella una apasionada adhesión que termina por esclavizarla.

53

Quiero contarle una de mis experiencias con la astrología. Las cartas astrales u horóscopos de nacimiento permite al astrólogo la posibilidad de que cualquier persona modifique circunstancias según el sitio geográfico que se encuentre el día de su cumpleaños, con relación a cómo le van a afectar los astros durante ese año, según el hemisferio o meridiano en que se encuentre.

Cada astro tiene asignada una influencia benéfica o maléfica según su posición en el momento del nacimiento, y cada uno incide en las áreas de las personas, sea social, afectiva, religiosa, financiera, etc.

Ese año yo estaba en una intensa búsqueda de cambios, de alguna manera había alcanzado los más altos logros en mi profesión, como director y productor de cine publicitario, y era requerido por anunciantes de distintos países de América.

Sin embargo, no estaba satisfecho, y buscaba un cambio de vida. Entonces me puse a estudiar cuál sería la más favorable posición de los astros el día de mi cumpleaños, y la elección cayó en México, así que hice las valijas y pasé mi cumpleaños en su ciudad capital.

En realidad creía inocentemente que el determinismo astrológico podía ser cambiado por mis manipulaciones, y este es el engaño en que caen todos los hechiceros, brujos y practicantes de las ciencias ocultas.

Por supuesto, que ese no fue el mejor año de mi vida, porque mi búsqueda era equivocada, y si hay algo de lo que puedo dar testimonio es que años más tarde pude comprobar de qué forma misericordiosa durante el tiempo de mi búsqueda de Dios por falsos caminos, Él mismo se ocupó de protegerme y de cuidarme hasta el día que me convertí en un verdadero hijo y siervo del Señor.

No obstante esta aclaración, debo decirle que en lo que respecta a lo planificado ese año, en los detalles más importantes, todos se cumplieron.

La astrología no es una mentira, funciona en realidad como un perfecto instrumento de esclavitud satánica, para alejar a las personas de Dios y sumergirlas en la oscuridad de su reino de tinieblas.

Debemos tener en cuenta que todo el esfuerzo del engaño del diablo es para distraer al ser humano de la verdad de Dios, pues todos los que caen presa de las artimañas satánicas están esclavizados con la mentira en sus mentes y la incredulidad en sus corazones.

La seducción que el diablo usa para engañar a las personas tiene apariencias de realidad genuina.

Cuando una persona adquiere una obra de arte de y paga una fortuna por ella, la exhibe a sus allegados con el orgullo de tener un original de tal artista. Pero el día que la llevó a un experto para que la valuara, descubrió que era una copia, o sea un falso original. Entonces se sintió terriblemente mal por el engaño.

Sin embargo, hasta ese día todo había funcionado bien porque los que la vieron creyeron que la pieza en cuestión era real; en realidad era solo una buena copia, pero falsa. Así es el engaño satánico, logra que las cosas funcionen en realidad, pero son falsificaciones.

Los astrólogos, los adivinos, los brujos, los hechiceros, hacen señales reales y milagrosas, pero son falsificaciones con el objeto de mantener el engaño en los corazones humanos, e impedirles llegar a la verdad que es Jesucristo el Salvador de la humanidad.

En la astrología, las estrellas representan dioses otorgadores de dones y habilidades, o de males y desgracias. Y los que la practican ligan sus destinos a las influencias de los dioses astrales, aceptan que sus "divinos" rayos de influencia afecten del modo más favorablemente sus vidas, y esto sucederá siempre que haya credulidad en los practicantes, la misma credulidad como la del que compró la obra de arte y creyó que era original.

El profeta Isaías habló de la condenación de Dios a Babilonia por haber practicado la adivinación astrológica, cuando dijo: "Invoca las hordas de demonios que adoraste todos estos años. Pídeles que te ayuden a infundir nuevamente profundo terror en muchos corazones. Cuentas con montones de consejeros: tus astrólogos y contempladores de estrellas que procuran decirte qué guarda el futuro. Pero son tan inútiles como hierba seca que arde en el fuego. Ni a sí mismo pueden librarse. Ningún auxilio recibirás de ellos. Su fuego no puede calentarte" (versión la Biblia al Día).

No debemos olvidarnos que la astrología lleva la maldición del "misterio: Babilonia la grande".

Las técnicas de adivinación pueden variar, pero el espíritu y el poder que las impulsa es el mismo. No solo su práctica ha sido prohibida por Dios en la Biblia, sino que la maldición de su práctica alcanza varias generaciones.

Como lo hemos visto, la adivinación es la falsificación del don de profecía del Espíritu Santo de Dios, pero cuando el don falsificado es confrontado con el don original de Dios, el falso se desvanece y no puede obrar.

Cuando el Faraón egipcio tuvo un sueño que agitó su espíritu, llamó a todos los magos y adivinos de su imperio para que lo interpretaran, pero ninguno pudo. Solo José, el hijo de Jacob, pudo hacerlo. Cuando el Faraón pudo comprobar que José había recibido esta revelación del Dios Altísimo, entonces le dijo a sus siervos: *"¿Acaso hallaremos a otro hombre como este, en quien esté el Espíritu de Dios?"* (Génesis 41:38).

La falsa religiosidad del espiritismo

Durante el reinado de Saúl, Dios lo guiaba en el ejercicio del gobierno por medio del profeta Samuel. Después de la muerte de Samuel, Israel fue asediada por el ejército filisteo y el rey Saúl tuvo temor.

Debido a que Saúl había desobedecido a Dios y porque la rebeldía dominaba su corazón, el rey intentó consultar con Dios sobre las directivas a tomar ante la amenaza de los enemigos, pero no obtuvo ninguna contestación, ni en sueños, ni por los profetas.

En su desesperación decidió buscar una respuesta por medio de una adivina, pese a que él mismo había dado la orden de echar de Israel a todos los adivinos y encantadores. Los criados le informaron a Saúl que en Endor, a unos diez kilómetros de donde estaba, habían encontrado una adivina.

Llegó allí Saúl, disfrazado, pues trataba de ocultar su identidad, y le pidió a la adivina que le diera un vaticinio del futuro e hiciera venir de los muertos al espíritu del profeta Samuel. La mujer, al inicio de la sesión, fue conmovida y lanzó un grito de horror. Dice la Biblia que *"clamó en alta voz"*, porque vio a Samuel, a quien obviamente no esperaba ver. Lo que ocurrió fue que Dios decidió intervenir en esa sesión de espiritismo para darle a Saúl su último mensaje a través del profeta que decía: *"Como tú no obedeciste a la voz del Señor tu Dios (...) mañana estaréis conmigo, tú y tus hijos; y Dios entregará también al ejército de Israel en mano de los Filisteos"* (1 Samuel 28:18-19).

Si analizamos en detalle este pasaje, podemos descubrir que no hay ninguna base para afirmar algún tipo de doctrina, actividad espiritista o de invocación de espíritus de personas muertas, sino que muestra la absoluta soberanía y supremacía de Dios que interviene cómo y cuándo Él quiere hacerlo. La adivina que decía practicar la comunicación con los muertos, jamás había tenido la experiencia de ver a un muerto en cuerpo presente como ambos vieron aparecer al profeta Samuel. Ese fue el motivo por la que quedó aterrorizada, y Saúl fue paralizado de miedo, no solo al ver al profeta que había solicitado que sea traído a su presencia desde ultratumba, sino cuando escuchó que el Dios vivo lo rechazó.

Desde la antigüedad las culturas panteístas practicaron la comunicación con los que creían eran espíritus de ultratumba. Los espiritistas creen que logran comunicarse con las almas de los muertos.

El ser humano siempre fue atraído por el consuelo de poder comunicarse con sus seres fallecidos más queridos. Pero, además de ser el engaño del diablo para esclavizar las almas por medio de los mediums que permiten que los demonios simulen ser las almas de personas fallecidas, La Biblia condena toda práctica de espiritismo.

Desde los tiempos de Moisés Dios advertía a su pueblo: *"No aprenderás a hacer según las abominaciones de aquellas naciones (...) ni quien practique adivinación (...) ni quien consulta a los muertos"* (Deuteronomio 18:9, 11). En la versión de La Biblia al Día dice: "ni ningún tipo de espiritismo". En el espiritismo Satanás busca personas para emplearlas como instrumentos o "mediums" para engañar y seducir a todo curioso buscador del conocimiento sobre la vida después de la muerte.

Los espiritistas subestiman a los cristianos pues dicen que solo tienen fe en la vida después de la muerte, pero que ellos son los que tienen la verdadera evidencia. Creen que realmente hacen contacto con las almas de las personas que murieron, y que son poseedores de los secretos ocultos de una "tercera revelación" que está más allá de Cristo, y que la reciben por medio de la Inteligencia Infinita, a quien adoran como el Divino o Supremo Poder.

57

La gran falsificación de Satanás en el espiritismo es la duplicación falsa de dones sobrenaturales como el don de profecía, hablar e interpretar lenguas, dones de sanidades, palabra de ciencia, etc. Adoptaron los nombres de los patriarcas del cristianismo y tratan de reproducir los dones espirituales, aunque es fácil descubrir las raíces del ocultismo insertadas en la distorsión de sus prácticas.

Si bien en la actualidad están agrupados en la Asamblea General Internacional de Espiritistas, existen muchos grupos distintos con gran variedad de creencias; es más, se adaptan a las distintas culturas y prácticas religiosas. Por eso en occidente podemos encontrar algunas corrientes que se consideran espiritistas "cristianos", y utilizan imágenes con la figura que ellos dicen es de Jesús.

La falsa doctrina del espiritismo

1- Sobre Dios dice el manual Espiritista: "Creemos en la Inteligencia Infinita (...) Por esto expresamos nuestra creencia en un Poder Supremo, <u>impersonal</u>, presente en todo lugar, manifestándose como vida a través de todas las formas organizadas de la materia, llamada por algunos Dios, y por los Espiritistas, Inteligencia Infinita".

2- Creen que el <u>hombre es un espíritu imperfecto creado por el Poder Supremo</u>. Y que puso espíritus imperfectos en la carne humana para perfeccionarlos. Y que solo el espíritu humano, o "cuerpo astral" se perfeccionará cuando se reintegre a la Inteligencia Infinita.

3- Dicen que <u>los espíritus superiores e inferiores habitan el espacio alrededor de los seres humanos obrando el bien, o el mal en el mundo psíquico</u>. Y que estos "espíritus superiores" son atraídos a encontrarse con los humanos cuando el amor y los deseos de hacer bien están presentes. Respecto a los "espíritus inferiores", dicen que operan sobre los curiosos y las personas de poca capacidad intelectual, y en los de mal vivir.

4- <u>Niegan la existencia de Satanás y de los demonios</u>. Aducen que el mal está en cada persona.

5- <u>Respecto al pecado dicen que es simplemente una limitación que desaparecerá</u>. Y que todos los pecados por malas acciones son expiados por el sufrimiento en esta vida. Consideran que el "infierno" solo existe en esta vida.

6- Respecto a Jesús, los espiritistas que obran en los países occidentales, lo toman como ejemplo de cómo los seres humanos tienen que sufrir para poder pasar del mundo mortal a la inmortalidad. Jesús es considerado un "espíritu superior", y como un ser más perfecto en la categoría de Mahoma o Buda en el oriente. Dicen que vino del sexto cielo para enseñar el camino de la perfección. Sin embargo Jesús, para los "cristianos" espiritistas, no es Dios.

7- Los espiritistas "cristianos" también mencionan al Espíritu Santo, dicen que los inspira y que opera a través de ellos, y que es otro nombre de la Inteligencia Infinita, pero que no existe la trinidad divina.

8- Aseguran que no hay una sola muerte para el hombre, y que el ser humano es un "cuerpo astral". Si alguno muere en un mal estado moral, entonces el alma del pecador pasará a habitar en otras regiones celestiales. Dicen que hay siete cielos; los dos inmediatos a la Tierra los consideran una especie de "purgatorio" donde van las almas de los que han tenido una mala conducta en la vida terrenal. Pero a través de buenas obras estas almas pasaran de las esferas inferiores a las superiores hasta ser asimiladas por Lo Infinito y perder su personalidad individual. Algunas corrientes del espiritismo oriental creen en la reencarnación, dicen que es necesaria para purificar sus vidas. Los espiritistas "cristianos" enseñan que Juan el Bautista fue una reencarnación de Elías. Aunque niegan la resurrección de los muertos.

9- Niegan la existencia del juicio final y del infierno de fuego.

Las bases de falsedad del espiritismo

A - Los espiritistas usan en forma distorsionada versículos bíblicos para intentar darle autenticidad a su creencia de la comunicación de los vivos con los muertos: Dicen que la advertencia de Deuteronomio 18:11 confirma la realidad de la comunicación con los muertos. Que la transfiguración de Jesús confirma la comunicación de los vivos (Jesús) con los muertos (Moisés y Elías), y que la conversación de Saúl (vivo) con Samuel (muerto) es otra confirmación.

Los creyentes deben saber que los espiritistas nunca pueden conocer visual o físicamente la identidad con quien están comunicándose a través del "médium". Lo que sucede allí es que los demonios imitan y recuerdan cosas íntimas de las personas muertas. Estos conocimientos provienen de espíritus familiares, ligados a la vida del muerto. Jesús siempre se comunicó con el Padre, no con un muerto. La aparición de Elías y Moisés junto a Jesús (Mateo 17:1-13) confirma la realidad de la vida después de la muerte, y hablaron con Jesús, porque Él se transfiguró en un cuerpo glorioso y no necesitó ningún médium que se lo posibilitara. Jesús nos enseñó a orar al Padre, que es nuestro Dios vivo, y nunca a los muertos.

B- *La reencarnación:*

También los espiritistas usan algunas escrituras como apoyo a la creencia de la reencarnación: 1) Toman el versículo de Mateo 11:14, aduciendo que Juan el Bautista fue la encarnación de Elías. Aquí el testimonio del Evangelio según Juan 1:19-23, habla del "espíritu de Elías" e indica el rol y carácter del profeta que anunciaba la venida del Mesías, y no de su reencarnación. 2) El versículo de Juan 9: 2, lo interpretan como que el hombre ciego, nació así porque había hecho un mal en otra vida anterior. Pero dejan de lado el versículo siguiente que revela la realidad de su ceguera. 3) Respecto a Juan 3:3, dicen que la referencia a nacer de nuevo aquí indica reencarnación. Los cristianos sabemos que "nacer de nuevo" en este versículo es regeneración, que es el cambio de nuestro espíritu humano y no el cambio de nuestro cuerpo humano. La doctrina de la reencarnación es una de las doctrinas favoritas del anticristo: elimina el poder del Evangelio, y niega la redención que Cristo logró para toda la humanidad en la cruz del Calvario. La reencarnación cambia el principio y el mismo corazón de la salvación, por medio del ejercicio del poder psíquico en lugar de la fe espiritual en la sangre vertida por Jesús en la cruz.

Satanás y los demonios buscan comunicarse con el hombre, y lo hacen por medio de personas que entreguen su voluntad y facultades a cambio de otorgarles manifestaciones sobrenaturales ocultas. El espiritismo es la falsificación que trajo Satanás a este mundo, para confundir a los hombres sobre el bautismo del Espíritu Santo y sus dones espirituales. Las personas son confundidas, pues reciben esta comunicación demoníaca como si fuera una revelación del Espíritu de Dios, cuando en realidad reciben espíritus de demonios que les hacen conocer los misterios del ocultismo. La comunicación con el mundo de ultratumba a través de los médiums se logra también por medio de la

60

"escritura automática", u objetos inanimados que se deslizan, como vasos, cubiertos, tablillas, levitaciones, etc. En sus cultos practican la falsificación de los dones del Espíritu Santo, como el don de hablar e interpretar lenguas desconocidas y sanidades; los espiritistas tienen testimonios de enfermedades incurables sanadas milagrosamente, manifestación de milagros, etc.

En los tiempos que vivimos la falsificación aumentará como un avivamiento del engaño y la seducción para alcanzar *"aún a los escogidos"* de Dios, y esto se llevará a cabo por falsos profetas, que harán grandes señales y prodigios, de tal manera que aún los creyentes dirán: *"Mirad, aquí está Cristo, o mirad, allí está"* (Mateo 24:23). Pero Jesús nos dice: NO LO CREAIS. Las Escrituras nos siguen advirtiendo: *"No creáis a todo espíritu, sino probad los espíritus si son de Dios"* (1 Juan 4:1).

La magia

La serpiente antigua, que se llama diablo y Satanás, se le apareció a Eva en el jardín del Edén y la tentó con estas palabras: *"...y seréis como Dios"* (Génesis 3:5). Esta seducción produjo la caída del hombre y la separación de Dios.

Desde los principios de la humanidad el ser humano no ha cesado en su búsqueda de lograr el poder para manipular y controlar todo, o sea tratar de "ser como Dios". El reino de las tinieblas ofrece a las personas este potencial a través de los poderes del ocultismo. Desde el profano pacto de la magia y a través de fórmulas secretas y conjuros, el hombre se convierte a sí mismo como un dios.

La magia se establece en la voluntad de la persona y lo posiciona como supremo gobernante. Esto contrasta absolutamente con la doctrina de la gracia, y se rebela contra el mandato de Dios de no aprender a hacer ninguna de las abominaciones de las naciones impías: *"...ni quien practique adivinación (...) ni encantador, ni adivino, ni mago..."* (Deuteronomio 18:10-11).

En el tiempo que los antiguos egipcios no permitían que los israelitas quedaran en libertad para ir a la Tierra Prometida, Dios le dijo a Moisés y a su hermano Aarón que cuando estuvieran frente al faraón, haría una señal milagrosa. Entonces, cuando estaban los tres reunidos,

Aarón echó su vara delante del Faraón y esta se convirtió en culebra; lo hizo según Dios se lo mandó, no usó ninguna fórmula mágica para que ocurriera ese milagro.

En cambio, cuando el Faraón llamó a los hechiceros y magos, estos también echaron sus varas y se convirtieron en culebras imitando el milagro, usando sus conjuros y encantamientos. Pero luego la vara de Aarón terminó por devorarse una a una las varas de ellos (Génesis 7:8-12). Después de ese milagro también pudieron imitar el río convertido en sangre, y la plaga de las ranas, pero no pudieron quitar la plaga de los piojos con sus encantamientos, ni tampoco ningún otro milagro.

Cuando Elías desafió a los 450 sacerdotes del dios Baal, y a los 400 sacerdotes de la diosa Asera en el monte Carmelo respecto a quién de ellos, al invocar cada uno a su Dios o a sus dioses, lograra hacer descender fuego del cielo para encender el altar de sacrificios, los sacerdotes de Baal y Asera usaron sus conjuros y encantamientos, gritando, y cortándose con cuchillos y con lancetas según sus fórmulas, y no obtuvieron ningún resultado (1 Reyes 18:20-40).

Pero cuando oró Elías, Dios envió fuego sobre el altar como una evidencia de la absoluta superioridad del Señor Dios y las limitaciones de Satanás.

La magia ceremonial es el antiguo arte de invocar y controlar los espíritus mediante la aplicación esotérica de secretas fórmulas. Las prácticas mágicas formaban parte de la religión oficial de los babilonios, los magos o "áshipu" constituían una de las más importantes castas sacerdotales.

Mediante el uso de ciertas palabras y rituales, contactaban a los invisibles habitantes del mundo astral para conseguir su ayuda en el requerimiento humano y terrenal.

El mago accede al conocimiento de fórmulas que hacen que ciertas leyes espirituales del mundo de las tinieblas actúen, y se convierten por medio de sus encantos en mediadores entre los dioses y el pueblo.

Los milagros se producen por medio y como resultado del "pacto del mago" con los demonios. Con esos milagros logran seducir y esclavizar espiritualmente a la gente.

La idea de que a través de fórmulas esotéricas logran que los dioses se sujeten a las peticiones u órdenes del mago, es la base de todo ritual mágico y ocultista. De esta forma el mago asume el rol de dios.

La magia es la falsificación que el diablo obra para neutralizar del don de milagros del Espíritu Santo (1 Corintios 2:10), y que Dios opera a través de su iglesia.

Es evidente que los seres humanos no tienen poderes sobrenaturales propios. Cuando tales poderes son exhibidos por intermedio de una persona, se trata o bien de una auténtica manifestación del Espíritu Santo, o de milagros o sanidades producidas por los demonios.

Esto tienen que ver con la guerra espiritual entre Dios y Satanás por las almas humanas.

Debemos saber que no hay áreas neutrales que el ser humano puede pretender como propia; o están bajo el señorío de Cristo, o bajo la influencia del diablo. El peligro de la magia, como las otras operaciones del ocultismo, es la fuerza seductora de que el poder de las artes mágicas está al alcance de la mano para cualquiera que se anime a practicarlo. Hay parapsicólogos, magos, chamanes y brujos que enseñan y creen que a través del desarrollo del poder psíquico y secretas formulas mágicas logran conectarse con la "Fuerza" que mueve el universo, de manera que no hay un Dios todopoderoso sino una "Fuerza" impersonal. No advierten que esto contiene una doble faz; por un lado quedan asombrados por los luminosos y poderosos milagros que ciertamente ocurren, pero no pueden ver la otra cara oculta, que no es otro que el dios del tenebroso mundo de las tinieblas que opera esos milagros.

La seducción de Satanás para lograr poseer la voluntad humana se basa en el espíritu ambicioso de las personas y el desafío inherente de que pueden lograr por sí mismo, y sin necesidad de tomar compromisos religiosos ni morales, simplemente por medio de ejercicios y prácticas mágicas, de control mental o parapsicológicas, y así conocer los secretos ocultos para lograr "despertar" un potencial infinito que enseñan, diciendo que se encuentra escondido y en desuso en la misma mente, y del que el ser humano promedio utiliza solo el diez por ciento. Este es el engaño que el diablo opera sobre la mente de tantas personas en el mundo, para poseer el alma humana. Los hijos de Dios estamos protegidos por la fe en Cristo y por la sangre de Jesús, y ningún creyente fiel puede ser afectado por hechicerías o maleficios provenientes de la magia; y cualquier persona que haya aprendido y practicado artes mágicas puede obtener total liberación a través de Cristo. Es un error gravísimo diferenciar la magia blanca, de la roja o de la negra, y aducir que una es benigna y las otras malignas: todas son abominación para Dios.

Capítulo 5

Filosofía ocultista y misticismo oriental

En la primera carta de Juan 4:1-6 dice: *"Amados, no creáis a todo espíritu (...) muchos falsos profetas han salido por el mundo. En esto conoced el Espíritu de Dios: Todo espíritu que confiesa que Jesucristo ha venido en carne, es de Dios; y todo espíritu que no confiesa que Jesucristo ha venido en carne, no es de Dios; y este es el espíritu del anticristo, el cual vosotros habéis oído que viene, que ahora ya está en el mundo (...) En esto conocemos el espíritu de verdad y el espíritu de error"*.

Detrás de cada profeta que habla de parte de Dios, o de dioses, hay un espíritu, por lo tanto la profecía puede ser verdadera o falsa. Será un profeta de Dios si profetiza por medio del Espíritu Santo de Dios, y la profecía entonces coincide ciento por ciento con la palabra de Dios; o será un falso profeta si lo que dice que es la "verdad de Dios", es anunciada desde un espíritu demoníaco o satánico, que contradice las Escrituras. Y la Biblia advierte que el engaño ya se manifiesta en este tiempo, y que todo creyente debe probar que el espíritu del profeta sea genuino.

El misticismo oriental afirma la posibilidad de adquirir los conocimientos del mundo sobrenatural a través de la intuición psíquica adquirida por medio de la técnica de la meditación y la concentración. De esta manera se accede a la revelación del mundo espiritual que deja la mente pasiva y solo concentrada en un símbolo o "mantra", para establecer así una conexión con los espíritus superiores.

Los cristianos sabemos que Dios se revela a nosotros en nuestro espíritu renovado y no en nuestra mente humana. Todo lo que llega a nuestra mente como "revelación de Dios" puede ser una casi perfecta falsificación del diablo.

Esta doctrina y práctica mística es ofrecida a través de distintas disciplinas como el yoga, la meditación trascendental, técnicas de autorrealización, concentración mental, ejercicios psicofísicos, etc. La doctrina desde donde se enseñan los principios filosóficos y religiosos del misticismo oriental, afirma que la potencialidad de la divinidad está sumergida en todo ser humano, que puede ser alcanzada por medio de las mencionadas técnicas, y logra la meta de la autorrealización mística de ser dios.

En los últimos años muchos occidentales fueron subyugados por el misticismo oriental, y han proliferado una cantidad de institutos de yoga y de sociedades esotéricas que enseñan los fundamentos del ocultismo oriental, bajo el disfraz de centros de autorrealización espiritual o como centros de ejercicios psicofísicos para la relajación y beneficio de la salud del alma y del cuerpo; y estos están diseminados en todas las naciones a lo largo del continente americano.

La doctrina del anticristo en el misticismo oriental

Debemos entender las doctrinas básicas del misticismo oriental, como las anunciadas doctrinas del anticristo que la Biblia profetiza y dice que aparecerán en el final de los tiempos. Le invito a dar una mirada a los principales puntos de su doctrina:

1- "TODO ES UNO Y UNO ES DIOS." Para ellos todo lo distinto y opuesto, que incluye el bien y el mal, será disuelto dentro de una indiferenciable unidad. Pues enseñan que hay una sola Realidad espiritual en existencia, la que denominan Mente Cósmica o Universal, que contiene el todo absoluto, la cual el ser humano no alcanza a comprender mientras permanezca en un primitivo estado de conciencia individual.

El misticismo afirma que los seres humanos viven en un mundo ilusorio e imperfecto. Y que por medio del despertar de la conciencia –a través de las técnicas del yoga y otros ejercicios espirituales– y de la unión mística con la Mente Universal, todo ser humano entrará en un estado de ilimitación y será librado de todo incondicionamiento, el cual le permitirá alcanzar la conciencia de unidad universal para conocer la última Realidad espiritual. En definitiva, para ellos la vida no tiene límites morales, porque el bien y el mal se fundirán en una unidad absoluta.

2- *"EL SER HUMANO ES DIOS EN POTENCIA."*

Enseñan que por medio de la meditación yoga logran la trascendencia del Ser absoluto dentro de sí mismo, a través de sus propias conciencias alteradas y conducidos por los "espíritus guías", logran experimentar la integración con su propia divinidad interior. Esta es la enseñanza de los ocultistas de que cada ser humano es Dios en potencia. Pero declarar que cada ser humano es Dios, es la mas atrevida expresión de orgullo que pone a quien lo cree al mismo lado de Satanás, del que el profeta Ezequiel dijo: *"Por cuanto se enalteció tu corazón, y dijiste: Yo soy un dios, en el trono de Dios estoy sentado en medio de los mares (siendo tú hombre y no Dios) y has puesto tu corazón como corazón de Dios (...) Tú, hombre eres, y no Dios..."* (Ezequiel 28:2, 9). Es realmente una declaración de la más pura blasfemia, porque sitúa a Dios en una analogía con el hombre.

3- *"LA NATURALEZA DE DIOS ESTA ESCONDIDA EN LA MENTE HUMANA."*

Según los místicos orientales, cada persona en forma subjetiva y experimental tiene los recursos para encontrar el significado de la realidad única de que es dios. La actriz norteamericana Shirley McLaine, una de las más fervientes propagadoras de la Nueva Era y de la autoadoración por medio del misticismo oriental, escribió en su libro *"Lo Que Sé de Mí"*, el siguiente silogismo: "Nosotros somos uno; Dios es uno; luego nosotros somos Dios". Es como decir: "Yo soy Dios, tu eres

67

Dios, nosotros somos Dios". En cambio la Biblia dice que fuimos creados a imagen y semejanza de Dios, como seres humanos morales inteligentes y orientados a la eternidad; que hemos recibido de parte de Dios autoridad para tener domino sobre la Tierra. Y que cuando nos convertimos al Señor y le entregamos voluntariamente nuestra vida a Cristo por la fe en Él, entramos a la familia de Dios en calidad de hijos y herederos según la promesa, y nuestros cuerpos pasan a ser habitación del Santo Espíritu de Dios.

Esto no significa que nos convertimos en dioses, sino únicamente en hijos de Dios y habitación del Espíritu de Dios. Lo que verdaderamente ha sido incluido en nuestras vidas es la nueva naturaleza divina, que no teníamos a causa del pecado con el cual nacemos todos los seres humanos, y esta naturaleza divina la recibimos en el mismo instante que aceptamos por fe el sacrificio expiatorio de Jesucristo a nuestro favor.

4- *"CUALQUIERA PUEDE CONVERTIRSE EN DIOS SI SIGUE LAS TÉCNICAS DEL YOGA O SIMILARES."* Enseñan que así es que como ser humano y "dios en potencia", el discípulo del misticismo oriental se convierte en maestro y creador de su propia realidad. Dicen que a través del conocimiento y el uso de leyes espirituales, se capacitan, creando y manipulando las condiciones de sus propias posibilidades en desarrollo.

Los místicos creen que la realidad final se alcanza por un estado de "conciencia superior", que con distintas técnicas esotéricas se aprende a ejercer el control de la conciencia. Este es el punto en que el misticismo se convierte en magia, para lograr "estados de alteración de la conciencia".

Básicamente estas enseñanzas prometen que a través del misticismo, el ser humano puede sumergirse dentro de sí mismo para encontrar a Dios, y que por medio de las prácticas esotéricas emergerá con su identidad e individualidad disuelta en el "Ser Supremo". La realidad espiritual es que las mentes que se prestan a estas prácticas son totalmente enajenadas por espíritus demoníacos que toman posesión de los autorrealizadores. Los místicos creen que esta experiencia es una resurrección divina. La filosofía ocultista que está inserta en todo el misticismo oriental y basada en las enseñanzas de las ciencias ocultas, siempre necesita de un gurú o maestro, para revelar el secreto al discípulo.

Ciertamente esas enseñanzas y prácticas esotéricas abren las puertas al mundo sobrenatural de las tinieblas, hecho que deslumbra al discípulo, pero que lo convierte al mismo tiempo en un esclavo espiritual y le impide alcanzar el conocimiento del único Dios verdadero.

El misticismo y el ocultismo están unidos en la misma raíz e invariablemente siguen la misma meta de llevar al practicante a un camino de maldición, muerte y destrucción del alma humana.

La reencarnación

Para la filosofía ocultista y el misticismo oriental no existe el pecado, por lo tanto no creen en la separación original entre Dios y el alma humana ocurrida en el Edén, y anulan así la necesidad de un restaurador de la condición perdida, o la de un Salvador para la raza humana caída. Los místicos orientales enseñan en cambio que cada persona nace en este mundo con un karma que está compuesto por las palabras: KAR, que en sánscrito significa "acción o movimiento aplicado por el ser humano", y MAN, que significa: "mente"; podría decir literalmente "la acción de la voluntad humana por medio de la mente". Este karma, según la filosofía ocultista, es regido por una ley de causa y efecto, de manera que como cada acción interior voluntaria, le sigue una acción exterior que ejecuta la designación tomada. Si la ejecución de la voluntad produjo mal a otros o a sí mismo, esto afectará el futuro en la próxima vida. Según esta ley, cada persona entra en una rueda de sucesivas reencarnaciones, hasta purgar estas malas acciones y quedar libre del determinismo del karma. Esta liberación se produce en el "yug", la unión mística del "yo inferior" de la persona con el "yo superior", que es Dios mismo.

Del sánscrito "yug", que significa unión mística, deriva la palabra "yoga". Pero la Biblia establece una verdad absolutamente distinta y opuesta, porque dice: *"...de la manera que está establecido para los hombres que mueran una sola vez, y después de esto el juicio. Así también Cristo fue ofrecido una sola vez para llevar los pecados de muchos y aparecerá por segunda vez sin relación con el pecado para salvar a los que le esperan"* (Hebreos 9:27-28).

69

El espíritu del anticristo

Los místicos orientales reconocen que Jesús fue un gran maestro espiritual, pero niegan que sea el Cristo, ni tampoco creen que sea Dios. Entonces podríamos preguntarnos "¿quién es el mentiroso?" Y la respuesta dada por las Escrituras dice, que *"El que niega que Jesús es el Cristo. Este es anticristo..."* (1 Juan 2:22). La profecía de 2 Tesalonicenses capítulo 4 habla respecto a una persona determinada, a quien llama el anticristo, y que dice que se sentará *"en el templo de Dios, presentándose como si fuera Dios"*.

La Biblia dice que el templo que hoy se encuentra destruido sobre el Monte Sión será reconstruido en Jerusalén antes del fin. Pero veamos su trasfondo espiritual de esta profecía: nos habla del cuerpo humano como el templo del Espíritu de Dios, tal como dice 1 Corintios 3:16: *"Sois el templo de Dios (...) el Espíritu de Dios habita en nosotros"*. Las bases de la filosofía ocultista del misticismo oriental, es que el yo humano es dios. Satanás falsifica la verdad de Dios, instiga a que las personas se miren dentro de sí, podríamos decir en la habitación de su propio corazón, donde el Espíritu de Dios debería morar, para que se declararen allí ser uno mismo la propia deidad. La meta del yoga es la "autorrealización" del ser, que se convierte en dios. Aquí está el engaño de Satanás: impulsa al ser humano a elevarse como una criatura divina, en el lugar de lo que debería ser únicamente el templo de Dios único y verdadero. Esta es la religión del anticristo; y que en estos tiempos es extensamente practicada por el mundo occidental, en distintas formas de ejercicios de yoga, meditación trascendental, prácticas psico-físicas, control mental, etc.

La humanidad es condicionada a aceptar al anticristo que viene. La Biblia dice que poseerá poderes sobrenaturales otorgados por Satanás para demostrar que es un hombre "realizado" en su propia deidad. Los muchos gurúes que han invadido occidente, convierten a millones de inocentes a la religión satánica del anticristo.

Cada uno de ellos afirma que es dios, abrieron la creencia y la práctica de adorar al ser humano como un dios, en la idea de que cada persona puede realizar su propia deidad al seguir los pasos de la "autorrealización espiritual" con la supervisión de un gurú, yogui o maesro, para ayudarlo a conectarse con su "espíritu guía". Entonces, cuando el anticristo se declare dios, todos los que se han adorado a sí mismos, adorarán fácilmente al anticristo.

Los cientos de gurúes orientales, junto a los maestros occidentales "orientalizados", preparan la entrada del último gran gurú; los muchos falsos cristos abren el camino al anticristo. En estos últimos tiempos, miles de occidentales dicen que Sai Baba es una encarnación de Dios, o que Sai Baba es divino. La Gran Fraternidad Universal dice que su fundador es una encarnación de Dios; también lo dicen los seguidores de la secta de Sun Myung Moon.

Es importante comprender que el anticristo no pretenderá ser Dios en el sentido bíblico, sino el de aparecer ante todos como un hombre que ha alcanzado la deidad. Negará la existencia de Dios como un ser personal que ha creado todo lo existente de la nada. Satanás dará al anticristo poderes sobrenaturales para respaldar la afirmación de que él es el primero en haber conseguido el pleno potencial de "ser como Dios", a través de esa pretendida inherente deidad.

Lo que dará unidad al gobierno del anticristo será la aceptación universal de lo que la Biblia llama "la mentira" de que el ser humano es Dios, lo que es rebajar a Dios a nuestro nivel, y no nosotros elevarnos al nivel de Dios. Y si "todo es dios", como lo enseña el misticismo oriental, entonces nada es dios, porque la misma palabra dios perdería su real sentido.

La Biblia declara que Cristo murió por todo el mundo por el profundo amor de Dios (Juan 3:16), y que Dios *"quiere que todos los hombres sean salvos y vengan al pleno conocimiento de la verdad"* (1 Timoteo 2:4). Por ello, a pesar de las profecías de un engaño venidero y de la toma del poder terrenal por parte del anticristo, debemos como creyentes librar la guerra espiritual y ganar todas las batallas espirituales para el Señor, y predicar a diestra y siniestra la verdad del evangelio de Jesucristo.

No debemos olvidar que la Biblia advierte de una venidera apostasía; esto significa que la mentira se introducirá en la misma iglesia, y que muchos creyentes serán seducidos por el engaño del falso dios. La forma que Dios requiere sean libradas estas batallas espirituales, es ser luz a un mundo que se muere en tinieblas, separado de Dios y sin ningún amor.

En esta hora Dios nos llama a cada creyente, a vivir con una diaria

71

y continua llenura del Espíritu Santo, pues Él es nuestro Espíritu de verdad. Pero si un creyente deja de buscar esta llenura espiritual, se irá vaciando del poder y de las revelaciones de Dios, y será un candidato a caer en el engaño del diablo. Dios nos ha llamado a ser la sal de una tierra insípida y corrupta y −será la única forma− para cumplir nuestro rol de "saleros", en que la verdad del Evangelio de Nuestro Señor Jesucristo pueda quitar la corrupción de los corazones entenebrecidos, impedir el avance de los tentáculos del pecado y permitir que la sal de vida alcance a millones de almas para que sean ganadas para el reino de los cielos

Señor Jesus: permíteme ser sal de vida para mucha gente.
mi vida te pertenece mi único Salvador Yeshua?
Dios nos guarde de caer en el engaño del anticristo.
Ven pronto Jesus!
te esperamos.
dic 2009

Capítulo 6

Babilonia la grande y la Nueva Era

E l capítulo 17 de Apocalipsis, versículo 5, presenta a una mujer, descripta como la *"gran ramera"*, en cuya frente tendrá escrito: *"Un misterio, Babilonia la grande, la madre de las rameras y de las abominaciones de la tierra"*.

Sabemos que Satanás, desde el nacimiento de la raza humana, trató de falsificar la verdad de Dios. Misterio se traduce del griego *musterion,* y literalmente significa: "aquello que es conocido de los muster". Y *muster* se llamaba a los iniciados que aprendían los secretos del mundo sobrenatural. *Muster* deriva del griego *mueo,* que significa "iniciado en los misterios".

En este pasaje misterio es lo que está más allá de la posibilidad de ser conocido por medios naturales. Sin embargo Dios, en sus tiempos y maneras, hace saber a sus fieles creyentes, a través de la iluminación del Santo Espíritu, el significado o conocimiento escondido de las cosas. Pero en este versículo en particular, misterio está ligado a Babilonia.

Si damos una mirada a los orígenes de la cultura babilónica, nos encontraremos con un pueblo poderoso gobernado por sacerdotes o magos, y científicos que tenían gran sabiduría; principalmente eran sabios en las ciencias matemáticas y astronómicas. Lo más interesante es que en su literatura religiosa conocido como: *Poema de la Creación*, encontramos muchas similitudes con el relato bíblico de la creación.

Por ejemplo: sus dioses se constituían por tríadas, dice que el ser humano fue formado con arcilla, también dividen el cosmos en dos partes: una celestial y otra terrena. Narra el génesis babilónico que la diosa Ishtar descendió al infierno, y volvió triunfante al rescatar a su amado de la muerte, etc. Es precisamente en esta literatura donde descubrimos el primer intento de Satanás para falsificar la Biblia, pues realizó un duplicado falso de la epopeya del pueblo elegido de Dios.

Por antítesis podemos decir que Babilonia la grande es la congregación del "pueblo elegido de Satanás" que nació en Babel. En el relato de la creación babilónica encontramos a Anu, como el "padre de dioses" y representante del cielo, y como la más alta dignidad, y que junto a los dioses Enlil y Eea formaban la "trinidad cósmica". Dice la narración que como Cielo (Anu), recubre la Tierra (Enlil) que flota sobre el agua o abismo (Ea).

También existía otra "trinidad astral" formada por el dios lunar (Sin), el dios solar (Samash) y por la diosa Ishtar, que representaba a Venus como la estrella más luminosa del alba o "lucero de la mañana", y entonces era la diosa de la guerra; pero que cuando se convertía en "lucero del atardecer", era la diosa del amor.

Según el *Poema de la Creación,* el primer hombre fue creado de la sangre de un dios rebelde Guingu, a quien Marduk, el dios de Babilonia que había nacido en el océano terrestre y fue amamantado por diosas, le dio muerte por haber sido el instigador de la rebelión.

En toda la narración se atribuye al hombre una naturaleza divina.

Dice este poema: "Y entonces fue formado el primer hombre por Ea y moldeado en arcilla, crearé al ser humano, al hombre, para que a él incumba el culto a los dioses". Como el hombre fue creado con la sangre de un dios rebelde, dice que esta rebeldía pasó a todos los humanos.

Pero una de las más increíbles falsificaciones de Satanás es falsificarse él mismo. Encontramos en los escritos babilónicos la descripción del origen del dios del mundo infernal, llamado Nergal, que significa "Señor de la gran ciudad".

Dice la narración que Nergal había sido el dios benéfico de la fertilidad, pero se apoderó por la fuerza de la "tierra sin retorno" y se convirtió en el dios del infierno y de la muerte. Nergal reina en el infierno en compañía de la diosa Ereskigal y de un ejército de demonios. Se transformó en enemigo de los hombres y sembrador de muertes y estragos.

Pero lo increíble de la epopeya de la creación Babilónica es que el dios Nergal tiene un mágico poder de sacar a los muertos, según las leyes del infierno, y volverlos a la vida. Podemos vislumbrar aquí que subyace la ley del Karma y la reencarnación del misticismo oriental. La magia formaba parte de la religión oficial, usaban fórmulas mágicas para neutralizar la acción de los demonios malvados, para evitar el mal y para sanar las enfermedades.

Esta es la llamada magia blanca que esconde el poder de los demonios en los curanderos, que manifiestan hacer "curas benignas", contraria a la magia negra que es usada para traer mal sobre alguna persona.

Para acentuar la falsificación bíblica el *Poema de la Creación* dice que los dioses decidieron aniquilar toda forma de vida en la Tierra por medio de un diluvio. Y que el piadoso Utnapishtim fue avisado por el dios Ea, construyó un arca con su esposa y recogió un número determinado de animales. El diluvio duró seis días, y al séptimo, al calmar la lluvia, el arca fondeó sobre una montaña. Dice el relato que entonces Utnapishtim soltó una paloma, y luego una alondra; pero volvieron las dos. Esperó unos días más y soltó un cuervo, que no regresó.

Entonces salió del arca y ofreció un sacrificio a los dioses, y cuando el humo llegó al cielo, los dioses se reconcilian con los hombres, y dijeron: "Hubo un tiempo en que Utnapishtim era humano; pero ahora junto con su esposa, serán como nosotros, dioses...".

Creo que podemos descubrir paso por paso cómo Satanás falsificó cada verdad de Dios. Finalmente, dice el relato babilónico, que el dios Marduk se convirtió en soberano de todas las divinidades babilónicas, se llamó Bel-Marduk, y quedó a su lado la diosa Ishtar (que luego sería la diosa Astarot de los cananeos, Asera de los filisteos, Astarté de los cretenses, Afrodita de los griegos, Venus de los romanos,

75

la Madona de los italianos y la diosa de todos los cultos, la "Madre" y "Madre de dioses").

Dice que la diosa Ishtar daba una secreta inspiración al suelo reproductor y era el principio creador en todas las cosas. Era adorada como la diosa del amor y de la guerra, y como madre era representada ofreciendo sus pechos para amamantar. Era la diosa de las prostitutas y cortesanas, y extrañamente era también bisexual. Tenía un amante llamado Tamuz, que fue herido por un jabalí y murió. Entonces Ishtar descendió al infierno y lo rescató, y lo resucitó de la muerte.

Esta historia sagrada era conmemorada anualmente con un día de duelo y lamentación por la muerte de Tamuz, seguido por el regocijo de la resurrección. Este mito exalta la omnipotencia de Ishtar, y la victoria del amor sobre la muerte, donde se enfatizaba la falsa creencia de la inmortalidad a través de la reencarnación en sucesivas vidas.

No cabe duda el intento falsificador de la verdad bíblica en todos estos relatos; podemos descubrir el significado de la mención en Apocalipsis 17:5 *de "Un misterio: BABILONIA LA GRANDE y MADRE DE LAS RAMERAS".* Precisamente desde allí se esparció la idolatría, la magia, la astrología, los fundamentos de la filosofía ocultista a todas las naciones. Es interesante la opinión del famoso historiador Will Durant, que escribió en su libro *Nuestra Herencia Oriental*, en el capítulo IX sobre Babilonia, bajo el título *"Los dioses de Babilonia"*, lo siguiente:

"Jamás existió una civilización más rica en supersticiones. Cada lance del azar, desde las anomalías del nacimiento a las variedades de la muerte, recibían una interpretación popular, y a veces oficial y eclesiástica, en términos mágicos y sobrenaturales... Debajo de toda civilización, antigua o moderna, se ha movido y se mueve un mar de magia, superstición y brujería".

El misterio comienza a develarse

Ha surgido en los últimos tiempos un movimiento filosófico, científico y religioso, que mezcla lo oculto con lo humanista, podríamos decir que es una mezcla de misticismo oriental, parapsicología, superstición, magia, brujería, chamanismo, panteísmo pagano, astrología, filosofías ocultistas y falsa teología, con ciencias naturales y humanismo racional.

Este movimiento intenta unir la ciencia con la seudo ciencia, el conocimiento con el seudo conocimiento, la creencia con la credulidad, la teología con la teosofía, con el propósito de crear una iglesia universal de la "Nueva Era". Pero no será una organización estructurada, porque incluye muchísimas organizaciones; podríamos decir que es un movimiento, aunque es mucho más que un movimiento, es la contraparte de la Iglesia Cristiana Evangélica y es fundamentalmente hostil a ella.

Si bien los seguidores de la Nueva Era hablan, se comunican y escriben en forma independiente, se manifiesta claramente en ellos un espíritu unificador y pacifista. Recordemos que la Palabra de Dios nos advierte para los tiempos finales cuando dice: *"Estará mi mano contra los profetas que ven vanidad, y adivinan mentiras (...) por cuanto engañaron a mi pueblo, diciendo: Paz, no habiendo paz"* (Ezequiel 13:9-10).

Por lo tanto, nos hace vislumbrar un sistema oculto y esotérico del engaño venidero. Sus seguidores niegan identificarse como un sistema religioso, dicen ser un movimiento de unidad universal. Es más, están tratando de desaparecer de toda manifestación pública que los identifique, para refugiarse en cada una de las expresiones desde donde imparten sutilmente su esclavizante teosofía. Pueden observarse en ellos dos expresiones simultáneas: una corriente humanista y filosófica, donde exponen la preocupación de la subsistencia humana, advierten sobre los peligros ecológicos y alientan los movimientos para la paz mundial. Y, por otro lado, incentivan el impulso del desarrollo del propio potencial humano para que cada uno trascienda las propias limitaciones humanas hacia lo ilimitado y eterno, acompañado de un sistema ético centrado en el egocentrismo o la propuesta "liberadora" de la autorrealización espiritual del ser.

Esto involucra a los seguidores con las ciencias ocultas y el esoterismo, con las enseñanzas del *karma* y de la reencarnación, la búsqueda de los espíritus guías, el despertar la divinidad interior, todo esto, por medio de las técnicas orientales como el yoga, los ejercicios psicofísicos, la meditación trascendental, etc.

77

Fe psíquica

En el libro de Deuteronomio 13:1-5 encontramos una advertencia contra los profetas agoreros y adivinos, que dice: *"Cuando se levantare en medio de ti profeta, o soñador de sueños, y te anunciare señal o prodigio, y si se cumpliere la señal o prodigio que él te anunció diciendo: Vamos en pos de dioses ajenos, que no conociste, y sirvámosles; no darás oído a las palabras de tal profeta, ni a tal soñador de sueños (...), tal soñador de sueños ha de ser muerto, por cuanto aconsejó rebelión contra el Señor vuestro Dios (...) y así quitarás el mal de en medio de ti".*

Los fenómenos psíquicos son una falsificación del don de fe del Espíritu Santo de Dios (1 Corintios 12:9). Esta fe no descansa en Dios, sino que es un poder aplicado que se origina en los poderes sobrenaturales de las tinieblas, que materializa lo que el psíquico ha conjurado para que se haga. Todo lo que el psíquico debe hacer es ejercitar el "poder de la fe" en su mente.

Esta es la idea básica que promueve la brujería. Si una persona consigue hacer que el "dios de este mundo" haga su voluntad mediante los pensamientos que genera o las palabras que habla, habrá conseguido la meta del hechicero, ser dueño de su propio destino, pues podrá hacer que suceda cualquier cosa si aplica la fe psíquica.

Muchos cristianos han caído en el engaño al creer que la fe tiene algún poder en sí misma, que es un poder aplicado sobre Dios, que obliga a Dios a hacer lo que el creyente cree que hará.

Cuando haya respuestas milagrosas a este uso de la fe, no será Dios el que está detrás de las señales, y el que lo haga correrá el peligro de terminar por adorar a otros dioses.

La Biblia describe el destino de los que usan o manipulan fenómenos psíquicos, en 2 Tesalonicenses 2:9-10: *"... cuyo advenimiento es por obra de Satanás, con gran poder y señales y prodigios mentirosos, y con todo el engaño de iniquidad para los que se pierden...".*

Satanás está despertando una generación de falsos profetas que imiten y dupliquen señales y milagros sobrenaturales, e inculquen la idea de que hay un dios escondido en el interior de cada persona, que debe ser despertado por medio de técnicas vinculadas al antiguo misticismo oriental, y que tiene sus raíces en el ocultismo. Esto lo harán

78

con el propósito de formar una Iglesia sobrenatural invisible que tendrá el espíritu de "Babilonia la grande", que contamina el mundo con sus falsas doctrinas de la Nueva Era.

La seductora mentira de Satanás, que la serpiente formuló a Eva en el Edén, anuló la comunión del hombre creado con el Dios creador. Así logró Satanás obtener el dominio sobre la raza humana, y este mismo engaño aparece en el *Poema de la Creación* babilónica, y se repite en la propuesta del movimiento de la Nueva Era, que dice a todos los desprevenidos e incautos profesantes de falsas religiones: *"No moriréis, serán abiertos vuestros ojos, SEREIS COMO DIOS, alcanzaréis sabiduría"* (Génesis 3:4-6).

En síntesis, la mentira de Satanás, que ha sido insertada en el misticismo oriental, es que la muerte no existe porque hay reencarnación, y que cuando sean abiertos los ojos del entendimiento recibirán la revelación de los secretos ocultos, donde podrán "descubrir" que todos los humanos son divinos. Es la falsa enseñanza de que el conocimiento de Dios está escondido en la mente humana, y será revelado en la "adoración de sí mismos". En definitiva, es la meta de Satanás de lograr robarle la adoración de las criaturas al Creador.

La Biblia no dice de ninguna forma que Dios hizo al hombre como un Dios, ni existe alguna promesa que diga que el ser humano podría convertirse en un Dios. Esta fue la engañosa promesa con que Satanás sedujo a Eva, que no tenía fundamento alguno, pues Adán y Eva nunca fueron creados en la condición de dioses; en Génesis 3:22-23 Dios dice: *"He aquí el hombre es como uno de nosotros, sabiendo el bien y el mal; ahora, pues, que no alargue su mano, y tome también del árbol de la vida, y coma, y viva para siempre. Y lo sacó el Señor del huerto del Edén..."*.

Aquí no dice que Adán y Eva eran iguales a Dios, sino que tenían el mismo conocimiento del bien y del mal, que les permitiría juzgar como Dios, pero no eran dioses. Por ello Dios no quiso que el hombre se perpetuara en su estado caído "deificado". La desobediencia había introducido el conocimiento del bien y del mal en sus conciencias, y este conocimiento que previamente Dios había prohibido, logró dañar gravemente la creación de Dios.

En esa condición Satanás podía guiarlos a una vida de tinieblas.

79

Esta declaración de liberación de la dependencia con Dios, hizo que Adán y Eva tomaran sus propias decisiones sin consultarlo a Él. Así ellos rechazaron a Dios como el Señor de la creación y como su Soberano Gobernante. Entonces, al desobedecerlo se establecieron ellos mismos como sus propios dioses. Los absolutos morales quedaron excluidos; se implantó la conducta de hacer cada uno lo que le viniere en gana.

Pero Dios, para impedir un caos absoluto, imprimió sus leyes morales en la conciencia de ellos. A raíz de esto por primera vez Adán y Eva conocieron el significado de una conciencia de culpa. Esta experiencia los acosó y continúa acosando a toda la descendencia humana; en realidad el conocimiento del bien y del mal ha sido una maldición sobre la raza humana, porque venimos a ser unos "dioses" que ni podemos hacer naturalmente el bien que debiéramos, ni logramos refrenar el mal que no debiéramos hacer.

El capítulo 3 del libro de Génesis nos enseña lo siguiente:

1. El hombre no fue creado como un Dios.

2. Por la desobediencia se convirtió en el "dios" de sí mismo, por el conocimiento del bien y del mal.

3. Fue algo que Dios procuró que no ocurriera porque llevaría la maldición a toda la creación.

4. Dios no permitió que el hombre se perpetuara en su condición "endiosada" caída, los expulsó del Edén e impidió que pudiesen alcanzaran el "árbol de la vida", o la eternidad, en esas condiciones.

Después del intento humano de levantar un monumento a la autosuficiencia para alcanzar el cielo, en Babel, dieron a luz las civilizaciones que poblaron la Tierra bajo la influencia de Satanás, quien inspiró sus secretos rituales y les enseñó las artes mágicas a su pueblo elegido; así Babilonia se convirtió en el "pueblo de Satanás", la contraparte del pueblo de Dios. Y sus sortilegios y adivinaciones fueron esparcidos como abominaciones sobre toda la Tierra.

La propuesta de la Nueva Era coincide con el ocultismo de Babilonia que proclamó que "la respuesta y el camino que conduce a Dios están dentro del ser humano", y que cualquiera puede lograrlo si aprende las leyes y los principios para alcanzar esta revelación de lo oculto.

Estos principios se ponen en acción por la fe psíquica, el principio de los magos, astrólogos, adivinos y hechiceros babilónicos, y tiene como meta, siempre, que toda persona pueda descubrir su "yo interior". Esta es la "nueva verdad" sobre la que se edificará el reino del anticristo. El misticismo oriental y la filosofía ocultista suministran las técnicas psico-espirituales para que el practicante experimente "estados sobrenaturales" de conciencia alterada, a través de la meditación y la concentración yoga, control mental, proyección astral, percepción extrasensorial, drogas, invocación de guías espirituales, etc. Prácticas en la que muchísimas personas en el occidente, ya han sido y están siendo seducidas y atrapadas, y así forman parte de la congregación de la iglesia invisible y universal de "Babilonia, el misterio religioso".

La concubina de Satanás

Como hemos visto, desde el principio de la humanidad Satanás eligió un pueblo para que a través de él toda la raza humana se convierta en un duplicado falso de la esposa de Cristo, que es la Iglesia del Señor.

Satanás ha preparado su "esposa" para celebrar sus bodas de muerte y dolor eterno, que es en realidad una concubina que convive con él. En esta contraparte podemos descubrir la falsificación de la Iglesia de Dios. En Apocalipsis 17:3-18 dice: *"... vi a una mujer sentada sobre una bestia escarlata llena de nombres de blasfemia (...) Y la mujer estaba vestida de púrpura y escarlata, adornada de oro, de piedras preciosas y de perlas, y tenía en la mano un cáliz de oro lleno de abominaciones y de la inmundicia de su fornicación; y en su frente un nombre escrito:*

Un misterio, Babilonia la grande, la madre de las rameras y de las abominaciones de la tierra

Vi a la mujer ebria de la sangre de los santos, y de la sangre de los mártires de Jesús; (...) te diré el misterio de la mujer (...) las aguas que has visto donde la ramera se sienta, son pueblos, muchedumbres, naciones y lenguas (...) y la mujer que has visto es la gran ciudad que reina sobre los reyes de la tierra". Esta es la descripción bíblica de la concubina de Satanás.

En cambio, la verdad de Dios se expresa en una esplendorosa y anhelada celebración, tal como lo describe el libro de Apocalipsis 19:7 cuando dice: *"Gocémonos y alegrémonos y démosle gloria, porque han llegado las bodas del cordero, y su esposa se ha preparado".* Este será el casamiento místico de la Iglesia de Cristo con su Señor y Rey, compuesta por todos los cristianos que universalmente formamos el Cuerpo del Señor, y nos mantenemos unidos y sujetos entre todos los miembros a la cabeza que es Nuestro Señor Jesucristo.

Babilonia fue la que fornicó espiritualmente con Satanás, y llevó contaminación a los reinos de este mundo y hasta pudo profanar al mismo pueblo elegido de Dios, cuando habitó en la Tierra Prometida. Esta maldición espiritual llegó a nuestros días y Satanás continúa seduciendo a los gobiernos de las naciones, y contagiando a la mayor gente posible en la práctica de las abominaciones que Dios ha condenado desde el principio.

El movimiento de la Nueva Era no tiene fachada, no es una institución establecida, está en la atmósfera de muchísimos cultos que preparan la venida del anticristo. Lo cierto es que hoy escuchamos que agoreros, adivinos, astrólogos, son consejeros de los gobiernos más prominentes de la Tierra; en realidad estamos ante los albores de la revelación del misterio de Babilonia la Grande, y la Nueva Era se alinea con el enemigo de Dios, como el brazo ejecutor para trasmitir la maldición del ocultismo a la raza humana.

En Isaías 47:3-15 dice de Babilonia: *"Será tu vergüenza descubierta y tu deshonra será vista (...) Dijiste: Para siempre seré señora (...) tú que dices en tu corazón yo soy fuera de mí no hay más (...) la multitud de tus hechizos y tus muchos encantamientos (...) tu sabiduría y tu misma ciencia te engañaron, y dijiste en tu corazón: yo y nadie más (...) comparezcan ahora y te defiendan los contempladores de los cielos, los que observan las estrellas, los que cuentan los meses, para pronosticar lo que vendrá sobre ti...".* Esta profecía sobre Babilonia se cumple en el libro de Apocalipsis 17:16 donde dice: *"...estos aborrecerán a la ramera; y la dejarán desolada y desnuda; y devorarán sus carnes, y la quemarán con fuego".*

Una vez que Satanás tome el poder, como el escorpión, destruirá la falsa iglesia que esperaba ser desposada, y esa será la caída del "misterio: Babilonia la Grande".

Capítulo 7

La madre de las abominaciones

Dios advirtió a los israelitas que cuando entraran en la Tierra Prometida debían cuidarse de no aprender a hacer las abominaciones de los pueblos que allí estaban asentados. Y la lista de abominaciones incluía toda práctica de adivinación, agüeros, sortilegios, hechicerías, encantos, magia, consulta a los muertos o a los demonios; como está escrito en Deuteronomio 18:12: *"Porque abominación es al Señor tu Dios cualquiera que hace estas cosas..."*; por esa razón esas naciones fueran extirpadas de la Tierra, porque tenían la contaminación de la "Madre de las Abominaciones".

En el libro de Deuteronomio 16:21-22 dice: *"No plantarás ningún árbol para Asera cerca del altar del Señor tu Dios, que tú te habrás hecho, ni te levantarás estatua, lo cual aborrece el Señor tu Dios"*.

Recordemos que Asera es la transformación de la diosa Ishtar de Babilonia, que era diosa de la fecundidad, del amor y de la guerra y deidad de la vegetación. Por ella se plantaban árboles o se esculpían imágenes en madera, que la representaban.

La concubina de Satanás no podía vestirse de lino blanco y fino para la boda, sino de púrpura y escarlata, los colores de las túnicas del sumo pontífice y emperador de Babilonia. Aunque en realidad no estará ataviada para celebrar ninguna boda, sino para el sepelio y la extinción de la súper iglesia universal, que ocurrirá en la caída de Babilonia la Grande.

Sincretismo religioso

El diccionario define la palabra sincretismo como un "sistema filosófico o religioso que pretende conciliar varias doctrinas diferentes". Precisamente, es lo que viene ocurriendo desde Babel hasta nuestros días: cada cultura hizo un cambio en la adopción de dioses, pero la esencia y las raíces siempre fueron las mismas.

Por ejemplo: Isis, la diosa madre de los egipcios, manifiesta los mismos atributos de Kali, la diosa madre del hinduismo; igual que Cibeles, la diosa madre de los frigios; o de Astarté y Asera de los filisteos; así también Afrodita, la diosa madre de los griegos; Diana, la diosa madre de los efesios y Venus la diosa madre de los romanos, todas conservaron los mismos atributos.

En el libro *Babilonia, Misterio Religioso*, de Ralph Woodrow, en el capítulo 2 titulado *Culto a la Madre e Hijo*, hemos extractado los siguientes reveladores párrafos:

> "Otra ciudad en donde el culto idólatra pagano a la madre era popular fue Éfeso, y ahí también se hicieron intentos por mezclarlo con la cristiandad. Allí, desde tiempos primitivos, la diosa madre era llamada Diana (Hechos 19). En dicha ciudad los paganos la veneraban como la diosa de la virginidad y la maternidad (Enciclopedia Bíblica Fausset, P. 484). Se decía que ella representaba los poderes generadores de la naturaleza, por lo que se la representaba con muchos senos. Una torre de Babel adornaba su cabeza. Cuando se tienen creencias durante siglos, por lo general no es fácil abandonarlas. De modo que cuando llegó la apostasía, líderes de la iglesia de Éfeso razonaron que si permitían a los paganos continuar su adoración a la diosa madre, los podrían atraer a la "iglesia". Así, entonces, en Éfeso se incorporó el culto a la diosa pagana y se mezcló con el cristianismo. Se sustituyó el nombre de Diana por el de María y los paganos continuaron

orando a la diosa madre. Conservaron sus ídolos con la imagen de ella y la iglesia profesante permitió que los adorasen junto a Cristo... Finalmente, cuando el culto a María se hizo una doctrina oficial de la Iglesia Católica, en el año 431 d.C., fue precisamente en el Concilio de Éfeso, la ciudad de la diosa pagana Diana. Es obvia la influencia pagana que indujo al concilio a tomar esa decisión".

Lo que había ocurrido es que con el edicto del Emperador Romano Teodosio el Grande (382 d.C.), la Iglesia Católica y Romana se convertía en la religión oficial del Imperio Romano. Flavio Teodosio prohibió los sacrificios y rituales secretos de adoración pagana, bajo la pena de muerte y la confiscación de los templos de los que continuaran con sus prácticas. En ese entonces prevalecían los cultos "mistéricos", que habían llegado a Roma desde Grecia, pero que sus inicios se remontan a Babilonia.

Estos cultos secretos incluían las artes mágicas y la creencia de la reencarnación, aunque se centraban en la adoración de la Gran Diosa Madre, que incluía una convergencia de diosas de anteriores culturas, tales como: Isis, Venus, Diana y Cibeles, entre otras.

Es preocupante descubrir cómo las estatuas de estas deidades han permanecido hasta nuestros días; por ejemplo, la Gran Diosa de los Frigios, que se convertiría en la Diosa Madre Cibeles de los romanos, ha conservado sus atuendos y su gorro (frigio), y es usada en la actualidad como la imagen femenina que representa a la República en varios países democráticos del mundo, que ignoran su verdadera representación.

Si bien no hay registros de que la pena de muerte impuesta por Flavio Teodosio haya sido aplicada a los sacerdotes y practicantes de dichos cultos, muchos templos paganos fueron desalojados.

El cisma del cristianismo primitivo

En la misma fecha mencionada anteriormente se produjo el gran cisma del cristianismo; los cristianos disidentes se organizaron en una institución religiosa asociada al Estado, a la que llamaron la Iglesia Católica Apostólica y Romana, y se separaron de la Iglesia Cristiana Evangélica nacida en Jerusalén el día de Pentecostés.

En el año 312 d.C., después que los cristianos habían sufrido grandes persecuciones por mano de los emperadores romanos de turno durante los tres primeros siglos, en ese período muchos creyentes padecieron atroces suplicios y murieron como mártires, en defensa de su fe. El Emperador romano Constantino advirtió que, pese a las persecuciones y martirios, los cristianos continuaban aumentando en número y ya constituían una fuerza importante dentro del imperio. Por lo tanto, hábilmente atrajo su concurso para luchar contra Maxencio, su opositor en Roma.

Con la promesa de detener todo hostigamiento y permitirles celebrar sus cultos públicamente, Constantino, después de vencer en el puente Milvus al ejército de Maxencio atribuyó la victoria a la ayuda de los cristianos enrolados en su ejército y a la intervención de una señal milagrosa del Dios de los cristianos, que usó en los estandartes de batalla con el dibujo de una cruz, signo que Constantino dijo haber recibido por medio de una revelación en los cielos.

Al año siguiente, por un edicto llamado "de Milán", estableció la igualdad religiosa de los cristianos con los cultos paganos, que hasta entonces habían prevalecido en el Imperio. Y se transformó así en un protector benevolente del cristianismo.

A partir de esa instancia muchos cristianos fueron seducidos con nombramientos de cargos políticos y favores del Estado. En cambio, los cristianos evangélicos, siguiendo el modelo bíblico, se mantuvieron en sus congregaciones locales bajo las distintas autoridades pastorales, sin participar de los beneficios temporales otorgados por Constantino, y regidos bajo el único gobierno de Cristo como cabeza de la Iglesia.

Debido a ello, los creyentes disidentes que formaron la Iglesia de Roma, le adjudicaron a san Pedro su fundación, y lo designaron como "primer Papa" de la Iglesia Romana, y omitieron la verdadera fundación de la Iglesia Cristiana nacida en Jerusalén el día de Pentecostés, de la que el apóstol Pedro ni siquiera fue su obispo, pues Jacobo (Santiago), fue su primer obispo.

Pero además de amparar dicha tergiversación, adoptaron una nueva forma de organización religiosa heredada no solo del Imperio Romano, sino del clero de la antigua Babilonia; así fue que los sacerdotes se uniformaron con las estolas y vestimentas similares a la de los sacerdotes babilonios, también adoptaron el uso del incienso y el agua bendita para las purificaciones, y de las velas encendidas en el altar, e iniciaron el culto a los santos tal como los que recibían los dioses-hombres del panteón babilónico.

Y con el uso de la diadema, el manto púrpura, las joyas, y del título de "Sumo Pontífice" y "Vuestra Santidad" para el Papa Católico, completaron el sincretismo de *"Babilonia, misterio religioso"*. En el tomo I de *La Edad de la Fe* del historiador Will Durant, en el capítulo III titulado *El progreso del Cristianismo*, 364-451 d.C. dice:

> "El paganismo sobrevivió, en el sentido moral, como una gozosa complacencia en los apetitos naturales; como religión quedó solo en la forma de antiguos ritos y costumbres toleradas, o aceptados y transformados, por una Iglesia a menudo indulgente. Un íntimo y confiado culto de los santos reemplazó el de los dioses paganos y satisfizo el natural politeísmo de espíritus simples y poéticos. Las estatuas de Isis y Horus fueron llamadas de María y Jesús; las lupercales romanas y la fiesta de la purificación de Isis se convirtieron en la fiesta de Navidad; las saturnales fueron sustituidas por celebraciones cristianas; las fiestas florales por Pentecostés, antiguo festival del Día de Difuntos; la resurrección de Atis por la de Jesucristo".

A partir de entonces la Iglesia Católica Romana inició una perversa persecución y matanza de líderes cristianos evangélicos que duró hasta la culminación de la época de la Inquisición, y alcanzó los tiempos de la renuncia de Martín Lutero como clérigo católico romano. Época en que se produjo el primer gran cisma dentro de la Iglesia católico Romana, que dio nacimiento a la Iglesia Cristiana Protestante. Escisión que permanece hasta nuestros días y que, de acuerdo al siguiente estado de confesiones cristianas tenemos: primeramente, la Iglesia madre nacida en Jerusalén, el día de Pentecostés, fundada aproximadamente el año 33 d.C., (Hechos 2:41) y que permanece intacta hasta nuestros días guardando fielmente la Palabra que Dios habló a su iglesia, resguardada en la Santa Biblia y denominada Iglesia Cristiana Evangélica. Luego, la Iglesia Católica Apostólica y Romana, que incluye la Iglesia Ortodoxa Oriental, nacida en el año 382 d.C., y finalmente la Iglesia Cristiana Protestante, nacida en el año 1520.

Después de la separación mencionada, entre los primeros cristianos, y de acuerdo al edicto del emperador romano, los templos paganos confiscados fueron entregados a la Iglesia del Estado, y fueron transformados en templos Católicos Romanos. Para habilitarlos, el clero católico procedió a desalojar todas las imágenes y estatuas de los dioses paganos existentes, y colocó en su reemplazo una imagen de Jesús crucificado, y en algunos casos –temporalmente– le cambiaron de nombre a las imágenes.

Pero cuando intentaron quitar las imágenes de la diosa madre, sea la de la diosa madre Diana, Isis o Cibeles, según los templos requisados a lo largo del Imperio romano, tuvieron una fuerte oposición de los feligreses paganos recién convertidos al cristianismo, porque los cultos a la diosa madre eran sostenidos fervorosamente por los miembros de las comunidades rurales, que eran mayoría, quienes les adjudicaban el atributo de la fertilidad, y cuya ayuda sobrenatural necesitaban para el cuidado de sus cultivos y en la reproducción de sus ganados. Según los devotos agricultores y ganaderos, por medio de sus oraciones y ofrendas, recibían de la diosa madre la protección y la fertilidad necesaria para obtener abundantes cosechas y una enriquecida reproducción del ganado. Debido a esto, en los primeros tiempos los templos católico romanos permitieron la coexistencia de las imágenes de Jesús junto a la diosa madre de los distintos cultos paganos.

Esto continuó hasta el año 431 d.C., cuando los católicos romanos elevaron a la virgen María al nivel de diosa y Madre de Dios. Entonces procedieron a reemplazar las imágenes de las diosas madre paganas, por la nueva diosa María como Madre de Dios, lo que contó con la aceptación de los "pagani" (diminutivo de pagano), nombre que se les dio a los nuevos conversos.

Lo paradójico de esto es que la jerarquía católico romana de aquel entonces dejó de lado no solo la Santa Biblia, sino también el segundo mandamiento de Dios que dice: *"No tendrás dioses ajenos delante de mí. No te harás imagen, ni ninguna semejanza de lo que está arriba en el cielo, ni abajo en la tierra, ni en las aguas debajo de la tierra"* (Éxodo 20:3-4).

También dejaron de lado la Palabra que Jesús habló cuando dijo: *"Yo soy el camino, y la verdad, y la vida; nadie viene al Padre, sino por mí"* (Juan 14:6). En la segunda carta de Pablo a Timoteo 2:5-6, dice: *"Porque hay un solo Dios, y un solo mediador entre Dios y los hombres, Jesucristo hombre, el cual se dio a sí mismo por todos".*

Y fue precisamente la Iglesia Católica la que interpuso una intermediaria para llegar a Dios, pues enseña a sus feligreses que el camino para llegar a Dios es por medio de María, lo que contradice no solo la Palabra de Dios, sino que hace nulo el sacrificio expiatorio de Jesucristo.

El precio que la Iglesia Católico Romana tuvo que pagar en la unión con el imperio romano, fue la pérdida de las revelaciones y la dirección del Espíritu Santo de Dios, y por lo tanto quedaron sumergidos en los oscuros intereses temporales de las negociaciones con los gobiernos de turno, tal como está registrado en la historia de los distintos papados en la Iglesia Católica Apostólica y Romana hasta hoy.

Lo que la Biblia dice respecto a la virgen María, es que ella fue elegida por Dios para recibir en su vientre la concepción sobrenatural de Jesús, por medio de una milagrosa operación del Espíritu Santo de Dios.

La virgen María fue así la madre biológica de Jesús como ser humano, pero no la madre de Dios. La virgen María fue concebida por padres humanos, y nació como todo ser humano con el pecado original. Hecho que no contaminó a Jesús, porque María era virgen y no tuvo contacto sexual humano para quedar embarazada, por ello Jesús nació sin pecado, pues su concepción fue divina.

Sin embargo, el espíritu que estaba en Jesús sí era Dios, Él era el Cristo. En definitiva, María fue la madre de la humanidad de Jesús, no de su divinidad, porque el espíritu que nació con Jesús, era Cristo el Hijo de Dios, y no Cristo el hijo de María; asegurar esto último es una herejía.

Ella nunca fue ni será la Madre de Dios. Sostener el culto a María como Madre de Dios o Diosa Madre, es una abominación para Dios, y la Biblia dice que Babilonia es la madre de las abominaciones de la Tierra. Por lo tanto el sincretismo religioso es el único sostén de todos los cultos a la diosa madre, de lo que el Señor advierte en la Biblia que debemos huir, porque quien participa, adultera con Dios.

En la conquista de México, los clérigos católicos españoles se encontraron con una fuerte oposición de parte de los aztecas para convertirlos al catolicismo romano, aunque aceptaban a Jesús como Hijo de Dios, pero se resistían a aceptar a María como madre de Dios.

Esto debido a la devoción que rendían a la milagrosa diosa madre Azteca, que era la protectora del cielo, diosa del agua y de los secretos de la fertilidad de la tierra.

Finalmente, lograron cambiar el culto de la diosa madre Azteca por el de una virgen negra llamada Guadalupe, la que es reverenciada por millones de mexicanos en la actualidad, que le confieren los mismos atributos milagrosos que tenía la diosa madre Azteca. Aunque la jerarquía católica insiste que es la virgen María, la diosa madre o Madre de Dios.

Todo esto nos ayuda a descubrir los distintos disfraces de las ramificaciones de la maldición del ocultismo que llegaron desde la antigüedad hasta nuestros días, y de cómo debemos proceder para cortarlas. Recordemos que tal como lo profetizó Juan el Bautista, *"ya (...) el hacha está puesta a la raíz de los árboles; por tanto, todo árbol que no da buen fruto es cortado y echado al fuego"* (Mateo 3:10).

La apostasía y la decadencia moral

Cuanto más cerca esté el tiempo de la venida de Nuestro Señor, se incentivará más el poder seductor de la concubina de Satanás, a través de los movimientos espirituales como el de la Nueva Era, con una mezcla de ciencia y religión, de humanismo y ocultismo, promoviendo la formación de una gigantesca organización ecuménica, enlazando la mayoría de las religiones, poniendo en acción la más perfecta falsificación de la verdadera iglesia cristiana.

Se instará a que cada uno de los miembros permanezca en sus congregaciones o iglesias, pero el modo de pensar de muchos creyentes será cambiado, serán turbados por espíritus de error, y confundirán directivas espirituales como si fueran inspiradas por el Espíritu Santo de Dios.

Debido a ello la Biblia advierte a los creyentes en 2 Tesalonicenses 2:3: *"Nadie os engañe en ninguna manera; porque no vendrá [el día del Señor] sin que antes venga la apostasía, y se manifieste el hombre de pecado, el hijo de perdición"*.

Es fundamental preguntarnos: ¿de dónde vendrá esta apostasía? 1 Timoteo 4:1-2 nos da la respuesta: *"...el Espíritu dice claramente que en los postreros tiempos algunos apostatarán de la fe escuchando a espíritus engañadores y a doctrina de demonios; por la hipocresía de mentirosos que, teniendo cauterizada la conciencia...".*

Ya se están levantando pastores, sacerdotes y maestros del ecumenismo religioso, que son permisivos y tolerantes con los pecados, e incentivan una unidad religiosa humanista. Son falsos profetas que, inspirados por Satanás, confunden a muchos creyentes desprevenidos con nuevas profecías, pervirtiendo y tergiversando las doctrinas fundamentales del cristianismo.

Esta advertencia está dirigida a los cristianos de estos tiempos para prevenir el engaño del ocultismo de los movimientos seudo religiosos.

También en la carta de Pablo a los Colosenses 2:8, tenemos otra importante advertencia: *"Mirad que nadie os engañe por medio de filosofías y huecas sutilezas, según las tradiciones de los hombres, conforme a los rudimentos del mundo, y no según Cristo".*

Hay un engaño religioso que obra en estos tiempos, como nunca antes se había manifestado, porque la falsa iglesia del diablo está saliendo a la luz, con los más deslumbrantes disfraces de humanismo, agoreros de paz y bienaventuranza, y usa las instituciones más renombradas y reconocidas, busca el apoyo de todo el mundo. Nunca estuvimos más cerca de descifrar el misterio de Babilonia la Grande y desenmascarar a la Madre de las Abominaciones.

Ligado a la abominación religiosa, aumentará la perversión moral. Dice el libro de Levítico 18:22-24, 30: *"No te echarás con varón como con mujer; es abominación. Ni con ningún animal tendrás ayuntamiento amancillándote con él, ni mujer alguna se pondrá delante de animal para ayuntarse con él; es perversión. En ninguna de estas cosas os amancillaréis; pues en todas estas cosas se han corrompido las naciones que yo echo de delante de vosotros (...) guardad, pues, mi ordenanza, no haciendo las costumbres abominables que practicaron antes de vosotros, y no os contaminéis en ella...".*

El historiador Wild Durant escribió en el capítulo IX de *Los Dioses de Babilonia* del tomo *Nuestra Herencia Oriental*, al referirse a la diosa Ishtar, lo siguiente:

" No solo como análoga a la egipcia Isis y prototipo de la griega Afrodita y la romana Venus, sino como la beneficiaria formal de una de las más extrañas costumbres babilónicas. Era Deméter además de Afrodita, no una simple diosa de la belleza física y el amor; sino la graciosa deidad de la maternidad pródiga, la secreta inspiración del suelo productor y el principio creador en todas partes (...) era la diosa de la guerra como del amor; de las prostitutas como de las madres; se llama a sí misma "cortesana compasiva", era representada a veces como una barbada divinidad bisexual... "

Además de la homosexualidad y el bestialismo, otro de los pecados abominables es el incesto, que aparece en la Biblia en el capítulo 19 de Génesis, cuando las hijas de Lot embriagaron a su padre para tener relaciones sexuales con él, dado que no había hombres después de la destrucción de Sodoma, para procrear.

Dice la Biblia: *"Y las dos hijas de Lot concibieron de su padre. Y dio a luz la mayor un hijo, y llamó su nombre Moab, el cual es padre de los moabitas hasta hoy. La menor también dio a luz un hijo, y llamó su nombre Benammi, el cual es padre de los amonitas hasta hoy"* (Génesis 19:36-38). De este incesto se formaron dos naciones idólatras y pervertidas que rindieron adoración a *"Quemos, ídolo abominable de Moab, y a Milcon ídolo abominable de los hijos de Amón"* (2 Reyes 23:13), dioses que sostienen los demonios que promueven los incestos.

Otras de las abominaciones que practicaban los pueblos que ocupaban Canaán era el sacrificio de los primogénitos al dios Moloc. Dios había advertido a los israelitas: *"Y no des hijo tuyo para ofrecerlo por fuego a Moloc: no contamines así el nombre de tu Dios..."* (Levítico 18:21). El aborto, asesinato y sacrificio de niños están relacionados con los demonios que sostienen el culto al dios Moloc.

Todo tipo de pecado sexual fuera del matrimonio o de perversión sexual fuera o dentro del marco matrimonial, abre las puertas para la opresión demoníaca. La influencia de la diosa Ishtar de Babilonia, la que tenía espíritu de bisexualidad, contaminó a todas las naciones de la Tierra con sus abominaciones.

No cabe duda sobre la existencia de trasvestis en el Antiguo Testamento; dice Deuteronomio 22:5: *"No vestirá la mujer traje de hombre, ni el hombre ropa de mujer; porque abominación es al Señor tu Dios cualquiera que esto hace"*.

Los griegos, en las clases sociales más altas, tuvieron una importante aceptación de la práctica en la inversión sexual, tanto entre los hombres como entre las mujeres, que tuvieron en Safo, poetisa de la isla de Lesbos, la expresión máxima de esta perversión sexual; de aquí deriva la palabra lesbianismo.

Los romanos siguieron los pasos de los griegos. Sobre la bisexualidad del emperador César se lo describió como "el marido de todas las mujeres y la mujer de todos los maridos". También los emperadores: Antonio, Domiciano, Marcial, Horacio, Cómodo, fueron reconocidos como activos practicantes de la bisexualidad.

Así como en el Antiguo Testamento las prácticas homosexuales eran abominación para Dios y quienes lo hacían eran expulsados de la congregación de Israel y ejecutados, en el Nuevo Testamento continúa vigente esta pena. Dice 1 Corintios 6: 9-10: *"¿No sabéis que los injustos no heredarán el reino de Dios? Ni los fornicarios, ni los idólatras, ni los adúlteros, ni los afeminados, ni los que se echan con varones (...) heredarán el reino de Dios".*

En la carta a los Romanos, capítulo 1, hay una referencia al lesbianismo y a la práctica de la homosexualidad como una última expresión de la rebelión contra Dios. Aquí se manifiesta el espíritu de falsificación del misterio religioso de Babilonia, porque el hombre cambia la verdad de Dios por la mentira satánica, *"dando culto a las criaturas antes que al Creador"*, como lo describen las Escrituras, cuando dice que así se entregaron al mal y dejaron el uso natural del sexo, y *"se encendieron en sus lascivias unos con otros, cometiendo hechos vergonzosos hombres con hombres"* (Romanos 1:25-27), y mujeres con mujeres.

Hoy hay dos fuerzas morales que contienen a los homosexuales de entregarse abiertamente a su pecado. Una de ellas es el público rechazo por parte de algunos sectores de la sociedad que defienden los valores de la familia ante la permisividad y la tolerancia de la homosexualidad, que provienen principalmente de los sectores políticos. Y la otra es por medio de la predicación de la Palabra de Dios que llama por su nombre a la práctica homosexual, y anuncia que es un pecado contra Dios.

Sin embargo, el avance de los movimientos homosexuales es activo y creciente, están tratando de posicionarse como un "tercer sexo", para ser aceptados por la sociedad.

Esgrimen el argumento de que la homosexualidad es otro estilo de vida de los que han nacido con inclinaciones "diferentes", y que los que los rechazan los discriminan socialmente sin ningún derecho, por tener una inclinación sexual "distinta".

Esto pone de manifiesto que la "Madre de las Abominaciones" está dando a luz, cambiando lo anormal en la creación de Dios, como si fuese normal.

Alemania junto a Gran Bretaña son los primeros países que dieron luz a esta abominable realidad, al legalizar los matrimonios entre homosexuales y permitirles adoptar hijos. Si bien no hay cifras totales precisas, según estudios realizados en el año 2001 y algunos datos del mercado provenientes de revistas especializadas, solo en Estados Unidos habría más de 3.000.000 de chicos que tienen padres homosexuales.

Hay algunos Estados y Condados de Estados Unidos de Norte América que toleran los matrimonios homosexuales, y permiten celebraciones y multitudinarias marchas públicas, denominadas del *Orgullo Homosexual*. En ese país fueron censadas en el año 2000, la cantidad de 594.391 hogares con parejas del mismo sexo. Según estos datos, el 16% de estos matrimonios homosexuales viven en California y el 8% en Nueva York. Y San Francisco es la ciudad donde la "madre de las abominaciones" ha establecido su más poderoso principado espiritual, pues allí se encuentra la concentración más grande de las áreas metropolitanas, de parejas homosexuales. Y la tendencia está en ascenso. En el periódico argentino Clarín del 21 de febrero de 2002, se publicó una nota periodística titulada: *En 10 años, 70 curas de Boston fueron acusados de abuso sexual*. Dice el artículo que el máximo representante de la iglesia Católica Romana en Estados Unidos pidió disculpas. Y que la mayoría de los casos fueron arreglados en negociaciones secretas, pero una investigación del diario The Boston Globe hizo público el problema. La mayoría se trató de abuso sexual de parte de los sacerdotes a varones menores de edad.

La Biblia dice que la atmósfera de homosexualidad de Sodoma se repetirá en las generaciones del tiempo final, como sucedió en los días de Lot; así será en los días de la venida del Hijo del Hombre.

Actualmente se están estableciendo en las grandes ciudades de los Estados Unidos, Latinoamérica y Europa, iglesias de denominación cristiana protestante, con líderes homosexuales y lesbianas que permiten la homosexualidad, con pleno reconocimiento y respaldo de sus denominaciones religiosas.

Pero la mayor parte de los homosexuales son recibidos por el movimiento reconocido como el de la Nueva Era, donde son exaltados por su valentía y abierta actitud de ser diferentes.

La *Madre de las Abominaciones* es hoy el engaño religioso que se acomoda a las debilidades humanas de la perversión carnal y se dispone a confortar a la humanidad en sus abominables pecados.

La comunidad homosexual condena y ridiculiza a los predicadores del Evangelio de Jesucristo, de ser obsoletos condenadores del pecado y de tener una mente retrógrada, y los acusan de que combaten a los homosexuales por sus propios complejos de culpabilidad no resueltos, a causa de sus frustraciones psicológicas y de deseos sexuales reprimidos. Esto es una falsedad, porque la Biblia dice claramente que Dios no condena a los pecadores homosexuales, sino a sus prácticas. Y enseña a los pastores y creyentes cristianos a amar con el amor de Dios a todos los homosexuales, lesbianas y travestís, y ofrecerles oraciones por la liberación de esas pasiones desenfrenadas que los esclavizan, y para que a través de la salvación de Jesucristo, el Hijo de Dios, puedan restaurar sus vidas a la normalidad sexual con que cada uno fue creado. Porque el Señor Jesús es el mayor poder liberador presente y disponible sobre todo ser humano, un poder superior al poder que sostienen las prácticas de homosexualidad o cualquier deformación pecaminosa que pueda existir.

Debemos desenmascarar a los falsos profetas de la iglesia homosexual que se autodenominan profetas de Jesús, y predican el amor libre en su nombre, desde un estado de corrupción, para mantener oculta su rebelión contra Dios.

Este derrumbe moral que hace pública la obscenidad y la pornografía, y que ha penetrado en los hogares a través de los canales televisivos de cable y por satélite, canales llamados culpadamente "eróticos", lo que demuestra que solo un espíritu sobrenatural puede pervertir con tanta fuerza, y corromper y trastornar con suma facilidad las mentes de las familias humanas.

Los cristianos debemos saber que nos enfrentamos a la mujer que está sentada sobre las naciones, derramando su copa de abominación y de inmundicia en sus fornicaciones descriptas en el libro de Apocalipsis 17:4, 15.

Nuestra labor hoy es liberar a los que están esclavizados por la homosexualidad y el lesbianismo, tal como lo demanda nuestro Señor en su Palabra, cuando dice: *"Y estos erais algunos; [referido a los que eran fornicarios, adúlteros, afeminados, los que se echan con varones] más ya habéis sido lavados, y habéis sido santificados, ya habéis sido justificados en el nombre del Señor Jesús, y por el Espíritu de nuestro Dios"* (1 Corintios 6:11).

La homosexualidad es definitivamente un espíritu de abominación y de perversión, y busca que el hombre o la mujer que la practica se haga a sí mismo su propio dios; así los deseos pervertidos de la carne se gratifican con la misma carne.

La Iglesia del Señor Jesucristo ha sido llamada a ser sal de la Tierra, y para ser barrera a la corrupción y la perversión humana, y anunciar la verdad de Dios que dice que Él creó al hombre y la mujer con el rol de los sexos claros y definidos.

Dice la Biblia que Dios los creó varón y hembra (Génesis 1:27), y *"que el hombre se unirá a su mujer, y serán una sola carne"* (Génesis 2:24). Dios libera al que practica la homosexualidad, en el mismo momento que este recibe voluntariamente a Jesucristo como Señor, Salvador y Libertador de su vida.

Sin embargo, el nuevo creyente debe buscar ayuda pastoral, para cambiar los hábitos contraídos, a través de la terapia en la consejería bíblica a cargo de pastores consejeros idóneos en la tarea. Porque los deseos de la carne vuelven con el impulso de sugerencias demoníacas que han operado en el pasado, y buscarán la forma de que el pecador vuelva a sus pecados.

En la práctica, el pecador arrepentido y obediente a los mandatos de Dios, siempre alcanzará la liberación total de la esclavitud de cualquier tipo de pecado.

El engaño se manifiesta

Satanás está sacando a la luz su oculta "iglesia". Con ella ha fornicado a través de los tiempos, para confundir al mundo con una duplicación falsificada de la Iglesia Cristiana. Esta súper iglesia mundial trabaja en la unificación de las religiones del oriente con el occidente, y busca unificar también a Jesucristo y establecerlo en el mismo nivel de Mahoma, Buda, Confusio, Krishna, Brhama, Ketzalcoalt, etc.

Mostrará una fachada llena de compasión y benevolencia por los que sufren, y muchos serán engañados. Se implicará con la asistencia social, en los programas de caridad, con los movimientos en defensa de los problemas ecológicos y con los todos los servicios piadosos.

Liderará todos los movimientos por la paz mundial, por el hambre que padecen muchos pueblos. Se involucrará en política para prepararse y apoyar el futuro gobierno del anticristo.

Esta súper iglesia se manifiesta a través de movimientos espirituales como los de la Nueva Era, y las religiones que buscan por medio del ecumenismo religioso mantener vivo el sincretismo de su cerebro y ejecutor, que no es otro más que la "serpiente antigua", el diablo, Satanás.

La responsabilidad que hoy pesa sobre cada creyente y cada miembro de la Iglesia Cristiana Evangélica, no es únicamente denunciar la mentira y la falsificación de los movimientos espirituales y de ecumenismo religioso, sino también estar preparados para ministrar el vacío que hay en las almas de las personas que ya se han involucrado espiritual o mentalmente; la gran comisión todavía no se ha cumplido, y cada creyente debe esforzarse, más que nunca, en hacer frente a la mentira del diablo, debe proclamar y ser testigo de que Jesucristo vive y reina con poder en el corazón de cada cristiano re-nacido, y por medio de la Iglesia Verdadera, que vive y actúa en la luz de la Palabra de Dios y del Evangelio de Jesucristo.

La *Madre de las Rameras y las Abominaciones de la Tierra* se ha puesto su mejor vestido y sus más codiciables joyas para seducir al mundo, se ha presentado en los ropajes de la unificación de todas las religiones, predica falsamente que todas las religiones son buenos caminos para llegar a Dios, actúa en movimientos espirituales como los de la Nueva Era, usa la misma subyugación de "Babilonia la grande, misterio religioso".

Busca a todos los que quieren "ser como Dios", no para alcanzar su divina santidad al servir al Padre Eterno, sino en que cada uno logre obtener "poder propio e ilimitado".

Hay un solo remedio para detener y anular el engaño satánico, y es por medio de la sangre de Jesucristo, el Hijo de Dios, que nos limpia de todo pecado, porque todo el que confiese sus pecados hallará que Él es fiel y justo para perdonar sus pecados y limpiarlo de toda maldad (1 Juan 1:7, 9).

Hoy nos dice Jesús: *"¡He aquí vengo pronto! Bienaventurado el que guarda las palabras de la profecía de este libro"(...) Y el Espíritu y la Esposa dicen: ven (..) Amén; sí, ven, Señor Jesús!"* (Apocalipsis 22:7,17, 20).

GUERRA ESPIRITUAL

Capítulo 8

La guerra espiritual

E n uno de mis viajes de trabajo secular, tuve una entrevista en la ciudad de Los Ángeles, en uno de los principales estudios cinematográficos de Hollywood. Allí pude ver un gran cartel anunciando el próximo estreno de una película llamada *Resident Devil*, que traducido significa *El mal residente*. Inmediatamente mis pensamientos me llevaron a reflexionar sobre la realidad de ese título, al asociarlo con al obrar del maligno, identificado en la Biblia como el diablo y Satanás, que desde hace más de dos mil años ha tomado la Tierra como su residencia, cuando le robó el "título de propiedad" a Adán y Eva en el jardín del Edén, cuando cayeron en pecado bajo su engaño.

Y en particular Hollywood, el lugar donde se crean y producen las películas cinematográficas, que en su mayoría predican un secularismo materialista sin Dios y sin vida espiritual, y contrario al Evangelio de Jesucristo. Entendí por qué en ese instante me vino tal pensamiento: es que estaba sobre el territorio usurpado. Como el "engañador" (2 Juan 1:7), el diablo ha tenido la gran habilidad de embaucar a la mayoría de los habitantes del planeta de que él no existe, y de que el único culpable de la mayoría de los males que azotan la humanidad son causados por la malicia del mismo hombre. Desde la oscuridad, Satanás dirige y lleva adelante, con su ejército de demonios y ángeles caídos, las más aberrantes estrategias para destruir la humanidad. Pero debemos estar conscientes de que estamos hablando de una guerra espiritual desatada por fuerzas sobrenaturales en el reino celestial, invisible a nuestros ojos humanos. Es una guerra de instigación al mal entre los seres humanos, el diablo ha logrado engañar a naciones enteras y a los poderes del mundo para tenerlos bajo su dominio. ¿De dónde cree usted que se generaron las ideas de las guerras religiosas entre las naciones? ¿Cree que solo se debe al fanatismo religioso de algunos? No, definitivamente son ideas que provienen del mismo infierno. ¿Quién cree que instigó a Nerón para martirizar a los primeros cristianos? ¿De dónde nacieron las ideas para desatar guerras de razas entre los seres humanos? ¿Quién cree que fue el instigador del genocidio al pueblo judío por parte de los nazis? ¿Ha pensado que fue Hitler? Si bien él ha sido el brazo ejecutor, hubo un solo instigador, y fue el mismo diablo, Satanás.

He tomado un párrafo del libro de Jessie Penn Lewis titulado *Guerra contra los santos*, porque considero que contiene unas de las más claras descripciones sobre el carácter real de la guerra espiritual. Dice así:

"La palabra clave del libro del Apocalipsis es *"guerra"*, y en un grado tal que nunca el hombre conoció o imaginó; guerra entre los poderes de las tinieblas y las huestes angélicas de luz; guerra por medio del dragón y de los poderes engañadores del mundo contra los santos; guerra por estos mismos poderes mundanos contra el Cordero; guerra del dragón contra la Iglesia; guerra en muchas fases y formas hasta el fin cuando el Cordero vence y también vencen los que son de Él, a los cuales las Escrituras llaman los elegidos y fieles (Apocalipsis 17:14)".

El Espíritu Santo y la guerra espiritual

Desde el mismo comienzo de la Biblia, en el libro de Génesis (1:2), vemos al Espíritu Santo como el brazo ejecutor de la Divina Trinidad, que combate contra el desorden provocado por el enemigo de Dios, y listo para llenar el vacío de la Tierra. Él siempre está activo para desatar la plenitud del poder de Dios. Dice el texto: *"Y el Espíritu de Dios se movía...".* Detrás de cada palabra que pronunciaba Dios, Él obraba.

De la misma manera, el Espíritu Santo obró ante la desigual batalla que las huestes del faraón, equipado con carros de combate y soldados fuertemente armados, se aprestaban a librar contra el indefenso pueblo de Israel. En el mismo instante que Moisés levantó su mano en dirección al Mar Rojo, Dios envió un fuerte viento por medio de su Santo Espíritu, que secó el fondo del mar y formó paredes de agua y las mantuvo a la izquierda y derecha del cauce abierto, hasta que pudiesen pasar salvos y sanos todos los israelitas hasta la otra orilla. Y cuando el ejército del faraón entró en el cauce abierto para alcanzar a los israelitas, el Espíritu Santo soltó las aguas retenidas y todos fueron sepultados bajo el mar.

En el libro de Josué se manifiesta la obra todopoderosa y sobrenatural del Espíritu de Dios. Dios le dijo a Josué, antes de cruzar el río Jordán: *"Desde este día comenzaré a engrandecerte delante de los ojos de todo Israel, para que entiendan que como estuve con Moisés, así estaré contigo"* (Josué 3:7). Nuevamente el Espíritu Santo obró con gran poder, y las aguas del Jordán que descendían se amontonaron como sostenidas por una pared invisible, y el resto de las aguas que descendían se acabaron, y así el pueblo de Dios cruzó el río en seco, tal como antes había cruzado el Mar Rojo.

En el libro de Josué 1:5, Dios promete a Josué que para la inmensa tarea de guiar y entrar con los israelitas a la conquista de la Tierra Prometida, su Espíritu estaría siempre con él tal como estuvo con Moisés. La obra del Espíritu Santo ha sido siempre la misma: conduce a las personas a una relación salvadora con Dios, y realiza los propósitos del Padre. Su meta, como lo vemos en el libro de Josué y que se extiende a todo el Antiguo Testamento, era lograr la salvación de Israel. Porque Dios decidió salvar el mundo por medio de este pueblo.

En Josué encontramos varias características de la acción del Espíritu Santo. Ante todo sabemos que su acción no es esporádica, sino de continua acción, como comprobamos en la promesa que Dios le dio a Josué: *"No te dejaré, ni te desampararé (...) el Señor tu Dios estará contigo en dondequiera que vayas"* (Josué 1:5, 9). El Espíritu Santo está comprometido a terminar la obra de Dios, no importa el tiempo que demande. Por eso es imperativo que su presencia no solo esté asegurada en nuestro corazón, sino que recibamos y experimentemos,

103

adicionalmente, el bautismo del Espíritu Santo y su llenura para que el plan de Dios se cumpla en nuestra vida. Es fundamental transformarnos en colaboradores voluntarios del Espíritu Santo para obtener la victoria en la guerra espiritual, y lograr deshacer las obras del diablo.

En el libro de Josué tenemos los pasos que los israelitas debieron cumplir antes de que el poder de Dios se desatara a su favor. Primeramente, debieron santificarse antes de que Dios obrara la separación de las aguas del Jordán. Nuestra santificación es un acto de nuestra voluntad. Por medio de este acto nos separamos; tal es el significado literal de santificarse, o apartar nuestras vidas de nuestros propios intereses, para servir en primer lugar a Dios. Sin esta consagración voluntaria no podemos entrar al servicio de Dios.

Luego, después de cruzar el río Jordán, todo el pueblo debió circuncidarse, de acuerdo al mandato de Dios. Esta circuncisión fue hecha para quitar el oprobio de la esclavitud bajo la cual habían padecido en Egipto, pues no solo vivieron despojados de su libertad, sino que tuvieron que vivir bajo la opresión espiritual de la idolatría egipcia.

La circuncisión fue también la señal para reafirmar que llegaron a salvo a la tierra de Canaán por la fidelidad de Dios en el cumplimiento de sus promesas. Los creyentes no necesitamos hacer esta circuncisión en la carne, porque fuimos circuncidados por Cristo en nuestros corazones. Por la fe y el arrepentimiento, hemos sido despojados del oprobio de la esclavitud del pecado en nuestra vieja naturaleza, tal como lo expresa el apóstol Pablo en Colosenses 2:11: *"En él fuisteis circuncidados con circuncisión no hecha a mano, al echar de vosotros el cuerpo pecaminoso carnal, en la circuncisión de Cristo"*.

Esto es fundamental en nuestro servicio a Dios, saber que Cristo en la cruz nos liberó de la culpa y del poder del pecado, y que si bien ese poder continúa latente en nuestra vieja naturaleza, ha sido legalmente abolido y, si usamos el derecho legal que Dios nos otorgó, no tendremos que avergonzarnos ni de ser obligados a volver a su esclavitud.

A la solemne circuncisión le siguió una solemne Pascua. Hoy Cristo es nuestra Pascua. Y cuando comemos el pan, en la Santa Cena, manifestamos que nos alimentamos de Cristo por fe, y que tomamos a Cristo como nuestro yugo, con su cruz y con su corona. Y también participamos de la copa del jugo de la vid, que simboliza la sangre de

Jesucristo que nos limpia de todo pecado, y nos recuerda el pacto que el Señor hizo con nosotros en su sangre.

Dice el relato bíblico que luego de haber cumplido cada uno de estos pasos, el pueblo fue dirigido hacia el campo de batalla; marcharon durante seis días alrededor de las murallas de Jericó, y al séptimo día, después de haber completado siete vueltas, y haciendo sonar las trompetas y gritado al unísono, descendió el poder de Dios y las murallas se desplomaron.

Ese poder fue la manifestación del Espíritu Santo en acción, y el cumplimiento de la promesa de Dios de que estaría con ellos, tal como se lo había prometido a Josué. Y esto sucedió con excepción del período en que a causa del pecado de Acán todo el pueblo fue alcanzado por la maldición.

Los israelitas habían entrado a conquistar una tierra que estaba bajo maldición, y Dios les había advertido de las cosas que no podían retener. La batalla de Jericó fue la clave para que el pueblo de Dios afirmara su confianza y tuviera la fe necesaria para terminar la conquista que recién iniciaban. Pero el príncipe de Canaán, el diablo, estaba listo para detener el avance israelita, pues él mismo encendió la codicia en Acán, para que desobedeciera a Dios y ocultara el pecado contaminado con la maldición.

Esto hizo que el Espíritu Santo se retirara del campamento israelita, hasta que la maldición fuese quitada de la congregación. Y fue solo entonces que volvió el poder de Dios sobre su pueblo y los acompañó hasta terminada la conquista de Canaán.

Esto denota la pureza de santidad de la divina presencia del Espíritu de Dios, que no puede tolerar ningún pecado de maldición en su pueblo; cuando lo hubo, se retiró momentáneamente su presencia, lo que les acarreó una deshonrosa derrota frente al pueblo de Hai.

Josué había caído sobre su rostro lleno de confusión y dolorosa angustia, y terminó cuestionando a Dios, preguntándole: "¿Por qué los hizo cruzar el Jordán?" Dios no demoró en responderle, y después de exhortarlo a que se levantara le dijo: *"Israel ha pecado (...), anatema hay en medio de ti, Israel; no podrás hacer frente a tus enemigos, hasta que no hayas quitado la maldición en medio de vosotros"* (Josué 7:13-15).

Si hacemos una paráfrasis de estas palabras, sería como que Dios le dijera: "¿Quieres mi presencia y mi poder? Quita el pecado que hay en el pueblo".

A veces, como lo hizo Josué, le preguntamos a Dios por qué no nos responde, o por qué las cosas empeoran y no recibimos su pronta ayuda en medio de la adversidad. Es que en ocasiones Dios permite adversidades para mostrarnos el pecado que hay en nuestra vida. Dios nos ha dado el remedio para erradicar cualquier tipo de pecado: debemos ante todo reconocerlo, luego confesarlo y arrepentirnos (1 Juan 1:9).

El pecado retenido u oculto en secreto tiene el mismo poder destructivo como la vergonzante derrota sufrida por los israelitas en Hai. Así como Josué lo eliminó de una manera violenta, nosotros debemos hacer lo mismo.

Inmediatamente después de haber eliminado al causante de la maldición de la congregación, Dios le dijo a Josué: *"No temas ni desmayes; toma contigo toda la gente de guerra, y levántate y sube a Hai. Mira, yo te he entregado en tu mano al rey de Hai, a su pueblo, a su ciudad y a su tierra"* (Josué 8:1). Así lograron continuar, de victoria en victoria, la conquista de la Tierra Prometida.

Muchos años después Dios encomendó a sus apóstoles la conquista de las almas por medio de la evangelización mundial y la liberación de todas las personas esclavizadas por las mentiras del diablo, conquista que debían llevar a cabo hasta lo último de la Tierra. Ahora no serían guerreros sino evangelistas, ya no soldados sino discípulos; en vez de desalojar a la gente, la misión sería atraer a todas las personas y conducirlas al conocimiento del Libertador y Salvador Jesucristo, el Señor. Aunque Dios nos advierte que somos enviados a la guerra, y a ponernos "toda la armadura de Dios", no se nos llama a luchar contra las personas sino a permanecer firmes en la fe contra principados espirituales de maldad.

En el capítulo 1 del libro de los Hechos vemos a Jesús, momentos antes de ascender a los cielos, que instruye a sus discípulos para que fuesen a Jerusalén a esperar la llegada del poder de Dios por medio del bautismo del Espíritu Santo, antes de salir por todo el mundo a anunciar el evangelio de vida y a deshacer las obras del diablo.

Los discípulos y seguidores de Jesús volvieron a Jerusalén desde el monte de los Olivos, y durante diez días se mantuvieron inconmovibles en oración, hasta que de pronto, después de un gran estruendo, todos fueron bautizados con el Espíritu Santo que había descendido sobre ellos. Era el poder sobrenatural que necesitaban para llevar a cabo la tarea de evangelización y de la liberación de los oprimidos y esclavizados.

Y ese mismo día, por medio de la ungida predicación del apóstol Pedro bajo la inspiración del Espíritu de Dios, tres mil almas recibieron la salvación y el bautismo del Espíritu Santo, y se produjo así el nacimiento de la iglesia de Cristo sobre la Tierra. Pero al igual que ocurrió en Jericó, el enemigo no retrocedió, sino que se agazapó como un león para lanzar su ataque para detener el mover de Dios en Jerusalén, recién iniciada la conquista.

Esta vez un matrimonio de creyentes fue el blanco del diablo, y se convirtió en maldición para la iglesia primitiva. Si permanecía esa ofensa en la congregación, el Espíritu Santo retiraría su presencia, y la conquista comenzada se convertiría en una vergonzante derrota. Los portadores de la maldición debían ser quitados de la congregación y pagar con sus vidas el haber acordado *"tentar al Espíritu del Señor",* con mentira y deshonestidad, y tratar de privilegiar sus propios intereses antes que los de Dios, al cual se habían comprometido a servir; cayeron en la "maldición de Acán" (Hechos 5:9).

Poder de lo alto

El poder del Espíritu Santo viene sobre nosotros para que seamos fieles testigos y resistamos el mal, sobre un mundo que vive sin Dios y sin amor; por eso inmediatamente de reestablecida la operación del poder del Espíritu Santo sobre la iglesia, grandes prodigios y milagros fueron hechos por los apóstoles, tal como lo testimonia Hechos 5:16: *"Y aún de las ciudades vecinas muchos venían a Jerusalén, trayendo enfermos y atormentados de espíritus inmundos; y todos eran sanados".*

Jesús les había dicho: *"Pero recibiréis poder, cuando haya venido sobre vosotros el Espíritu Santo...".* La traducción de la palabra "poder" en este pasaje, deriva del griego *dunamis,* que literalmente significa un poder que tiene la capacidad de llevar cualquier cosa a cabo, que tiene poder inherente y absoluto para obrar, y denota poder sobrenatural. Del

107

griego *dunamis* deriva el nombre del explosivo llamado dinamita, utilizado –entre otros usos– para efectuar demoliciones, tal como el poder demoledor que redujo a escombros las murallas de Jericó.

Este poder sobrenatural está disponible para todos los creyentes de la Iglesia del Señor, que lo anhelen y busquen recibirlo, pues es el bautismo del Espíritu Santo lo que permite que usted y yo seamos testigos poderosos con señales y prodigios que nos sigan; es esta la autenticación y el sello divino de los milagros y de los dones sobrenaturales extraordinarios otorgado por nuestro Padre Dios.

Este es el primer paso que como siervos de Dios debemos anhelar obtener; el ser *"bautizados con Espíritu Santo y fuego"*, para ser capacitados en la conquista de toda la Tierra para Cristo. Casa por casa, pueblo por pueblo, ciudad por ciudad, nación por nación, continente por continente, *"hasta lo último de la tierra"* (Hechos 1:8).

108

Capítulo 9

Tomar posesión de la Tierra

El dios de este mundo ha establecido sus fortalezas y autoridades sobre toda la Tierra, y libra una ardiente batalla contra la Iglesia de Cristo. Satanás trata de robar, adueñarse y destruir no solamente la iglesia del Señor, o determinada región o país, sino toda la Tierra.

El pueblo de Israel recibió un mandato de Dios a través de Moisés antes de la conquista de la Tierra Prometida, que le decía: *"Mirad, yo os he entregado la tierra; entrad y poseed la tierra..."* (Deuteronomio 1:8). Este mandato llega a nuestros días, en el legado que el Señor Jesucristo dejó a la Iglesia, y que cada creyente, cada miembro del cuerpo de Cristo hoy debe hacerlo suyo.

Todos los cristianos somos llamados a este servicio de continuar la obra de Dios, predicando el evangelio a toda criatura y batallando espiritualmente para deshacer las obras del diablo. Recordemos que esta guerra comenzó con una mujer y una serpiente en el Jardín del Edén. Esta contienda, que ha continuado por los siglos, tuvo un epílogo trascendental cuando la simiente de la mujer dio a luz a Jesús, y cuando el Hijo de Dios hirió de muerte a la serpiente en la cruz del Calvario.

Si bien Jesús nos aseguró la victoria sobre Satanás a todos los creyentes, esta obra no ha sido terminada. Jesús no solo vino a deshacer las obras del diablo, sino a liberar a los cautivos de su esclavitud. Sin embargo, todavía hay una multitud de prisioneros espirituales que no han escuchado las buenas noticias de su liberación. Por lo tanto, los creyentes hemos sido convocados a entrar en la batalla espiritual, y esto es ineludible; solo una actitud activa conquistará y poseerá.

Consecuentemente, para tener parte en la victoria final debemos sufrir en la batalla. No es la voluntad de Dios que ninguno de sus hijos sufra por la opresión del enemigo; Dios busca a sus hijos para hacerlos un pueblo victorioso, fuertes cristianos que dominen sobre las circunstancias, en lugar de que sean abatidos por ellas.

El llamado es para cristianos que actúen bajo la voluntad de Dios y en obediencia a sus directivas, en lugar de ser dirigidos por la voluntad de los sucesos. Dios busca cristianos que glorifiquen el nombre del Señor, para quienes el Señor se ha hecho Torre Fuerte, Seguro Refugio, Escudo Protector y el Gran Conquistador.

El propósito de este libro es que usted encuentre una guía práctica para batallar contra el enemigo interno y el enemigo externo, en esta guerra espiritual. Y también para que le ayude dando fortaleza a su ánimo, y que alcance la fe necesaria para obtener toda la provisión de Dios prometida en su Palabra.

Debemos saber que el desánimo y la pasividad son las dos áreas donde trabaja el enemigo para debilitar la fe de los creyentes, pues Satanás sabe que Dios necesita personas fortalecidas en fe y liberadas de toda opresión, para conquistar y poseer hasta lo último de la Tierra.

Pablo en varias oportunidades hace referencia a la guerra espiritual y claramente indica que la lucha contra los deseos de la carne, y las batallas contra las potestades de las tinieblas, son una actividad normal en la vida del verdadero creyente. Satanás, y no otra persona, es el único y principal enemigo de Dios, y también nuestro acérrimo enemigo, y debemos estar constantemente en guardia contra sus traicioneras y seductoras tácticas.

Pero también debemos estar advertidos, como lo hizo Pablo en la carta a los gálatas, de que hay otro enemigo que se opone a que hagamos la voluntad de Dios, lo que hace que entablemos una constante lucha proveniente de los deseos de la carne contra el Espíritu, y del Espíritu contra la carne (Gálatas 5:17).

Dios les dio a los israelitas la tierra de Canaán, en forma espiritual, para que tomaran posesión del territorio.

La parte de Dios fue darles la tierra, dirigirlos en batalla y pelear por ellos con sus ángeles en los cielos; porque las regiones celestiales estaban tomadas por el príncipe de las tinieblas y sus demonios. Pero la tierra estaba bajo el dominio de fuertes y gigantes guerreros, y esa parte era responsabilidad de los israelitas: tomar la tierra ocupada por el enemigo, conquistarla y poseerla.

Las promesas que Dios nos da en la Biblia no son automáticamente nuestras; para alcanzarlas y poseerlas es necesario pelear la buena batalla, así como Canaán no sería poseída sin batallas. Debemos estudiar la conquista de la Tierra Prometida como un ejemplo de las victorias que Dios nos llama a obtener en nuestras vidas cristianas, y contra las potestades del mal, en estos tiempos.

El desafío de la Iglesia: entrar y poseer la Tierra

Josué debía entrar con el pueblo de Dios en la tierra de Canaán, pero para quebrar el poder de los enemigos debían prepararse para batallar y vencerlos, y así lograr conquistarla. Dice Josué 1:3-4, que Dios habló a Josué para que conduzca al pueblo a la Tierra Prometida tras cruzar el Jordán, de esta manera: *"Yo os he entregado como lo había dicho a Moisés, todo lugar que pisare la planta de vuestro pie. Desde el desierto y el Líbano, hasta el gran río Éufrates, toda la tierra de los heteos hasta el gran mar donde se pone el sol, será vuestro territorio".*

Las experiencias que sufrieron los israelitas en la entrada al territorio de Canaán y su esforzada conquista, no tipifican la entrada al cielo, sino nuestra presente herencia espiritual y la salvación de Cristo en todos los creyentes, en medio de un mundo donde muchos viven separados de Dios, sin ninguna esperanza.

III

Recordemos que el nombre hebreo de Josué significa "el Señor salva" o "el Señor es salvación", y la forma griega de Josué es Jesús. Podríamos decir que Josué es un tipo o representación de Jesús, por cuanto condujo al pueblo de Dios a la Tierra Prometida y a la victoria sobre todos sus enemigos.

Como creyentes ya poseemos la salvación de Cristo, y por la Palabra de Dios sabemos que nos ha sentado en *"los lugares celestiales en Cristo"*, pero todavía debemos pelear la batalla para asegurarnos la posesión de la salvación final y extender el reino de los cielos por toda la Tierra, para luego entrar en el reposo eterno.

Al igual que los israelitas debieron entrar en cruentas batallas para la obtener la toma del territorio de Canaán, nosotros los creyentes, de la manera como Pablo peleó la batalla, nos alienta hoy cuando dice: *"Así que, yo de esta manera corro, (...) de esta manera peleo, no como quien golpea al aire, sino que golpeo mi cuerpo, y lo pongo en servidumbre, no sea que habiendo sido heraldo para otros, yo mismo venga a ser eliminado"* (1 Corintios 9:26-27).

Para nosotros los creyentes, la posesión de la salvación y de la vida eterna, y la toma de los territorios ocupados por el enemigo, entrañan batallas y luchas, para asegurar la conquista espiritual.

Josué y los israelitas, por la fe en Dios, pudieron efectuar y también mantener la posesión de la Tierra Prometida, lograda por la obediencia a la Palabra de Dios y puesta por obra en la guerra espiritual contra los enemigos de Dios.

Para todo creyente la posesión de la salvación y las bendiciones de Dios se mantienen asimismo por una fe viva y activa en el Señor Jesucristo, y en una práctica obediencia a su Palabra, en medio de la contienda espiritual contra el pecado, los deseos de la carne y los ataques de Satanás y sus demonios.

Finalmente, los israelitas pudieron vencer a todos sus enemigos, manteniendo su obediencia a Dios todopoderoso, y dar así por terminada la conquista de Canaán. Pero, sin embargo, las batallas continuaron durante la posesión, de manera que nadie debía −ni debe ahora− "bajar la guardia", como lo expresó Pablo diciendo *"que golpeo mi cuerpo, y lo pongo en servidumbre, no sea que habiendo sido heraldo para otros, yo mismo venga a ser eliminado"* (1 Corintios 9:27), para que no se pierda la posesión del territorio conquistado. Por eso Josué les advirtió a los israelitas: *"Si traspasareis el pacto de Jehová nuestro Dios que él os ha mandado, yendo y honrando a dioses ajenos, e inclinándoos a ellos. Entonces la ira del Señor se encenderá contra vosotros y pereceréis prontamente de esta buena tierra que él os ha dado"* (Josué 23:16).

La esperanza de la final posesión del supremo reposo de Dios, se logra por medio de la fe en las promesas divinas, tal como Dios le dijo a Josué que lo haría: *"Esfuérzate y sé valiente, porque tú repartirás a este pueblo por heredad la tierra de la cual juré a sus padres que la daría a ellos"* (Josué 1:6).

Luego Dios le mostró a Josué la plenitud de su divino poder en su Espíritu, en el cruce del río Jordán, que era el último obstáculo para entrar a poseer la Tierra Prometida, tal como lo describe el libro de Josué 3:16-17: *"Las aguas que venían de arriba se detuvieron (...) y las que descendían (...) se acabaron. y fueron divididas (...) y todo Israel pasó en seco"*.

Antes de entrar en batalla, Dios le había asegurado a Josué que Él mismo estaría con ellos; sin embargo, el Señor hizo algo más: se materializó en una persona para reafirmar que su presencia era absolutamente real, y le dijo a Josué *"...como Príncipe del Ejército de Jehová he venido ahora"* (Josué 5:14).

En Mateo 28:18-20 leemos que Dios ha dado a la Iglesia un mandato de toma de posesión de toda la Tierra. Y en Efesios 6:10-17, que el Señor nos ha dado a todos los creyentes una armadura espiritual para pelear en la conquista de la Tierra.

Pero esta posesión no se logrará por el cuerpo de creyentes de la Iglesia sin pelear la guerra espiritual. En 2 Corintios 10:4, nos dice la Palabra de Dios: *"Las armas de nuestra milicia no son carnales, sino poderosas en Dios para la destrucción de fortalezas"*. Debemos comenzar esta guerra: desalojar al enemigo de las mentes, de la voluntad y de las emociones humanas, y también de los deseos impuros de la carne.

La salvación nos fue dada sobre un principio de fe que debe operar desde el inicio, y así la fe extenderá la autoridad de Dios en cada una de las áreas de nuestras vidas.

113

El propósito de Satanás:
robar la provisión de Dios a los cristianos

La tierra de Canaán estaba dividida políticamente en muchas ciu-
dades-estados. Cada una tenía su propio gobierno y la mayoría estaba
en lucha con las demás. Desde el punto de vista moral, había una gran
corrupción. Los cananeos tenían en cada ciudad imágenes del dios
Baal y de la diosa Astarot. Y también rendían culto al terrible dios Moloc, quien para apaciguar su ira recibía niños vivos que eran sacrificados en la hoguera. Podemos hacer una comparación de nuestra guerra espiritual actual, con la que experimentaron los hijos de Israel en la
conquista de la Tierra Prometida.

Cuando los israelitas entraron a poseer la tierra de Canaán se encontraron con pueblos que vivían en total corrupción e inmoralidad, y
que estaban bajo la maldición de Dios. Por eso el Señor les mandó eliminar esos pueblos antes de que se asentaran y poblaran el territorio,
y les aseguró que Él estaría junto a ellos, que ganarían las batallas,
siempre y cuando lo obedecieran (Josué 23:6-13). Pero si usted ha leído la Biblia, conoce la triste historia. Israel, después de la conquista y
de tomar posesión del territorio, terminó por desobedecer a Dios y se
vinculó con los enemigos, y hasta celebraron nupcias con los habitantes de Canaán.

Así fue que terminaron por adorar sus ídolos y practicar todas las
costumbres paganas que eran abominables para el Señor.

Paradójicamente, aquellos a quienes debían echar de la tierra se
convirtieron en sus conquistadores.

Tampoco nunca lograron el cumplimiento total de las promesas de
Dios, dado que estaban bajo la ley y la perfecta justicia de Dios. A diferencia de ellos, hoy los creyentes estamos bajo la divina gracia, lo que
nos permite reconciliarnos con Dios cuando cometemos una falta, por
medio de la sangre de Cristo.

Sin embargo, así como Israel tuvo que pelear contra el enemigo para poseer la tierra, también hoy los creyentes debemos pelear
las batallas de la guerra espiritual. La diferencia es que los israelitas
pelearon contra enemigos de carne y hueso, mientras que nuestra

lucha es contra principados y poderes espirituales del mundo invisible (Efesios 6:12).

Como cristianos estamos cubiertos con la sangre de Jesús, pero no estamos inmunizados ante las influencias de Satanás. La sangre de Cristo Jesús limpió nuestro pecado, y como Él es nuestro Señor tenemos autoridad sobre los poderes del enemigo, pero también tenemos libre albedrío. En cualquier momento podemos decidir no obedecer a Dios y así el poder de la sangre de Jesús sería ineficaz. Esta elección equivocada nos haría vulnerables al enemigo; los israelitas después de años de desobediencia a Dios fueron tomados cautivos y llevados como esclavos a tierras lejanas.

Satanás es nuestro enemigo, y como enemigo intenta siempre provocamos a pecar, y para lograrlo usa nuestros conflictos internos; por eso nos advierte 1 Pedro 5:8: *"Sed sobrios y velad, porque vuestro adversario, el diablo como león rugiente, anda alrededor buscando a quien devorar".*

Satanás no puede tocarnos mientras estemos bajo la protección de Dios. Si nos apartamos del cuidado de Dios y nos aventuramos al calor de la tentación, no deberíamos sorprendernos que caigamos en un sinnúmero de adversidades, pues hemos dejado la tierra de la bendición y entrado en el territorio de la maldición.

Nuestra débil naturaleza nos hace propensos a la actividad del enemigo, pero si bien somos débiles humanamente, espiritualmente estamos fortalecidos en Cristo; por eso la omnipotencia de Dios debe ser nuestra constante habitación.

Dios ha provisto todo lo que necesitamos para vencer al adversario, tanto al enemigo interno como al externo. Tenemos la armadura completa de Dios (Efesios 6:11), podemos triunfar en todas las batallas si decidimos usar la provisión de Dios y obedecemos sus instrucciones, e impedir que por alguna desobediencia el enemigo nos robe esa bendita provisión sobrenatural.

Capítulo 10

Las armas para la guerra espiritual

L a conquista de la Tierra Prometida comenzó cuando los israelitas debieron enfrentar a un enemigo protegido en una inexpugnable fortaleza, en Jericó. No tenían el armamento adecuado ni suficiente para tomar la ciudad, ni tampoco torres de asalto para alcanzar los muros que la protegían. Pero el Señor, que estaba junto a ellos, les había dado la estrategia que necesitaban para vencer.

Recordemos que la Palabra de Dios dice que *"las armas de nuestra milicia no son carnales, sino poderosas en Dios para la destrucción de fortalezas"*. Cuando Josué inicio la conquista sabía que la promesa de Dios se cumpliría sobre ellos, tenía toda su fe puesta en lo que Dios le había dicho respecto a que *"todo lugar que pisare la planta de vuestro pie (...) será vuestro territorio"* (Josué 1:3-4); y como Josué pisaba el territorio de Jericó, sabía que antes de obtenerlo ya les pertenecía. También Josué sabía que la victoria dependería no solo de su fe en Dios, sino también de su fortaleza interior para resistir las tentaciones del diablo, sobre la base de relacionarse estrechamente con la Palabra de Dios, al guardar su vida en obediencia para hacer *"conforme a todo lo que en él está escrito"* para que todo le saliera bien.

Esa es la fe y obediencia que Dios quiere despertar en cada guerrero y guerrera espiritual en nuestros días; debemos tener presente que Jesús nos dio hasta lo último de la Tierra para reconquistarla y poseerla para la gloria de Dios. Revisemos las armas que el Señor nos ha provisto para entrar en batalla.

La autoridad del guerrero: el Nombre de Jesucristo

En Filipenses 2:9-10 dice *"... Dios (...) le exaltó hasta la sumo, y le dio un nombre que es sobre todo nombre, para que en el nombre de Jesús se doble toda rodilla de los que están en los cielos, y en la tierra, y debajo de la tierra".*

Así como el Espíritu Santo habitó en Jesús, de la misma forma el Espíritu de Cristo habita en cada uno de los hijos e hijas de Dios, de manera que cada creyente pueda obrar en lugar de Jesús, y con la autoridad delegada para usar su nombre, tal cual como si Él obrara aquí en la Tierra hoy.

Dios ha delegado su autoridad sobrenatural sobre cada creyente, para que cada uno pueda deshacer las obras del diablo en su Nombre. Jesús dijo que las señales que identificarán a un verdadero creyente serán visibles en aquellos que en su Nombre echen fuera demonios, y que sobre los enfermos pondrán sus manos, y estos sanarán (Marcos 16:17-18).

En Lucas 9:1 encontramos que Jesús reunió sus discípulos y *'les dio poder y autoridad sobre los demonios y para sanar enfermedades"*. Más adelante, en Lucas 10:19 ratificó la autoridad delegada sobre los creyentes, y agregó la inmunidad contra cualquier peste o bacteria mortal para los combatientes del ejército de Dios, cuando dijo: *"...os doy potestad de hollar serpientes y escorpiones y sobre toda fuerza del enemigo y nada os dañará".*

En Marcos 16:18, agregó Jesús lo siguiente: *"Tomarán en sus manos serpientes, y si bebieren cosa mortífera, no les hará daño".*

Cuando nos enfrentamos en los tiempos actuales a las guerras con mortales armas bacteriológicas, podemos comprender el Salmo 91 y entender la forma cómo el Señor podrá librarnos y protegernos bajo su poderoso señorío. El Salmo comienza así: *"El que habita al abrigo del Altísimo morará bajo la sombra del Omnipotente (...)"*. Y continúa: *"Él te librará (...) de la peste destructora (...) No temerás el terror nocturno (...) ni pestilencia que ande en oscuridad, ni mortandad que en medio del día destruya. Caerán a tu lado mil, y diez mil a tu diestra; más a ti no llegará (...) ni plaga tocará tu morada (...) le pondré en alto, por cuanto ha conocido mi nombre. Me invocará, y yo le responderé"* (Salmo 91:1, 3, 5-7, 10, 14-15).

Esta autoridad de Cristo delegada sobre los conquistadores, los que anuncian el evangelio de vida y luchan contra la maldad de Satanás, no actúa automáticamente en todos los creyentes, sino en respuesta a la santidad práctica y la fe del conquistador. Porque el grado de esta autoridad delegada en el creyente será determinado por el grado de la victoria personal que cada uno haya obtenido sobre el pecado.

Cuando Pedro y Juan iban a entrar en el templo de Jerusalén, un lisiado les pidió limosna, y Pedro le respondió con gran autoridad: *"No tengo plata ni oro, pero lo que tengo te doy: en el nombre de Jesucristo de Nazaret, levántate y anda"*, y el imposibilitado de nacimiento se puso en pie y anduvo, y saltaba de alegría por el milagro recibido.

Para obtener una asombrosa respuesta, al usar la autoridad del nombre del Señor, se requiere una consagración de integridad práctica y una sumisa obediencia al Señor y a todo lo que su Palabra demanda.

Veamos otra situación ocurrida en los tiempos de la iglesia primitiva. Dice la Biblia en el capítulo 19 del libro de los Hechos de los Apóstoles, que unos judíos, que eran exorcistas ambulantes, intentaron echar un espíritu inmundo de un hombre atormentado por demonios. E invocaron el nombre del Señor Jesús. Dijeron: *"Os conjuro por Jesús, el que predica Pablo"*. Con sorpresa, los exorcistas escucharon al demonio hablar por medio del hombre que les respondía amenazadoramente: *"A Jesús conozco y sé quién es Pablo; pero vosotros ¿quién sois?"* Inmediatamente el hombre que tenía el demonio, saltó sobre ellos, los golpeó, y los hirió y despojó de sus ropas, de manera que salieron huyendo de la casa para salvar sus vidas.

Hace unos años mi esposa Nilda regresó a media tarde a nuestra casa después de hacer unas compras, y le extrañó que el portón de entrada estuviese sin el pasador. Al entrar escuchó unos ruidos, y creyó que la empleada doméstica hacía alguna limpieza detrás de la casa. Sin embargo, al ir a ver, observó que un ladrón estaba entrando por una ventana que había forzado, y así sorpresivamente se encontró frente a frente ante él.

Dice mi esposa que lo único que atinó a decir fue: "¡Señor Jesús!", y lo dijo en voz alta. En el mismo instante el intruso cambió su actitud y comenzó a justificarse: dijo que no era ladrón, sino que lo hacía debido a que estaba sin trabajo y sin recursos, y que tenía una familia que mantener.

La historia fue que todo terminó en un dialogo donde mi esposa le ofreció ayuda, aunque el arrepentido ladrón no la aceptó, sino que solo le pidió que lo disculpara. Y en instantes, así como había llegado, dejó la casa, sin que nada le hubiese ocurrido a mi esposa ni a nuestros bienes. Aquí se cumplió la Palabra de Dios cuando dijo: *"No te sobrevendrá mal (...) Me invocará, y yo le responderé..."* (Salmo 91:10, 15). Una vez más, podemos decir que siempre "hay poder en el nombre de Jesús".

La firmeza del guerrero: la Palabra de Dios

Nuestra autoridad sobre Satanás proviene de la Palabra de Dios, como lo expresa Colosenses 2:4: *"Y despojando a los principados y potestades, los exhibió públicamente, triunfando sobre ellos en la cruz"*.

El triunfo de Cristo Jesús sobre el pecado y los poderes del mal, los obtuvo en la cruz del Calvario. La autoridad soberana y el gran poder de Dios son la fuente y las bases para la delegación de tal autoridad y de su poder sobre cada guerrero espiritual, y que nos da la habilidad como creyentes, para ser partícipes de la ejecución del plan de Dios.

Todos los privilegios y el poder del reino de Dios descansan en la obra que Cristo completó en la cruz; gracias a ella podemos ejercer con autoridad nuestro ministerio espiritual, desde una posición basada en lo que la Palabra de Dios afirma.

Y esto es lo que nuestro Padre nos dice: *"Hijitos, vosotros sois de Dios y los habéis vencido; porque mayor es el que está en vosotros que el que está en el mundo"* (Juan 4:4). Porque Satanás no puede sostener su dominio cuando es resistido con la Palabra de Dios. Tal como lo dice Apocalipsis 12:11: *"Y ellos le han vencido por medio de la sangre del Cordero y de la palabra del testimonio de ellos..."*.

En Efesios 6:17 la Palabra de Dios nos exhorta como guerreros espirituales a *"tomar el yelmo de la salvación, y la espada del Espíritu, que es la Palabra de Dios"*. Aquí se manifiesta una conjunción del poder del Espíritu con la Palabra de Dios. Cuando esta mezcla tiene las correctas proporciones, con toda seguridad el enemigo será detenido y vencido. Pablo le escribió a Timoteo y le recordó que *"Desde la niñez has sabido las Sagradas Escrituras, las cuales te pueden hacer sabio para la salvación por la fe que es en Cristo Jesús. Toda la Escritura es inspiradora por Dios y útil para enseñar, para redargüir, para corregir, para instruir en justicia, a fin de que el hombre de Dios sea perfecto, enteramente preparado para toda buena obra"* (2 Timoteo 3:16-17).

La victoria del guerrero: la fe en el Señor Jesucristo

1 Pedro 5:9 dice: *"Al cual resistid firmes en la fe, sabiendo que los mismos padecimientos se van cumpliendo en vuestros hermanos en todo el mundo"*.

La fe que es victoriosa, está basada en lo que Jesús hizo por nosotros, es una fe basada en el conocimiento de la obra de Cristo. Una fe que confiesa al Señor en todo tiempo y lugar, y jamás se avergüenza.

La fe que logra las victorias espirituales está llena de autoridad. El Señor nos invita a prepararnos en situaciones en las que tenemos que proclamar la fe directamente contra circunstancias de adversidad que operan en las esferas espirituales, a fin de afectar las cosas en la esfera de lo natural.

Cuando Josué peleó en batalla contra los cinco reyes amorreos, la lucha fue larga y feroz. Temió que el Sol se pusiera antes de que pudiesen aniquilar a los ejércitos enemigos; entonces apeló a la omnipotencia de Dios y confesó su fe: dijo en oración *"Sol detente en Gabaón y tú luna, en el valle de Ajalón"* (Josué 10:12).

El Sol y la Luna eran también deidades que recibían adoración por parte de los amorreos, pero de esos astros los amorreos no recibieron ninguna respuesta.

Y por la fe de Josué, y al mirar los astros desde una perspectiva terrestre, *"el sol se detuvo y la luna se paró"*. En realidad, lo que hizo el Espíritu de Dios es que detuvo la rotación del globo terráqueo. Dice la Biblia que *"Josué habló a Jehová"*, y luego Dios obró en respuesta a la petición, con gran poder, para que los israelitas pudieran vencer totalmente a sus enemigos.

Josué sabía que batallaba a favor de los propósitos eternos de Dios y demostró el triunfo que tal fe puede alcanzar en la guerra espiritual.

La fe que obra está basada en lo que Dios promete, por lo tanto es fundamental conocer una a una las promesas que el Señor nos ha dado en su Palabra.

La valentía del guerrero: la visión de Dios

Así como la fe es la garantía de victoria del guerrero, la visión es la valentía del guerrero para alcanzar el propósito particular de Dios para cada uno.

Cuando el siervo de Dios permite todavía que su propio entendimiento juzgue las circunstancias y adversidades que lo amenazan, no solo corre el riesgo de asumir una posición errónea, que lo encamina a buscar una solución con sus capacidades humanas, sino que siempre será opuesta y distinta a la solución que Dios ha previsto. Así como los diez espías consideraron que era imposible entrar a la Tierra Prometida, pues habían visto gigantes guerreros, y al compararse con ellos se veían a sí mismos como langostas que fácilmente podrían ser aplastados.

Ese fue el motivo del enojo de Dios: ellos se limitaron a mirarse a sí mismos, se compararon con sus limitaciones, en lugar de tener la visión de comparar a los gigantes con la omnipotencia de Dios. Esto es vivir por lo que ven nuestros ojos, y eso nos impide ver por medio de los ojos de Dios. También el vivir bajo el principio de "si no lo veo, no lo creo", es uno de los mayores obstáculos para alcanzar la visión de Dios.

Como Tomás les declaró a sus compañeros cuando le contaron que habían estado con Jesús resucitado, y él les dijo: *"Si no viere en sus manos la señal de los clavos, y metiere mi dedo en el lugar de los clavos, y metiere mi mano en su costado, no creeré"* (Juan 20:25). Además, cuando miramos como creyentes la adversidad con nuestros ojos, podemos perder la valentía y hacernos temerosos, tal como le ocurrió al siervo del profeta Eliseo, que estaba aterrorizado al ver al amenazante ejército sirio que rodeaba la ciudad, listo para entrar y vencerlos. Cuando acudió a Eliseo, él le dijo: *"No tengas miedo, porque más son los que están con nosotros que los que están con ellos"* (2 Reyes 6:16). Eliseo no había perdido la valentía, porque miraba la situación con los ojos de Dios, y así estaba dispuesto a enfrentar cualquier ejército por más poderosos que fuere. Luego Eliseo oró a Dios para que le abriera también los ojos espirituales a su criado, y al instante este pudo ver un poderoso ejército celestial alrededor de Eliseo, muy superior a las fuerzas sirias.

La palabra de Dios dice que *"todas las promesas de Dios [no algunas] son en él sí, y en él amén"*. Amén es una palabra de origen hebreo, y que expresada por Dios significa: *"así será"* o *"así es"* (hecho), pero cuando nosotros decimos amén significa: *"así sea"* (hecho). Cada vez que Jesús oró pidiendo un milagro, lo hacía en la convicción de que era Dios Padre el que lo quería hacer, y que la respuesta sería siempre el amén del Padre celestial. Cuando oró presentando al Padre los panes y los pececillos, también dirigió sus ojos al cielo, tal como lo dice la Escritura: *"Mirando al cielo, dio gracias y partió los panes (...) y todos comieron y quedaron satisfechos"*.

Fueron más de cinco mil personas las que se alimentaron por medio de la multiplicación milagrosa de los cinco panes y dos pequeños pescados.

En otra oportunidad Jesús oró frente a la tumba de Lázaro, que había muerto hacía cuatro días. Dice la Escritura que Jesús, después de solicitar que retiraran la piedra de entrada del sepulcro, levantó los ojos al cielo y dijo: *"Padre, gracias te doy por haberme oído (...) Y habiendo dicho esto, clamó a gran voz: ¡Lázaro, ven fuera!"* (Juan 11:41-42). Y al instante Lázaro resucitó a la vida y salió del sepulcro. No sé si usted se ha formulado esta pregunta: ¿por qué Jesús levantó sus ojos al cielo? Lo que está claro es que Él no miraba los cielos con ojos humanos, sino con ojos espirituales; miró lo que el Padre le mostraba en su voluntad. Jesús pudo ver el milagro antes de que ocurriera. Jesús miró con los ojos de la fe, sabía que lo que pedía era precisamente lo que el Padre quería. Quizás usted se esté diciendo: "Pero pastor, se trata de Jesús, y como era el Hijo de Dios, sabía perfectamente lo que el Padre quería hacer". Si este ha sido su pensamiento, quiero formularle otra pregunta: ¿Cree en Jesús? ¿Cree verdaderamente en el Hijo del Dios viviente? Yo creo que sí, pues si ha llegado a esta parte del libro, ciertamente es usted un creyente. Entonces, le recuerdo lo que dice la Escritura expresado en las palabras de Jesús: *"En verdad les digo, que el que cree en mí, hará también las obras que yo hago, y cosas todavía más grandes"* (Juan 14:12).

Cuando Dios llamó a Josué para que fuese el conductor del pueblo israelita para entrar en la Tierra Prometida le dijo: *"Mira que te mando que te esfuerces, y seas valiente; no temas ni desmayes, porque el Señor tu Dios estará contigo dondequiera que vayas (...) como estuve con Moisés, estaré contigo; no te dejaré ni te desampararé"* (Josué 1:9, 5). Dios quería que Josué no solo obrara en la fe, creyendo, sino que tuviera una visión clara de que su presencia ya estaba junto a él; por eso le dijo: *"mira"*. ¿Qué es lo que Dios quería que mirara? Lo que el Señor buscaba era que Josué pudiese ver la grandeza y el poder de Dios junto a él, así como lo había visto obrar junto a Moisés. Y Josué actuó valientemente tal como le dijo Dios, con la visión firme de lo que Él quería hacer; confió en que todo lo que Dios le prometió se cumpliría.

De la misma forma hoy el Señor Jesucristo nos dice a cada uno de nosotros: "Mira lo que yo he hecho; si crees en mí, harás las mismas obras que yo he hecho, y aún mayores".

Cuando Josué se acercó con todo el pueblo a tomar la ciudad de Jericó, dice la Escritura que la fortaleza estaba cerrada y no había forma de entrar; entonces Dios le dijo: *"Mira, yo he entregado en tu mano a Jericó y a su rey..."*. ¿Qué es lo que ahora Dios quería que Josué mirara? Lo que quería Dios es que Josué pudiese ver la fortaleza de Jericó derrumbada antes de que lo muros cayeran por el poder del Espíritu de Dios. Por eso Josué obedeció y trasmitió a su pueblo absoluta confianza cuando los mandó marchar durante siete días alrededor de la fortaleza. Es que Josué pudo ver creyendo cómo caían los muros y obtenían la victoria, antes de que ocurriera.

Después de la derrota de Hai, Dios tuvo que alentar nuevamente a Josué, especialmente para que recuperara la valentía que había perdido. Entonces le dijo: *"Mira, yo he entregado en tu mano al rey de Hai, a su pueblo, a su ciudad y a su tierra"*.

Dios no solo buscó que Josué volviese a creer y que recuperara la confianza, sino que mirara con los ojos espirituales, que tuviera la visión de contemplar a Hai derrotado antes que ocurriera, y así lograra recuperar la valentía.

Todos los creyente podemos correr el peligro de no alcanzar la concreción del propósito de nuestro llamamiento, si nos quedamos pasivamente esperando el ser llamados por Dios. La visión de Dios tiene que ver con las metas específicas que Dios quiere alcanzar en este mundo a través de nuestras vidas. La visión es el nexo entre el llamamiento y el propósito de Dios. Solo cuando comenzamos a ver las circunstancias del mundo a través de los ojos de Dios tendremos la valentía de encarar los desafíos de hacer cosas mayores de las que Jesús hizo. ¿De qué depende que alcancemos la visión de Dios? Depende de nuestra fiel obediencia a la visión de Dios. Si la obedecemos plenamente tendremos la valentía para alcanzar la victoria. Pero si nuestra obediencia es parcial o total, fracasaremos. Sin embargo, Dios no nos dejará de lado.

Cuando Moisés solo cumplió en forma parcial el mandato de Dios, pues no tuvo la valentía de decirle al Faraón que su hijo corría peligro de muerte si no dejaba ir a los israelitas del cautiverio, dice la Biblia que el Faraón se enojó por el pedido parcial de Moisés, y endureció las condiciones laborales, y azotó a los que no se esforzaban en el trabajo, lo que llevó a que el pueblo se enardeciera contra Moisés.

Luego en Éxodo 5:22 dice: *"Entonces Moisés se volvió a Jehová"*. Cuando Moisés le llevó su fracaso a Dios, inmediatamente el Señor le renovó la visión diciendo: *"Ahora, verás lo que yo haré al Faraón"*. Nunca debemos darnos por fracasados, aunque hayamos desobedecido la visión; le dijo *"verás"*. Dios siempre nos dará una nueva oportunidad para renovarnos nuestra visión si nos volvemos a Él arrepentidos.

La cobertura del guerrero: la sangre de Jesús

Apocalipsis 12:11 dice: *"Y ellos le han vencido [al acusador de los hermanos, al diablo, Satanás] por medio de la sangre del Cordero y de la palabra del testimonio de ellos y menospreciaron sus vidas hasta la muerte"*.

El nuevo pacto en la sangre de Jesús destruye el poder del pecado sobre cualquier área de nuestra vida. La sangre de Jesús es nuestra perfecta cobertura de las acusaciones del diablo y de su poder destructor. La sangre de Jesús nos da la perfecta posición ante Dios. Es por medio de la sangre de Jesús, nunca por nuestros méritos ni comportamiento el que seamos justificados delante de nuestro Padre Celestial. Y es la misma sangre la que nos cubre y protege de todo mal, así como protegió a los israelitas de la muerte, por medio de la aplicación de la sangre de los corderos sacrificados en la primera pascua, en Egipto. Recordemos que con sangre pintaron los postes y dinteles de las casas, de manera que cuando el ángel de la muerte veía la sangre, pasaba de largo sin tocar a nadie.

La palabra hebrea *pasâch* y traducida como Pascua, significa literalmente "pasar por encima". Esto ciertamente es una figura previa para mostrar el inalcanzable valor de la sangre que sería derramada en la cruz del Calvario para toda la raza humana y para todos los que confiesen su fe en lo que Cristo hizo por nosotros. Por eso Cristo es nuestra Pascua (1 Corintios 5:7), porque Dios "pasó por alto" nuestras rebeliones y pecados, por la sangre del sacrificio expiatorio que Jesús derramó hasta la muerte en nuestro lugar.

No solamente estamos protegidos por la sangre de Jesús, sino que tenemos autoridad de usar su sangre como arma de guerra. Satanás no puede traspasar la línea de protección de la sangre. Pero tampoco nosotros podemos reclamar la cobertura de protección de la sangre de Jesús si andamos en desobediencia a la Palabra de Dios, o si retenemos pecados en nuestra vida.

Los guerreros espirituales son exhortados a "clamar por la sangre de Jesús". Esto significa apropiarnos de la sangre que nuestro Salvador derramó por nosotros, como la cobertura y protección contra todos los ataques del maligno, así como el ángel de la muerte pasó de largo al ver la sangre aplicada en las casas de los israelitas.

Cada vez que alcancemos a percibir, en el área que sea, que Satanás o sus demonios actúan con opresión o fuertes tentaciones, debemos recurrir a la sangre de Cristo y aplicarla diariamente sobre nuestra vida para mantener a raya al destructor.

Cada guerrero espiritual debe ejercitarse en el aprendizaje de usar el poder de la sangre de Jesús como su principal cobertura en la guerra espiritual. La santidad de Dios requiere que cada creyente recurra a la sangre para limpiar el pecado, y es lo único que satisface a Dios para cubrirlo.

Por ello la sangre de Cristo es el único medio por el que podemos mantener una correcta relación con Dios. La fe en la sangre de Cristo nos infunde vida de Dios para anular las consecuencias del pecado y desbaratar las obras del diablo.

La llave del guerrero: la oración

Para entrar en la guerra espiritual Dios nos ha dado una de las más eficaces armas para deshacer las obras del diablo, y es la oración de fe. En Mateo 16:19 dice: *"Te daré la llave del reino de los cielos; todo lo que atares en la tierra será atado en los cielos, y todo lo que desatares en la tierra será desatado en los cielos".*

La acción de atar espíritus malignos en la Tierra, significa que Cristo corta su actividad en los cielos y les prohíbe seguir adelante con su obra destructiva. La palabra atar fue traducida del griego *deseis*, que significa prohibir, no permitir e interrumpir.

Cuando oramos para desatar a las personas o las circunstancias que impiden que la bendición de Dios llegue a sus vidas, Cristo libera en los cielos todas las bendiciones que habían sido obstruidas por el diablo y sus demonios. Desatar es la traducción del griego *luceis*, que significa permitir, dar lugar y habilitar.

Esta oración de fe debe ser hecha por dos o más creyentes; deben estar en un mutuo acuerdo respecto a la petición requerida.

La palabra acuerdo proviene del griego *sumphonos*, cuya traducción literal es "están acordes", y que significa armonioso, estar en armonía o estar de acuerdo. Y de la misma raíz proviene la palabra sinfonía, que es una composición musical que armoniza muchos instrumentos.

La oración personal es importante en la lucha espiritual, pero la intercesión hecha con un compañero o grupo de oración en la iglesia, robustece los resultados en la guerra espiritual. La intercesión es el método de Dios para hacernos participar plenamente de sus planes y en su obra.

Tenemos en la oración de grupos la autoridad para quitarle al enemigo y para ordenarle que suelte todo lo que retiene; y la llave principal para arrebatárselo es por medio de la oración de dos o más creyentes.

127

La oración proyecta la fe en Dios y proyecta al Señor en este mundo. Solo Dios puede mover montañas, pero la fe y la oración mueven a Dios. El anhelo del Espíritu del Señor es que cada creyente se transforme en un auténtico guerrero o guerrera de oración.

En la guerra espiritual Pablo nos exhorta a orar *"en todo tiempo con toda oración y súplica en el Espíritu"* (Efesios 6:18). Es de trascendental importancia elevar nuestras oraciones y dar una directa intervención al Espíritu Santo, tal como lo indica Romanos 8:26-27. Debemos reconocer que no sabemos orar como conviene en los tiempos de debilidad, *"pero el Espíritu mismo intercede por nosotros con gemidos indecibles. Mas el que escudriña los corazones sabe cuál es la intención del Espíritu, porque conforme a la voluntad de Dios intercede por los santos".*

Al orar no debemos dejar de lado al Espíritu, porque Él jamás hará nada sin nosotros, tal como lo expresó Mathew Henry en su *Comentario bíblico de la carta a los Romanos,* y que ratificó cuando escribió: "Cristo es nuestro abogado en los cielos; el Espíritu es nuestro abogado en el interior de nuestro ser, de forma que orienta, corrige y refuerza las aspiraciones de nuestra alma a la que no sabemos dar expresión adecuada". Porque "la oración de fe mueve el brazo de Dios". Esta frase es de una ardiente guerrera de oración llamada Basilea Schlink. Ella escribió en su libro *Realidades,* lo siguiente: "Dios nos mostró que Él ciertamente responde la oración de fe que se hace con valentía. Y, además, que retiene su promesa hasta que la fe esté lista para 'ver' su cumplimiento (...) Desde entonces cantamos con gran fervor y certeza:

> La fe se apodera de la firme Palabra de Dios y mueve sus poderosos brazos; ante Él se derriten las necesidades que nos causan alarma e inquietud. El dinero puede faltar, y los día son oscuros,
>
> pero valientemente la fe responde: Nada hay imposible para Dios."

El ánimo del guerrero: la alabanza

La alabanza cumple tres funciones en la guerra espiritual. En primer lugar glorifica a Dios y concentra nuestra atención en su divino poder. El segundo aspecto, tiene el poder de atemorizar y confundir al enemigo. Y en tercer lugar, la alabanza anima al creyente mientras proclama la victoria en el campo espiritual, antes de que se manifieste en el mundo material.

Caminar con un espíritu de alabanza nos ayuda a "ver" espiritualmente que peleamos desde una posición de victoria y nunca de derrota. Aunque las circunstancias parezcan contradictorias o den la impresión de que estamos a punto de ser derrotados, las alabanzas conmueven el trono de los cielos, allí mismo donde hemos depositado nuestras alabanzas y permitido que descienda la grandeza de Dios, y que sus ángeles guerreros derriben todas las circunstancias de nuestra adversidad y las vuelvan a nuestro favor.

La batalla de Jericó se ganó con el grito unánime de la alabanza. En tiempos del rey Josafat se unieron los ejércitos de Moab y Amón y sitiaron al pueblo judío en Jerusalén, y todo parecía perdido para ellos, debido a la gran desproporción de fuerzas. Pero cuando los de Judá comenzaron a alabar a Dios, dice 2 Crónicas 20:22 que Dios *"puso contra los hijos de Amón, de Moab y del monte de Seir, las emboscadas de ellos mismos que venían contra Judá, y se mataron los unos a los otros".*

La alabanza es un arma poderosa que debemos usar en los conflictos con las fuerzas de las tinieblas que pretenden obstaculizar el mover del Espíritu de Dios. Un pueblo que alaba a Dios es un pueblo poderoso en batalla.

La disciplina del guerrero: el ayuno

El ayuno es un arma de guerra mediante el que recibimos la guía de Dios. Cuando los pobladores de Hai derrotaron a los israelitas, durante la conquista de la Tierra Prometida, el desánimo invadió el corazón del pueblo de Dios. Hasta Josué rasgó sus vestidos y se postró en tierra delante del arca de Jehová hasta el anochecer; y no solo él, sino también los ancianos de Israel.

Todos permanecieron en ayuno durante la jornada y echaban polvo en sus cabezas. Y fue durante el ayuno, al final del día, que Dios le relevó a Josué las causas de la derrota y le dio las instrucciones para lograr la liberación (Josué 7:5-15).

Ayunar significa abstenerse de alimentos. Recordemos que el deseo de comer el fruto prohibido, y de no abstenerse, causó la caída de

Adán y Eva. El ayuno humilla y purifica el alma delante de Dios, y hace más real la "crucifixión" de los apetitos de la carne. Permite al creyente usar completamente ese tiempo y liberar su espíritu en oración y comunión íntima con Dios.

También pone de manifiesto la fe, en la búsqueda de Dios, y excluye todo lo demás. Es ante Dios una muestra de sumisión, que es la base de la obediencia. El descanso del sistema digestivo durante el ayuno manifiesta la mayordomía del espíritu sobre los apetitos carnales, fortalece nuestra vida contra la tentación y nos afirma para tener victoria sobre cualquier intento del enemigo. Ciertamente, el ayuno es una poderosa ayuda en la oración.

Algunos líderes cristianos son renuentes a ayunar porque temen caer en el fanatismo o en el ocultismo, porque el ayuno también es practicado por espiritistas, brujos, chamanes, hechiceros y falsas religiones, para invitar a los demonios a que les den poder. Pero Jesús, en el sermón del monte habló de practicar el ayuno, al tiempo que nos enseñaba sobre la necesidad de orar y a ser generosos en el dar ofrendas y diezmos a la iglesia del Señor (Mateo 6:1-18).

Cuando los discípulos le preguntaron a Jesús la causa de por qué no pudieron liberar en oración, a un muchacho endemoniado, Él les contestó: *"Por vuestra poca fe, (...) pero este género no sale sino con oración y ayuno"* (Mateo 17:20-21). En realidad lo que Jesús les enseñó es que la fe necesita oración para crecer, pero a su vez, la oración necesita del ayuno para desarrollarla a pleno.

El ayuno no es un instrumento para rogarle a Dios que haga algo a nuestro favor, pero un creyente que ora y ayuna avisa al cielo que no se dará por vencido hasta recibir la bendición de Dios.

También Dios usa el ayuno para deshacer las ataduras de incredulidad en la batalla espiritual; por eso la oración y ayuno es fundamental para entrar en la lucha espiritual.

En la batalla hay fuerzas opositoras, y cada guerrero espiritual que lucha, entra en conflicto con los poderes de las tinieblas. Por eso debemos considerar el ayuno como la disciplina del guerrero; es el "entrenamiento" que necesitamos para librar victoriosamente la batalla en la que estamos involucrados.

Tal como lo dice el libro del profeta Isaías 58:6: *"No es mas bien el ayuno que yo escogí, desatar ligaduras de impiedad, soltar las cargas de opresión y dejar libres a los quebrantados. Y que rompáis todo yugo".*

Así como la disciplina del ayuno es esencial en la victoria contra los deseos impuros de la carne, en el ayuno, para la lucha espiritual, el Espíritu Santo nos da la revelación de los deseos de Dios y las indicaciones para guiarnos a la victoria.

Siempre la disciplina de Dios nos entrena, nos corrige, moldea y perfecciona nuestra manera de pensar –el uso del intelecto– y fundamentalmente nuestro carácter moral.

El someternos a la disciplina de la oración y el ayuno nos hace más humildes, permite que seamos fortalecidos en el carácter cristiano por el Espíritu Santo para ser guerreros espirituales que siempre damos la gloria a Dios de todo y en todo.

La fortaleza del guerrero: el bautismo del Espíritu Santo

Como vemos en el Antiguo Testamento, Israel fue una nación que enfrentó enormes luchas, y que también atravesó grandes conflictos políticos, tal como los que experimentamos en la actualidad. Pero, además, llevaban adelante una formidable lucha para cumplir con las leyes de Dios, y la mayoría de las veces caían en reiteradas derrotas.

Hoy muchos creyentes viven en una especie de sube y baja espiritual, porque no han comprendido que vivimos en un mundo de aflicción, tal como lo ratificó Jesús cuando dijo: *"En el mundo tendrán aflicción",* y a continuación interpuso un *"pero, confiad".* Es bueno preguntarnos: ¿en qué tenemos que confiar? Jesús lo dijo inmediatamente: *"Yo he vencido al mundo",* o podríamos interpretarlo como "Yo Jesús, he vencido a la aflicción que está en el mundo" (Juan 16:33).

Usted quizás diga: "¡Gloria Dios!, es la noticia que esperaba, pero..., hasta ahora nada ha cambiado en el entorno de mis aflicciones, ¿debo hacer algo?"

Es una buena pregunta. Si usted es creyente, más que hacer algo debe buscar tener el anhelo o las ansias de recibir algo más de Dios.

Quizás ya ha recibido la salvación de Dios y trata de seguir fielmente al Señor, pero se ha conformado con las circunstancias y las luchas, cree que Dios algún día lo sacará del problema, pero los conflictos en lugar de disminuir, han aumentado.

Es más, se siente como que se queda sin fuerzas. Como cuando los israelitas cayeron en cautividad por la mano de Nabucodonosor, debido a que no prestaron oídos a la voz de Dios para que enderezaran sus caminos y se arrepintieran.

Sin duda, fue el peor momento de sus vidas; sin embargo, cuando creían que la aflicción no tendría fin, Dios les envió un mensaje de esperanza por medio del profeta Ezequiel: *"Os daré corazón nuevo, y pondré espíritu nuevo en vosotros; (...) y pondré dentro de vosotros mi Espíritu, y haré que andéis en mis estatutos, y guardéis mis preceptos, y los pongáis por obra"* (Ezequiel 36:26-27).

Esta es la mejor noticia para todo creyente que verdaderamente ama a Dios; ¡el saber que Dios mismo anhela poner su Espíritu dentro de nosotros! Entonces podemos decir que tenemos aquí dos grandísimas y buenas noticias: una es que Dios ha vencido la aflicción, y entendemos que si el Señor la ha vencido es porque la aflicción es un enemigo de nuestras vidas, que fue derrotado en batalla, y por lo tanto no debería causarnos ningún problema más.

Y la otra buena noticia es que Dios anhela derramar su Espíritu dentro de nosotros. En realidad, lo que expresan estos textos es que hay un plan de batalla en el que Dios quiere que entremos todos los creyentes, y que comenzó en el libro de los Hechos. Jesús, antes de ascender al cielo les pidió a sus discípulos que no se fueran de Jerusalén, y que *esperasen la promesa del Padre, la cual, les dijo, oísteis de mí. Porque Juan ciertamente bautizó con agua, mas vosotros seréis bautizados con el Espíritu Santo dentro de no muchos días"* (Hechos 1:4-5).

Jesús tenía un plan para ellos, aunque había algo que faltaba; entonces continuó: *"Pero recibiréis poder, cuando haya venido sobre vosotros el Espíritu Santo..."* (1:8).

Quizás usted se pregunte: "Pero los discípulos de Jesús ¿no era creyentes? ¿No les había soplado sobre ellos el Espíritu Santo? ¿Acaso, cuando recibimos la salvación de Jesucristo no recibimos el Espíritu Santo y Él hace morada en nosotros?"

Sí, todo esto es verdad, pero el bautismo del Espíritu es una experiencia distinta y necesaria para vivir arriba y no debajo de la aflicción de la vida, y para poder cumplir con el designio de Dios, que es ser sus testigos tal como les dijo a sus discípulos que lo serían *"en Jerusalén, en toda Judea, en Samaria, y hasta lo último de la tierra"* (Hechos 1:8).

Así como sabemos y creemos que realmente Jesús nació de la virgen María por la concepción sobrenatural obrada por el Espíritu Santo que vino sobre ella, así de real y verdadera fue la llegada del Espíritu Santo el día de Pentecostés en Jerusalén.

Fue una demostración del poder de Dios con señales que no dejaron duda alguna. Los hechos ocurridos dicen que primero se escuchó el estruendo de un tempestuoso viento, y que luego descendieron del cielo lenguas de fuego sobre las cabezas de los ciento veinte que estaban orando.

Dice el libro de los Hechos que el estruendo se escuchó en toda la ciudad, y que una multitud se juntó frente al aposento donde estaban los discípulos de Jesús. Y allí todos se sorprendieron de escucharlos que hablaban maravillas de Dios en distintos lenguajes, hasta algunos se burlaban diciendo que estaban ebrios. Era que el Espíritu Santo había tomado el control de los creyentes, cambió sus idiomas, sus emociones y su comportamiento.

Lo que los sorprendidos espectadores creyeron que era ebriedad, era en realidad el gozo que tenían los ciento veinte seguidores de Jesús; es el gozo que viene con el bautismo del Espíritu Santo.

La evidencia de esa llenura fue notable en Pedro, que hacía poco tiempo había sido vencido por su cobarde egoísmo, al negar que conocía a Jesús. Pero ahora, lleno del Espíritu, se levantó con la mayor osadía para predicar el evangelio sin temor alguno de lo que pudiese ocurrirle.

Es que cuando el Espíritu Santo llena una vida con esta experiencia, el creyente comienza a actuar en el poder de Dios, y deja de lado su propia fuerza. Este bautismo otorga una poderosa autoridad espiritual a quienes lo han recibido, y que es esencial para predicar y ser testigos eficaces; porque es Dios el que predica y testifica de sí mismo a través de nosotros.

De esta forma cada creyente podrá obrar en la semejanza de cómo los oficiales de seguridad realizan sus funciones.

Como usted sabe, cada funcionario policial está respaldada por el cuerpo al que pertenece, debe exhibir una placa identificatoria para poder ejercer su autoridad. Y, además, lleva un arma, que detecta el grado de poder que le ha sido conferida para actuar en caso de necesidad.

Así usó Pedro esta autoridad cuando frente al mendigo imposibilitado de caminar que le pedía una limosna, le dijo: *"No tengo plata ni oro, pero lo que tengo te doy; en el nombre de Jesucristo de Nazaret, levántate y anda"* (Hechos 3:6).

Pedro tenía las credenciales del poder del Espíritu Santo en su corazón, que el mendigo reconoció al cruzar su mirada con el apóstol; y la palabra de fe que usó Pedro como el arma que anuló la desesperanza, para que el minusválido se levantara y comenzara a caminar y a saltar de alegría.

¿Qué ocurrió allí? La autoridad de Dios y el poder del Espíritu Santo obraban a través de Pedro, como obrará sobre todo creyente que reciba este bendito bautismo de poder.

Desde el día de Pentecostés hasta hoy el Espíritu Santo nunca ha dejado de obrar en la Iglesia de Cristo pero, sin embargo, nunca impone la manifestación de su poder. Él solo lo derrama sobre las congregaciones de los que buscan ser bautizados, llenados y ungidos con el Espíritu de Dios. Debido a que Dios nunca quiere imponer nada sobre nosotros que no sea nuestra responsabilidad hacer, ni mucho menos que no lo hayamos permitido ni solicitado.

Recordemos que Jesús no solo fue bautizado con bautismo de agua por medio de Juan en el río Jordán, sino que Dios Padre lo bautizó con el Espíritu Santo que descendió sobre Él en forma de paloma.

Este simbolismo es para hacernos comprender que es un bautismo distinto, y que no es de la Tierra, sino que proviene del cielo, de sobre nosotros.

En el bautismo de agua nosotros nos introducimos en el natural elemento agua, de nuestra Tierra. En cambio, en el bautismo del Espíritu, somos inundados por dentro con poder sobrenatural del cielo, del Espíritu de Dios.

Inmediatamente después de ser bautizado con el Espíritu Santo, Jesús fue probado en su naturaleza divina en el desierto, y después de cuarenta días de ayuno, por medio de las tentaciones que el diablo puso delante de Él, a las que venció en el poder del Espíritu y con la Palabra de Dios.

Dice Lucas 4:14, 16-18, 21: *"Y Jesús volvió en el poder del Espíritu a Galilea, (...) Vino a Nazaret, donde se había criado, y en el día de reposo entró en la sinagoga, conforme a su costumbre, se levantó a leer (...) halló el lugar donde estaba escrito: El Espíritu del Señor está sobre mí, por cuanto me ha ungido para dar buenas nuevas, (...) a sanar, (...) a pregonar libertad, (...) vista a los ciegos, (...) a poner en libertad, (...) Y comenzó a decirles: Hoy se ha cumplido esta Escritura delante de vosotros".*

Aquí las Escrituras una vez más ponen en evidencia que la verdadera unción espiritual siempre ha sido, y continúa siendo hoy, una función de Dios el Espíritu Santo.

Antes de conducir en batalla a los israelitas y llevarlos a la conquista de la Tierra Prometida, Josué recibió el poder y la unción del Espíritu Santo para hacer la obra, tal como lo testimonia el texto de Números 27:18 cuando Dios le dijo a Moisés: *"Toma a Josué hijo de Nun, varón en el cual hay Espíritu, y pondrás tu mano sobre él".* Y luego en Deuteronomio 34:9 dice la Escrituras: *"Y Josué hijo de Nun fue lleno del espíritu de sabiduría, porque Moisés había puesto sus manos sobre él...".*

Hoy más que nunca el Señor no solo quiere liberar a los cautivos de todo tipo de aflicción, sino que quiere remover a Satanás y todos sus demonios de las vidas que todavía permanecen en esclavitud bajo su dominio, y de todo lo que se interponga para que obren sobre ellos la sanidad, la prosperidad y la liberación de Dios.

El Señor busca vidas que deseen ser llenos del Espíritu Santo, que anhelen, como Josué, recibir un bautismo de Espíritu Santo y fuego, y recibir su divina unción de lo alto para deshacer las obras del diablo, y poder llevar a todos al conocimiento de la verdad que es en Cristo Jesús.

Ahora mismo Jesús está aquí en medio de nosotros listo para bautizarnos con Espíritu Santo y fuego, pero necesita ser invitado para llenar nuestras vidas; solo necesita escuchar nuestras palabras de invitación: "Espíritu Santo ven sobre mí, Señor Jesucristo bautízame con tu Espíritu Santo, unge mi vida".

Si usted se animó a hacerlo, la respuesta llegará tan pronto cuando usted termine de formularle su invitación, y así usted estará capacitado con todas las armas necesarias para alistarse en la guerra espiritual, y listo para ponerse toda la armadura de Dios para entrar en batalla.

Nunca me olvidaré del día que fui bautizado en el Espíritu Santo. Era una noche de reunión en la iglesia de los Olivos; el Pastor Regge había comenzado una campaña evangelizadora y se hacían reuniones de culto todos los días.

Hacía no mucho tiempo que me había convertido al Señor, y cada noche que el pastor invitaba a los que quisieran recibir el bautismo del Espíritu Santo, yo pasaba y me ponía frente al altar, pero más tarde regresaba a mi asiento sin que nada hubiese ocurrido.

Pero una noche el Señor me bautizó con su Santo Espíritu; todo mi ser fue lleno de su poder y comencé simultáneamente a hablar en otras lenguas. La reminiscencia es tan intensa, que puedo recordar hasta cómo estaba vestido: era un día lluvioso de invierno, y yo tenía un impermeable que no me había quitado durante el culto porque el clima estaba frío. Lo que ocurrió seguidamente fue que como nunca antes tuve unos profundos deseos de servir a Dios, y los pasos inmediatos que seguí fueron los de comenzar a estudiar la Biblia, y me uní a un grupo de hermanos en la fe que cada domingo en la tarde visitaba a los enfermos en distintos hospitales, ministerio del que participé durante más de tres años.

Pero a partir del bautismo del Espíritu Santo, no solo cambió mi vida espiritual, sino que hoy puedo decir que Él fue el que despertó el más intenso amor por mi Señor y Salvador Jesucristo, y el que día por día dirige y encamina los pasos de mi cotidiano andar.

Capítulo II

La armadura de Dios
(Efesios 6:10-18)

Para pelear la guerra espiritual se necesita adiestramiento y protección. El Señor requiere que cada creyente antes de entrar en batalla, se "vista con toda la armadura de Dios" para permanecer firme contra las asechanzas del diablo, y resistir el mal; para desenmascarar al maligno y deshacer sus obras de iniquidad, y dar a conocer a todo el mundo el misterio del evangelio.

Cuando Dios llamó a Josué a tomar la conducción del pueblo israelita para entrar a la Tierra Prometida, le dio a él y a todo su pueblo una armadura de protección contra el enemigo, cuando le dijo: *"Estaré contigo, no te dejaré, ni te desampararé"* (Josué 1:5). *"Cuida de hacer conforme a toda la ley (...) no te apartes de ella, ni a diestra ni a siniestra"* (Josué 1:7). *"No se apartará de tu boca este libro de la ley..."* (Josué 1:8). *"No temas, ni desmayes, porque el Señor tu Dios estará contigo en dondequiera que vayas"* (Josué 1:9).

Y las palabras que repitió Dios a Josué fueron que *"Solamente esfuérzate y sé muy valiente"* (Josué 1:7).

Nuevamente el Señor nos exhorta hoy, como lo hizo con Josué, en Efesios 6:10-11, para prepararnos a entrar en la guerra espiritual nos dice: *"Fortaleceos en el Señor, y en el poder de su fuerza. Vestios de toda la armadura de Dios, para que podáis estar firmes contra las asechanzas del diablo".*

El cinturón de la armadura: la verdad de Dios

Una de las armas más efectivas que usa el enemigo para atacar a los creyentes es la mentira, la decepción y el error. En Efesios 6:14 se describe la primera pieza de la armadura como nuestros *"lomos ceñidos con la verdad".* Y en la Nueva Versión Internacional dice: *"con el cinturón de la verdad ceñidos a vuestra cintura".*

En la Biblia, la expresión "ceñirse los lomos" se usa para indicar que los soldados o alguna otra persona se aprestaba a entrar en acción.

Cuando el pueblo de Israel se preparaba a celebrar la Pascua, antes de cruzar el Mar Rojo, Dios le dio instrucciones precisas de cómo debía alistarse; le dijo a Moisés: *"Y lo comeréis así: ceñidos vuestros lomos, vuestro calzado en vuestros pies..."* (Éxodo 12:11). En el libro de 2 Samuel 22:40 dice: *"...me ceñiste de fuerzas para la pelea".* Y en el Salmo 18:32 encontramos otra apelación similar: *"Dios es el que me ciñe de poder".*

Los soldados usaban un cinturón de cuero o de metal para sujetar firmemente la armadura al cuerpo. La verdad de Dios es la esencia del Evangelio, por eso dijo Jesús: *"Y conoceréis la verdad, y la verdad os hará libres"* (Juan 8:32). Precisamente, lo primero que Satanás atacó en el Jardín del Edén fue a la verdad de Dios. El diablo le preguntó engañosamente a Eva: *"¿Conque Dios os ha dicho: No comáis de todo árbol del huerto?"* (Génesis 3:1). Como Eva no tenía el cinturón de la verdad afirmado sobre los "lomos de su entendimiento", fue fácil presa de la astucia y de la mentira de Satanás, y comenzó a dudar de lo que Dios había dicho.

Satanás, al igual que una serpiente, usa el veneno para paralizar y eliminar a sus enemigos, y continúa atacando la verdad de Dios al enviar falsos maestros que enseñen ciertas verdades infectadas con el veneno del error. Y también, como un león rugiente, envía perseguidores que amenazan con la muerte o el peligro; tratan de desanimar al creyente que proclama la verdad de Dios.

Y dice Juan 8:44 que lo hace para desenmascarar a los falsos religiosos que pretendían guiar a los israelitas: *"Vosotros sois de vuestro padre el diablo, y los deseos de vuestro padre queréis hacer. Él ha sido homicida desde el principio y no ha permanecido en la verdad, porque no hay verdad en él. Cuando habla mentira de suyo habla; porque es mentiroso, y padre de mentira"*.

El enemigo ataca con la mentira, y el contraataque del creyente es afirmar como un cinturón, la verdad de Dios que nos capacita para movernos en la batalla hacia la victoria. Efesios 4:21 dice una vez más: *"...Y habéis sido por él enseñados, conforme a la verdad que está en Jesús"*, y es la verdad de Dios a la que debemos ceñirnos firmemente para protegernos de las sagaces estrategias del maligno, y rescatar para Cristo las almas engañadas.

La coraza de la armadura: la justicia de Dios

La coraza –el chaleco antibalas en la actualidad– es la parte de la armadura que protege al soldado de los proyectiles que van dirigidos al corazón u otros órganos vitales de su torso.

La justicia del creyente es andar en rectitud, con acciones correctas, en un todo de acuerdo con la voluntad de Dios. Es importante recordar que la verdad y la justicia siempre van juntas. Dice Proverbios 4:23: *"Sobre toda cosa guardada, guarda tu corazón; porque de él mana la vida"*.

Frecuentemente Satanás intenta comprometer nuestro corazón, donde guardamos el patrón de justicia de Dios; pone allí el complaciente argumento que cuando desobedecemos a Dios, tratamos de justificarnos al decir que no lo hicimos con mala intención, o excusar nuestra irresponsabilidad, pues apelamos a la debilidad de la carne en lugar de confesar la falta.

La Biblia dice que seguir a Cristo no es una cuestión de adhesión sentimental o emocional con su causa, sino un compromiso de corazón. Como creyentes, no debemos flirtear con los deseos que están debajo de los patrones de Cristo y del reino de los cielos, porque el diablo que está siempre en asecho, busca la oportunidad de robarnos la firmeza de nuestro corazón.

La justicia y la santidad son la protección de Dios para defendemos en nuestras conciencias de las heridas que deja el pecado, porque lo que el diablo quiere robarnos es nuestra santidad práctica. El enemigo nos ataca y nos acusa, pero la Biblia dice que *"ahora ha venido la salvación, el poder, y el reino de nuestro Dios, y la autoridad de su Cristo; porque ha sido lanzado fuera el acusador de nuestros hermanos, el que los acusaba delante de nuestro Dios día y noche"* (Apocalipsis 12:10).

Satanás ataca y condena a los creyentes que tropiezan, para que no se animen a levantarse, en arrepentimiento. Pero Romanos 8:1 dice: *"Ninguna condenación hay para los que están en Cristo Jesús, los que no andan conforme a la carne, sino conforme al Espíritu"*. Hemos sido liberados del juicio de Dios; pero si alguien cae en pecado, abogado tenemos ante el tribunal de Dios, *"a Jesucristo el justo"* (1 Juan 2:1). *"Y la sangre de Jesucristo nos limpia de todo pecado"* (1 Juan 1:7).

Satanás no puede penetrar la coraza de la justicia de Dios, cuando la verdad de Dios está firmemente plantada en nuestros corazones, porque *"la justicia de Dios por medio de la fe en Jesucristo, es para todos los que creen en Él: a quien Dios puso como propiciación por medio de la fe en su sangre, para manifestar su justicia (...), con la mira de manifestar en este tiempo su justicia, a fin de que Él sea el justo, y el que justifica al que es de la fe en Jesús"* (Romanos 3:22, 25-26).

Nuestra protección está garantizada si mantenemos nuestros corazones cubiertos con la coraza de la justicia de Dios, si obedecemos sus mandamientos todos los días de nuestra vida.

Los zapatos de la armadura: el evangelio de la paz

En la Biblia, ponerse los zapatos es señal de estar listos para salir. En los tiempos bíblicos, los zapatos no se usaban para andar dentro de la casa. Entonces, ponerse los zapatos quiere decir salir fuera de la protección de la casa.

Y para los soldados, asegurar el calzado era para protección de los pies en medio de la batalla, especialmente cuando era necesario afirmar los pies para resistir en la lucha y para caminar con facilidad en terrenos difíciles.

El calzado de la paz permite que el Evangelio se afirme en el corazón del creyente, alistado para atravesar sin sorpresas cualquier problema que pudiera presentarse en el camino cristiano.

Jesús nunca prometió que andaríamos por la vida sobre un mundo pavimentado, alisado y cubierto de pétalos de rosas. En cambio sí prometió equiparnos y así lo hizo; Él mismo dijo *"yo he vencido al mundo"* (Juan 16:33). Dios nos ha equipado para que nuestros pies sigan el camino de la paz del Señor. Calzados es estar listos para movernos con el mensaje del Evangelio de nuestro Señor Jesucristo hacia el lugar que Él nos dirija. El Evangelio es el poder de Dios, manifestado en su salvación, y tal como dice Romanos 1:6-7: *"Entre los cuales estáis también vosotros. llamados a ser de Jesucristo (...) llamados a ser santos"*. Dios no nos llamó a ser pacifistas, Él nos llamó a anunciar el mensaje de la paz de Dios, tal como Jesús la provee. Juan 14:27 dice: *"La paz os dejo, mi paz os doy; yo no os la doy como el mundo la da. No se turbe vuestro corazón, ni tenga miedo"*.

El escudo de la armadura: la fe en Dios

La palabra de Dios compara la fe a un escudo protector, porque el escudo se usa para defender el cuerpo entero. El escudo o tarja debe ser lo suficientemente grande como para cubrir todas las partes expuestas. En batalla, cada soldado debe estar alerta y mover el escudo hacia los lados desde donde vienen los proyectiles, y evitar así que ningún dardo o filo de espada alcance alguna parte del cuerpo y le cause una herida o la muerte.

De la misma manera, toda nuestra protección espiritual depende de la seguridad de la fe, descansamos seguros bajo la protección del escudo de la fe y de la confianza en lo que Jesús hizo y nos enseñó. Por eso Satanás utiliza dardos encendidos disparados hacia las áreas desprotegidas del creyente para minar y debilitar su fe.

En Hebreos 4:2 dice respecto a los creyentes desprotegidos del escudo de fe, lo siguiente: *"...a nosotros se nos ha anunciado la buena nueva como a ellos; pero no les aprovechó el oír de la palabra, por no ir acompañada de fe en los que la oyeron"*. Y en Hebreos 3:19 habla de los resultados del descuido de no haberse protegido con el escudo de fe: *"Y vemos que no pudieron entrar a causa de incredulidad"*.

El fundamento es tener fe en Dios, y no confianza en la fe que cada uno puede tener. Nuestra confianza en Dios está basada en el carácter y la integridad de Cristo respecto a lo que Él hizo por todos nosotros, y nunca en tener confianza en nuestra habilidad de creer como un acto mágico o como algunos declaran tener una fe ciega. La fe en Dios no es un talismán para obtener sus beneficios.

La Escritura dice con toda claridad que *"sin fe es imposible agradar a Dios, porque es necesario que el que se acerca a Dios crea que le hay y es galardonador de los que le buscan"* (Hebreos 11:6).

Como guerreros espirituales debemos saber que nuestro adversario el diablo continuamente ataca nuestras vidas, pero Dios nos ha equipado para resistir firmes con el escudo de la fe, donde son neutralizados los misiles teledirigidos, de duda, incredulidad y temor que nos envía Satanás, y que son la antítesis de la fe que Dios ha plantado en nuestros corazones.

El escudo de fe de Dios será indestructible si lo mantenemos activo en la posición correcta que Dios nos ha indicado, si dejamos de mirar las circunstancias y levantamos nuestros ojos hacia el autor y consumador de nuestra fe. Recordemos a Pedro: cuando mantuvo su mirada en Jesús pudo caminar sobre las aguas, pero cuando bajó su mirada hacia las olas embravecidas, comenzó a hundirse en el mar.

El casco de la armadura: la salvación de Dios

El casco o yelmo protege al soldado en la batalla. En 1 Tesalonicenses 5:8 Pablo nos exhorta a que *"seamos sobrios, habiéndonos vestidos con la coraza de fe y de amor, y con la esperanza de salvación como yelmo"*. Esta esperanza de salvación nos protege contra los ataques en nuestra mente, que es uno de los blancos específicos de Satanás, pues allí está el verdadero campo de batalla de nuestras vidas.

Para defendernos contra este ataque necesitamos distinguir e identificar con toda claridad la voz de Dios de la voz del enemigo. Por eso debemos lograr procesar todos los pensamientos que nos llegan, y evaluarlos con la mente de Cristo (Corintios 2:16). El usar la mente para ocuparnos de la carne hace que nuestro entendimiento se llene de tinieblas y de ignorancia, y nos alejemos de la vida de Dios; permitimos así el efectivo ataque del enemigo.

Dios nos ha dado un yelmo o casco espiritual para que lo usemos en la renovación del espíritu de nuestra mente (Efesios 4:23). Debemos vigilar la llegada de cada pensamiento ajeno o fantasía que intente entrar en nuestra mente, y así estar listos para derribar cualquier cosa que no sea pura, verdadera, honesta, justa, o que no provenga de Dios. Esto es la guerra espiritual: estar alerta a cada pensamiento respecto a descubrir si es o no de Dios.

Pero cuando el casco de Dios esté colocado en forma permanente, y como todo casco de guerra lleva el escudo del ejército al que pertenece, impedirá la entrada de pensamientos intrusos y alineará nuestra mente con la mente de Cristo. Entonces no habrá ninguna duda de que todos los pensamientos serán de Él. La salvación de Dios debe estar activa para que en la salvación de nuestra alma nos afirmemos día a día en el camino que el Señor planeó para nuestra vida, y así alcancemos la meta de nuestro supremo llamamiento.

La espada de la armadura: la Palabra de Dios

143

El soldado no usa la espada solamente para defenderse del enemigo, sino también para atacarlo. En la Escritura se utilizan dos palabras griegas para expresar la definición de "palabra": una es *logos* y la otra *rhema*.

Estas palabras tienen distinto significado; *logos* significa literalmente "una expresión de pensamiento" y, aplicado a la Palabra de Dios, expresa los dichos del Señor y sus sentencias. Sería la idea o la concepción de la Biblia completa, como la Palabra general de Dios dirigida a la raza humana.

En cambio *rhema* significa "aquello que es hablado en singular; como una sola palabra, una instrucción, un mandato, una afirmación". Queda ejemplificada en la instrucción de Efesios 6:17 respecto a tomar *"la espada del espíritu, que es la palabra de Dios"*.

Aquí "palabra" fue traducida del griego *rhema*, y no de *logos*, y se refiere al mensaje individual o la palabra específica de las Escrituras que el Espíritu trae a nuestra memoria para su utilización en una consulta o en tiempo de necesidad. Es un requisito exclusivo e indispensable para el guerrero espiritual la lectura diaria y la memorización de las Escrituras.

Uno de los ataques predilectos de Satanás a los creyentes, es el de distorsionar la Palabra de Dios, o que esta sea malentendida. Para eso utiliza espíritus engañadores o falsos profetas para introducir doctrinas de demonios.

En plena batalla, el mejor amigo del soldado es su arma, siempre que esté mantenida en condiciones de utilidad; pues un fusil que no le funciona el percutor de nada servirá. El arma del soldado es el instrumento eficaz para defenderse y para poder vencer. Lo más importante para el combatiente es poner toda la atención en el conocimiento del uso idóneo de su preciada arma.

Así también, nuestra victoria espiritual o nuestra salvadora defensa, dependerá del conocimiento y de la aplicación idónea de la Santa Palabra de Dios. Mientras vivamos en la Tierra, lidiaremos con las batallas espirituales todos los días de nuestra vida. Es por ello que necesitamos vestir la armadura de Dios y blandir firmemente la espada del Espíritu.

El Señor le dio a Josué la espada del Espíritu *"para cuidar de hacer conforme a toda la ley que mi siervo Moisés te mandó; no te apartes de ella ni a diestra ni a siniestra, para que seas prosperado en todas las cosas que emprendas. Nunca se apartará de tu boca este libro de la ley, sino que de día y de noche meditarás en él, para que guardes y hagas conforme a todo lo que en él está escrito; porque entonces harás prosperar tu camino, y todo te saldrá bien"* (Josué 1:7-8).

Josué tomó seriamente el consejo de Dios y al terminar su mandato victoriosamente, reunió a todo el pueblo y les dijo: *"Y vosotros habéis visto todo lo que el Señor vuestro Dios ha hecho con todas estas naciones por vuestra causa; porque el Señor vuestro Dios es quien ha peleado por vosotros (...) He aquí he repartido (...) en herencia para vuestras tribus, estas naciones (...) y vosotros poseeréis sus tierras, como el Señor vuestro Dios os ha dicho. Esforzaos, pues, mucho en guardar y hacer todo lo que está escrito en las escrituras, sin apartaros de ella ni a diestra ni a siniestra (...) Y os di la tierra por la cual nada trabajasteis, y las ciudades que no edificasteis, en las cuales moráis y las viñas y olivares que no plantasteis coméis"* (Josué 23:3-4, 6, 13).

Los soldados romanos llevaban en su cintura una espada pequeña como un cuchillo. Y esta es la espada a que Pablo se refiere como nuestra arma de defensa y ataque. La palabra espada en Efesios 6:17, fue traducida del griego *machaira*, que literalmente significa *"espada corta o daga"*.

Metafóricamente, esta palabra *machaira* era usada para definir cualquier tipo de violencia ordinaria, o representaba la espada de la justicia de los magistrados o jueces en los tribunales.

Y en lo espiritual define a la daga o cuchillo que sondea la conciencia humana para someter los impulsos al pecado. Podríamos decir que es el bisturí de Dios que obra dentro de nosotros como la espada del Espíritu, y penetra hasta la separación del espíritu y el alma.

Para que nuestro espíritu –que es la morada de Dios– esté totalmente separado de los deseos y los bajos instintos de nuestra alma, y así poder someterse a la voluntad de Dios, según sea revelada a nuestro espíritu humano por el Espíritu Santo. Así no habrá lugar para ninguna acción independiente de nuestra alma que pueda ser usada por el enemigo en nuestra contra.

Josué logró la conquista de Canaán, se esforzó en mantener la espada del espíritu siempre desenvainada y activa, meditó en la ley de Dios de día y de noche e hizo todo conforme a las Escrituras.

Como resultado, Dios estuvo junto a Él e hizo prosperar todo lo que emprendió, hasta el día de su muerte.

Dios ha preparado y armado a la Iglesia para resistir los ataques del enemigo. No tenemos que temer ninguno de sus ataques, si estamos vestidos con toda la armadura de Dios; también estamos listos para defendernos y contraatacar, y poseer la tierra que Él nos ha llamado a conquistar por medio de la predicación del Evangelio, hasta la última criatura del planeta, y deshacer todas las obras del diablo.

145

Capítulo 12

Enfrentar al enemigo

Dice el libro de Josué 24:17-19, 21: *"El Señor nuestro Dios es el que nos sacó a nosotros y a nuestros padres de la tierra de Egipto, de la casa de servidumbre (...) y el Señor arrojó de delante de nosotros a todos los pueblos (...) nosotros, pues, también serviremos al Señor, porque él es nuestro Dios. Entonces Josué dijo al pueblo: No podréis servir al Señor, porque él es Dios santo, y Dios celoso; no sufrirá vuestras rebeliones y vuestros pecados (...) El pueblo entonces dijo a Josué: No, sino que al Señor serviremos".*

El espíritu que debe mover a cada creyente para participar activamente en la guerra espiritual, es el de ser un fiel siervo de Dios. Desde esa posición el enemigo no prevalecerá en ninguna batalla. Y una Iglesia dispuesta a batallar debe enfrentar toda manifestación del reino espiritual de tinieblas, y avanzar sobre el territorio enemigo hasta poseer la Tierra.

La Palabra de Dios que habló a los israelitas para entrar a la conquista de la Tierra Prometida, vuelve hoy a tomar vigencia; es este un llamado a la Iglesia del Señor para entrar a la guerra espiritual y terminar la conquista de las almas para Cristo, hasta lo último de la Tierra.

Dios nos dice hoy una vez más: *"Levántate y pasa este Jordán, tú y tu pueblo, a la tierra que yo les doy (...) Yo os he entregado todo lugar que pisare la planta de vuestro pie"* (Josué 1:2-3). Hay una victoria delante de nosotros, pues Cristo está con nosotros y el poder de su Santo Espíritu sobre nosotros, así *"dominaremos en medio de nuestros enemigos"* (Salmo 110:2). Pero debemos vestirnos con toda la armadura de Dios, para vencer la totalidad de los embates y emboscadas del diablo.

El reino de las tinieblas y las jerarquías de la iniquidad

"Porque no tenemos lucha contra sangre y carne, sino contra principados, contra potestades, contra los gobernadores de las tinieblas de este siglo, contra huestes espirituales de maldad en las regiones celestes" (Efesios 6:12). La Palabra de Dios describe la jerarquía de los ángeles malignos que pueblan los cielos sobre toda la Tierra, y es bueno que conozcamos los rangos de los enemigos con los que nos enfrentamos.

Principados se traduce del griego *archon*. Significa la autoridad más preeminente sobre una región. En 1 Corintios 2:6 esta palabra fue traducida como el *"príncipe de este siglo"*, en referencia al diablo.

En el capítulo 10 del libro de Daniel, el ángel de Dios le explica a Daniel que su demora en traer la contestación del Señor, se debió a que tuvo que enfrentarse en lucha con el príncipe del reino de Persia, y que Miguel –uno de los principales príncipes de Dios– tuvo que ayudarlo; además, al partir el ángel del Señor le dijo a Daniel que volvería a pelear con el príncipe de Persia y que luego vendría contra él, el príncipe de Grecia.

Esto autentica el hecho de que el diablo tiene sus príncipes de maldad que operan, y están entronizados en ciertas regiones y tratan de influir sobre los gobiernos de las potencias mundiales.

A continuación tenemos un análisis de cada palabra y su significado literal referido a las autoridades espirituales mencionadas en Efesios 6:12.

Potestades fue traducido del griego *exousia*. Significa autoridad de seres angélicos que tienen poder para ejercer dominio o gobierno sobre las personas.

Gobernadores se traduce del griego *kosmokrator*. Significa un gobernador de este mundo o un señor del mundo. El sentido de esta palabra es que las potencias universales de las tinieblas no son potentados terrenales, sino espirituales que ejercen una autoridad satánica y, por lo tanto, hostiles sobre el mundo actual en condición de tinieblas por la separación de Dios a causa del pecado humano.

Podríamos definirlos como "los gobernadores que dominan o influyen en las mentes de este tenebroso mundo".

Huestes espirituales se traduce del griego *pneumatikos poneria*. Significa multitud de fuerzas espirituales en los lugares celestiales, que operan como la tropa de soldados de un ejército.

La Iglesia y la posesión del territorio del enemigo

Antes de la conquista de la fortaleza de Jericó, Josué tuvo un encuentro con un varón que tenía una espada desenvainada en su mano, que le dijo: *"Como Príncipe del Ejercito de Jehová he venido ahora"* (Josué 5:14).

Aquí Josué comprendió que un príncipe más poderoso que el príncipe de Canaán estaba allí para comandar la conquista de la Tierra Prometida; Dios mismo era el Comandante de esta empresa.

La posición de Cristo hoy como Rey de reyes es *"a la diestra de Dios; y a él están sujetos ángeles, autoridades y potestades"* (1 Pedro 3:22). Y como Iglesia, todos los miembros somos el cuerpo de Cristo, que por gracia nos salvó *"y juntamente con él nos resucitó, y asimismo nos hizo sentar en los lugares celestiales con Cristo Jesús"* (Efesios 2:6).

Estamos vitalmente unidos a la cabeza porque *"el que se une al Señor, un espíritu es con él"* (1 Corintios 6:17).

Dios ha llamado a la Iglesia para extender su reino, llegó el tiempo en que nos unamos al salmista y digamos con él: *"Por medio de ti sacudiremos a nuestros enemigos; en tu nombre hollaremos nuestros adversarios"* (Salmo 44:5).

El rol de la Iglesia del Señor hoy es terminar la tarea de todo lo que Jesús comenzó a hacer. Dice la Biblia que Jesús vino a deshacer las obras del diablo. Para deshacer, hay que liberar a los cautivos de toda esclavitud espiritual.

Hay tres pasos importantes que cada guerrero espiritual debe seguir para alcanzar la victoria: El primer paso es resistir. Dice Santiago 4:7: *"Resistid al diablo, y huirá de vosotros"*. Debemos oponernos para hacer ineficaces sus frontales asaltos, y resistir todos sus ataques y artimañas. Básicamente, ponernos firmes en la brecha en la fe de Cristo, fortalecidos para liberar a los cautivos de todo tipo de opresión.

La segunda acción es liberar a los cautivos de la esclavitud del pecado, accionar con la autoridad de que todo lo que atemos en la Tierra será atado en el cielo; y todo lo que desatemos en la Tierra, será desatado en el cielo por nuestro Señor y Cristo, de acuerdo a Mateo 18:18.

Liberar también en oración a los creyentes que han rendido alguna área de sus vidas al pecado, y permiten así que el enemigo los esclavice. Y en esa situación al creyente no le servirá de nada resistir; deberá primeramente liberarse del pecado que lo asedia, para luego ponerse toda la armadura de Dios para ser un verdadero guerrero o guerrera de oración.

Y el tercer paso es echar fuera al enemigo y mantener ocupada el área liberada con la llenura del Espíritu de Dios. Es la liberación del terreno ocupado, especialmente el área de la vida de los que han permitido ceder al control del enemigo.

La liberación es lograda por los creyentes que tienen autoridad para echar fuera el enemigo, tal como dice Marcos 16:17: *"Y estas señales seguirán a los que creen: En mi nombre echarán fuera demonios"*.

Es el tiempo para que "las fortalezas de Jericó" de iniquidad que se han levantado y siguen en pie, caigan con todas sus autoridades derrocadas. Satanás ha establecido su reino de tinieblas sobre toda la Tierra, y la Iglesia ha sido establecida por Dios para desafiar esas autoridades y derrumbar todas las fortalezas de maldad.

La Iglesia es la extensión del gobierno espiritual del reino de los cielos en la Tierra, y Dios ha dado la orden para invadir el reino de tinieblas y liberar a todos los cautivos de la esclavitud del diablo.

Los guerreros espirituales lo están llevando a cabo en el poder y la autoridad de su Cabeza. Sin embargo, la tarea es mucha y todavía no se ha concluido. Hoy el Señor continúa llamando a los conquistadores dispuesto a enrolarse en el ejército de Dios; Él nos sigue diciendo: "Levanta tus ojos y mira, porque la cosecha está lista para la siega".

Librando la guerra con la espada del Espíritu y la oración de fe

Antes de atacar la fortaleza de Jericó, Josué se vistió con la armadura de Dios. Y tomó la espada del Espíritu, que es la Palabra de Dios, y se postró a orar, y al levantar sus ojos vio un varón con una espada en su mano.

La guerra espiritual toma lugar en la oración. Aunque únicamente con la armadura de Dios podemos entrar en la oración incesante, esto es para cada cristiano que desee vestirse de ella y caminar con ella, porque las armas para nuestras batallas no son materiales, sino espirituales y poderosas en Dios para la destrucción de fortalezas del enemigo.

La oración que cambia las cosas, es la oración ofrecida en todo tiempo con toda oración y súplica en el Espíritu. En la oración que nos introduce en la guerra espiritual se usa la espada del Espíritu, y nos mantiene alertas y vigilantes. Solo cuando desarrollamos un espíritu de vigilancia podemos reconocer las estrategias de Satanás y bloquear sus ataques.

Josué era un guerrero de oración, buscaba que el Espíritu Santo lo guiara y dirigiera, oraba en el Espíritu porque estaba totalmente seguro de que Dios traería resultados sobrenaturales, pues miraba al enemigo con los ojos espirituales.

En Efesios 6:10-18 Pablo nos advierte de una estructura infernal bien definida en la esfera invisible y nos insta a tomar toda la armadura de Dios para que mantengamos una posición de combate contra esta invisible disposición satánica. Esta armadura nos protege de los ataques del enemigo, y es a su vez un instrumento indispensable en la ofensiva para invadir su territorio. Dice Efesios 6:18, que debemos orar *"en todo tiempo con toda oración y súplica en el Espíritu".*

En este caso la oración no es un arma, sino el medio por el que entramos a librar la batalla espiritual y así alcanzamos el propósito para el que nos hemos armado. Tomar la armadura de Dios es prepararnos para entrar en batalla y la oración en el Espíritu es la acción que nos introduce en la guerra espiritual.

Tomemos el ejemplo de Josué, que tomó la Palabra de Dios como el arma principal en la lucha contra los poderes de las tinieblas, no se apartó ni a diestra ni a siniestra de la Palabra, y de día y de noche meditaba en ella, guardando y haciendo todo lo que en la palabra está escrito, y cada vez que oraba en el Espíritu para entrar en batalla, Dios se anticipaba y le decía: "Mira, yo te entrego en tu mano tal ciudad... tómala". Y así, al mirar con los ojos de Dios, pudo alcanzar la victoria batalla por batalla y tomar posesión de la Tierra Prometida, en la guerra espiritual a la que Dios lo llamó.

Hoy Dios continúa llamando a su Iglesia a extender su reino y a tomar posesión de la Tierra. Debemos orar llenos del poder del Espíritu Santo para que sucedan cosas sobrenaturales; tal como oró Josué y logró detener la marcha de la Tierra alrededor del Sol (Josué 10:12), hasta que el último demonio sea echado de este mundo.

En estos tiempos tenemos algunos testimonios de las victorias del Señor a través de la oración incesante de sus hijos sobre ciudades y países. Durante años un principado de maldad y exterminio de los habitantes de Uganda se había entronizado sobre la nación. Pero allí Dios levantó a un "Josué", para formar un movimiento nacional de oración hasta que los principados de maldad fuesen destronados de los cielos de Uganda. Grupos de oración hacían vigilias de oración en la selva para no ser descubiertos por los soldados; corrían riesgo sus vidas cada noche.

Mientras la guerra civil y el genocidio sumía a Uganda en el horror y la desesperanza, los guerreros de oración no cesaron de orar ni un solo instante. Y la victoria llegó, las fuerzas anarquistas depusieron sus armas, el país volvió a la democracia, y el 1 de enero del año 2000 el gobierno nacional, junto a los pastores del movimiento nacional de oración, entregaron públicamente en un estadio a Uganda para Cristo.

En la misma época ocurrió algo muy parecido en Guatemala, en la ciudad de Almolonga. Toda la región estaba bajo el dominio de la idolatría, con abiertas prácticas de brujería y la hechicería. Un principado espiritual de las tinieblas había establecido su dominio durante años sobre la región, y como consecuencia la corrupción, la inmoralidad y la miseria era la constante de los habitantes de la ciudad. Pero allí también Dios levantó un "Josué", que formó un movimiento de oración para echar fuera los principados de maldad que dominaban Almolonga. Como resultado de la oración, un avivamiento espiritual se despertó sobre los habitantes, al punto de que hoy más del noventa por ciento son creyentes. El principado de maldad fue destronado por el poderoso brazo de Dios y por medio de la incesante oración de sus guerreros de oración. Además, la victoria espiritual trajo maravillosos resultados también en lo material.

Almolonga es una región agrícola, pero durante la época de la maldición de la tierra, apenas levantaban una magra cosecha por año. Ahora recogen tres cosechas cada año, Dios trajo también fertilidad sobre la tierra. El tamaño de las hortalizas aumentaron en dimensión; por ejemplo, una zanahoria llega a medir como el antebrazo de un adulto. Esto trajo aparejado la prosperidad de todos los pobladores. También cambió la moral de todos los habitantes. Por el alto índice de delincuencia había dos cárceles; hoy una fue cerrada y la otra es un centro administrativo. Había una proliferación de bares y centros nocturnos de diversión, y todos ellos fueron cerrados.

Hoy Dios quiere que su iglesia batalle en constante oración, tal como lo pidió Pablo, "orando sin cesar", para que seamos el vallado idóneo por medio del cual Dios mueva su poderoso brazo, y podamos terminar lo que Jesús comenzó a hacer. Para que la iglesia sea la conquistadora de todas las naciones hasta que el evangelio de Jesucristo se haya predicado hasta el último habitante de la Tierra.

Capítulo 13

Lucha y batalla espiritual

L a Biblia ha establecido una distinción entre lucha espiritual y batalla espiritual. En Efesios 6:12 menciona que la lucha es contra principados, potestades espirituales de maldad en las regiones celestes, en referencia al conflicto espiritual en el que nos hallamos incluidos todos los creyentes.

La palabra "lucha" fue traducida del griego *pale*, que literalmente se refiere a la lucha cuerpo a cuerpo. Y está diferenciada de la palabra "lucha" que aparece en Colosenses 2:1 y que fue traducida del griego *agon*, que dice: *"Porque quiero que sepáis cuán gran lucha sostengo por vosotros, y por los que están en Laodisea..."*. Aquí Pablo se refería a que su oración y su intercesión estaban motivadas por la unidad de las iglesias en la batalla contra la herejía y los falsos maestros.

También la misma palabra griega *agon* aparece traducida como "batalla" en los textos de 1 Timoteo 6:12 y 2 Timoteo 4:7, referida a las batallas de los conflictos espirituales en general, y no como una lucha cuerpo a cuerpo, marcando una diferencia, como vimos en Efesios 6:12.

En cambio, la palabra "guerra" es traducida del griego *polemos* y se refiere específicamente a conflictos bélicos, ligados en metáfora a la guerra espiritual.

Esta diferencia entre lucha y batalla nos clarifica que el conflicto espiritual se desarrolla en dos frentes: uno interno y otro externo. Y la guerra espiritual consiste en la sucesión de batallas para desalojar al enemigo de las posesiones tomadas, es una tarea de conquista de regiones geográficas donde Satanás ha establecido su reino de maldad.

La lucha

En la lucha espiritual cada creyente debe pelear interiormente para conquistar todas las áreas de su vida para Dios. Esta lucha se establece en el alma del creyente para que la voluntad, el intelecto y las emociones no sean nunca más usados por la mente carnal donde se asienta el yo humano, sino que se sujeten en sumisión al gobierno del Espíritu.

En la guerra espiritual el creyente forma parte del Ejercito de Dios, que como miembro del cuerpo de Cristo, entra corporativamente a batallar para la extensión del reino de Dios.

En la Biblia vemos que la batalla espiritual comenzó con la conquista de la Tierra Prometida "al otro lado del Jordán". Lo que significa que el creyente que se involucra en la obra de Dios, es el que está dispuesto a "cruzar el Jordán espiritual". Muchos creyentes llegan a la orilla y se quedan mirando el "otro lado", pero no se atreven a cruzarlo, y así viven un cristianismo "de oídas", sin ningún tipo de compromiso.

Cuando los hijos de Israel llegaron a las orillas del Jordán, el río estaba desbordado y las aguas descendían con enorme fuerza, lo que hacía imposible el cruce, porque todo lo que entrara en la corriente sería violentamente arrastrado.

Josué les ordenó a los sacerdotes que entraran y pusieran sus pies en el borde de las aguas, mientras transportaban el arca de la alianza (Josué 3:4-8). Recordemos que el arca representa la plenitud de la presencia de Dios. Por lo tanto, significaba que Él mismo iba delante del pueblo para guiarlos a entrar en la Tierra Prometida.

Es importante notar que el Arca entró al río Jordán con los sacerdotes antes que el pueblo israelita, y fue por el arca del pacto y el poder del Espíritu Santo, que se dividieron las aguas.

Como cristianos, entendemos que la plenitud de Dios está contenida en el Señor Jesucristo, como está contenida en el Espíritu Santo y en el Padre. Recordemos que Jesús, antes de iniciar su ministerio terrenal, entró en las aguas del Jordán para ser bautizado, y ¿qué fue lo que ocurrió? En esa ocasión no se abrieron las aguas, pero sí se abrieron los cielos y descendió sobre Jesús el Espíritu Santo, y se oyó una voz desde el cielo que decía: *"Tú eres mi hijo amado; en ti tengo complacencia"* (Lucas 3:22).

El bautismo en agua simboliza la muerte y resurrección del Señor. Si estudiamos el simbolismo del cruce del río Jordán, podemos decir que tipifica "la muerte a la voluntad propia", porque entrar al Jordán espiritual nos cuesta todo, dado que la entrada a la conquista de la Tierra Prometida requiere nuestro compromiso total con Dios.

Pero Dios requirió que este cruce fuera hecho en seco. ¿Por qué razón? Veamos: el fondo seco del río Jordán tiene el mismo sentido que cuando una persona percibe que ha perdido todo, y dice: "toqué fondo". El fondo del Jordán al ser pisado, representa la realidad de la muerte a nuestra propia voluntad.

Pero recordemos que Jesús murió primero, Él lo hizo antes que nosotros, pero Jesús no quedó clavado en la cruz. El arca tampoco quedó allí, los sacerdotes la mantuvieron en el fondo seco del río, hasta que el último israelita cruzara; y luego ellos con el arca subieron a la tierra firme de la resurrección.

Pero aún no estaban listos para entrar en batalla, debían ir a Gilgal, sería el lugar de la circuncisión.

En Gilgal Dios le ordenó a Josué que circuncidara a todos los varones nacidos en el desierto; era la señal del pacto de Dios con Abraham (Génesis 17:10, 14). Esta circuncisión, como lo hemos anticipado, prefigura la circuncisión de nuestros corazones en Cristo (Colosenses 2:11).

Cuando los israelitas fueron circuncidados, Dios le dijo a Josué: *"Hoy he quitado de vosotros el oprobio de Egipto"* (Josué 5:9), o sea la vergüenza de la vida de esclavitud que sufrieron en Egipto.

Los israelitas ya habían recibido la salvación y liberación de la esclavitud egipcia que Dios les dio. Pero recién en Gilgal les fue quitado el "oprobio", o la deshonra, o la afrenta, por medio de la circuncisión, pues todavía tenían el entendimiento carnal, ligado a la confianza en ellos mismos. No tenían la revelación de Dios en sus espíritus humanos.

Aquí la circuncisión es un tipo del bautismo en el Espíritu Santo, que permite descubrir el poder sobrenatural del Señor, entrar en contacto con la misma persona de Dios y dejar de lado el intelecto humano como el director de nuestras propias acciones, sin anularlo, pero en sujeción al Espíritu de Dios.

Los israelitas tenían que comenzar a luchar con poderosas fuerzas espirituales y necesitaban conocer el mundo espiritual que se abría ante ellos. De la misma forma que en el día de Pentecostés los primeros cristianos recibieron el bautismo en el Espíritu Santo para que el poder de Dios les permitiera ser testigos eficientes en la obra espiritual a la que Dios los había llamado.

Así también en la circuncisión de Cristo, aunque la salvación obró en nosotros un nuevo nacimiento en el Espíritu, es necesario que sea quitada nuestra vieja manera de ver las cosas, que es el "oprobio" de nuestra mente carnal, para que sean abiertos nuestros ojos espirituales y podamos ver y entrar en la presencia de nuestro Comandante en Jefe, para ser conducidos en la guerra espiritual.

En Gilgal fue quitado el yugo opresor de Egipto, así como el Señor quita el yugo de la esclavitud del pecado en la salvación, y nos unge con su Espíritu Santo, cuando nos disponemos a consagrar nuestras vidas a su servicio.

Pero la circuncisión no es algo que Dios hace en nosotros, hay algo que nosotros debemos hacer cuando somos liberados del yugo opresor, y es poner nuestra voluntad a favor de servir a Cristo. Entonces, cuando nos sometemos al yugo del Señor, Él nos unge con su Espíritu.

Muchos creyentes fallan en poner sus cuellos en el yugo, pero la condición para servir a Dios es compartir el yugo con Jesús. Quizás usted se pregunte: ¿De qué clase de yugo estamos hablando?

El yugo de Cristo es la perfecta voluntad del Padre y nuestro sometimiento a ella. Tal como lo expresó Jesús cuando dijo: *"Mi comida es que haga la voluntad del que me envió, y que acabe su obra"* (Juan 4:34).

Si consideramos que ya hemos "cruzado el Jordán espiritual" y no servimos a Dios, entonces, lamentablemente, estaremos sirviéndonos a nosotros mismos. Pues todos llevamos un yugo: o somos esclavos del pecado de nuestra propia voluntad, o somos esclavos de la rectitud de Cristo. O cargamos con el yugo de nuestro yo, o llevamos el yugo de nuestro Señor Jesús.

Debemos caminar en la obediencia de la fe que hemos confesado, tomar el compromiso de ser siervos de Dios y ofrecer nuestra total disponibilidad para hacer su obra.

Luego de que los varones israelitas sanaron sus prepucios circuncidados, celebraron la Pascua tal como Dios le había ordenado a Moisés, y que él trasmitió al pueblo cuando le dijo: *"Cuando entréis en la tierra que el Señor os dará, como prometió, guardaréis este rito"* (Éxodo 12:25), en recordación del ángel victimario de la Pascua de Dios, que pasó por alto las casas de los hijos de Israel en Egipto, cuando hirió a los egipcios pero libró sus casas, pues no entró en ellas.

Allí mismo celebraron el primer sacrificio de sangre en Canaán, como el medio de liberación para cada uno, para sus familias y para toda la nación.

En realidad era la prefiguración de la "sangre del pacto" que Cristo derramó por nosotros, para ser aplicada en nuestra redención, justificación, santificación y divina protección.

Nuestras emociones siempre se interponen a la fe. Debemos dejar de ser gobernados por lo que sentimos, y comenzar a ser gobernados por la fe en lo que nuestro Señor y Salvador Jesucristo hizo por cada uno de nosotros. Esta es la fe que sana nuestras emociones y sentimientos del temor e inseguridad, por medio de su sangre derramada, y que nos fortalece como guerreros.

Un aspecto importante es el cambio que Dios realizó al entrar en la Tierra Prometida. La promesa de la provisión divina para su pueblo tomaría una nueva forma, y es la que está activa hoy sobre los hijos de obediencia.

Ya no recibirían más el maná del cielo, mas Dios continuaría siendo el proveedor del pueblo, pero ellos ahora debían confiar en la fe de que Dios los bendeciría con abundancia de cosechas y crías de ganado, si asumían la responsabilidad de labrar la tierra y de apacentar los ganados, para alimentarse de ellos.

¿Cómo se aplica esa verdad hoy? Debemos usar nuestros miembros como instrumento de bendición, trabajar para el sustento diario, dejar de lado cualquier impureza con nuestros cuerpos, sujetar nuestra carne al gobierno del Espíritu y usar nuestros cuerpos responsablemente para servir a Dios.

Este principio está vigente hoy para todos los creyentes que participan de la lucha y la guerra espiritual. La parte de Dios como nuestro proveedor es darnos la Tierra, y la parte nuestra es, por medio de la fe en el Señor Jesucristo, entrar y batallar hasta la posesión final.

La batalla

Si bien como creyentes ya hemos obtenido la vida eterna con Dios, mientras permanezcamos en la Tierra, nuestra labor es la de ser conquistadores para extender el reino de los cielos sobre un mundo donde muchos siguen viviendo separados de Dios y sin ninguna esperanza.

Después de la Pascua Josué tuvo un encuentro con el "Príncipe del Ejército de Jehová". Esto fue lo que los teólogos han denominado una teofanía, y que es la aparición del Hijo de Dios, antes de que viniera a la Tierra en carne y forma humanas.

Aparentemente, tenía prendas militares, estaba allí como un guerrero con la espada desenvainada, ciertamente había llegado el momento para entrar en combate.

Dios les había dado la concesión de la tierra y ahora debían conquistarla, pelear por ella, pero el Señor mismo comandaría al ejército israelita.

En ese instante Josué se postró en tierra y adoró al Señor y se puso a su total disposición. También le solicitó las órdenes para la batalla, pues preguntó: *"¿Qué dice mi Señor a su siervo?"* (Josué 5:14).

La sumisión de Gilgal se hizo realidad, y entonces el Señor le ordenó quitarse el calzado, porque el lugar que pisaba era santo.

La costumbre de los israelitas era descalzarse cuando estaban

160

dentro de sus casas, y al salir de ellas entonces usaban calzado para proteger sus pies. Josué estaba calzado como un soldado listo para la batalla: pisaba el territorio enemigo.

Pero la presencia de Dios santificaba la tierra, y Josué había entrado en la seguridad del hogar de Dios, pues donde Dios está hay seguridad y libertad. Cuando afirmamos nuestros pies en la santidad de Dios, debemos descalzarnos, pues estamos en completa seguridad sin necesidad de protección adicional alguna, y separados para Él de toda contaminación del mundo.

Como hemos visto, el pueblo de Dios debió luchar primero con las áreas rebeldes de sus propias vidas y, tratarlas una a una, rendir primeramente sus propias voluntades, luego sus carnales maneras de pensar, y finalmente sus egoístas emociones.

Todo esto, para ser transformados en verdaderos guerreros espirituales, antes de entrar en las batallas para la conquista de la Tierra Prometida.

Capítulo 14

La lucha espiritual
(el enemigo interno)

Poseer la tierra de la voluntad

Después de la caída de Adán y Eva en el Edén, los seres humanos fuimos espiritualmente separados de Dios; el alma humana tomó el mando, la voluntad ya no pudo mirar al espíritu en busca de orientación. Así que comenzó a tomar sus propias decisiones a partir de la información que le suministraban el intelecto, las emociones y los sentidos del cuerpo.

Significa que la voluntad podía tomar decisiones solo en base al razonamiento y el sentimiento, reaccionar ante las ofertas externas o las propuestas internas, tales como los deseos de los instintos carnales.

En el Antiguo Testamento la única manera en que Dios orientaba espiritualmente a su pueblo, era a través de leyes y principios por medio de los que debía operar la voluntad del creyente en obedecerlos y cumplirlos.

Hoy, cuando una persona nace de nuevo en el Espíritu de Dios, vuelve a establecer contacto con Dios, y allí Dios puede guiar al renacido por medio de la comunicación del Espíritu Santo con el espíritu humano.

Pero aún así, todavía la voluntad humana sigue intentando hacer sus propios planes, en la pretensión de ponerlos a la altura de la voluntad de Dios, pues está habituada a hacer lo que le parece.

No es una rebelión directa; es algo más sutil: le ofrecemos nuestros planes e ideas para "ayudar" a Dios a hacer su obra.

Al pretender ejercer nuestra propia voluntad en desobediencia a Dios, nos metemos en problemas, y nos quejamos al decirle: "Señor, mira en el problema en que estoy". Y entonces el Señor nos corrige y nos responde: "No, lo que debes decir es: ¡mira en el problema en que estamos los dos! Porque a mí tampoco me gusta esta situación. Pero no estaríamos en este problema si me hubieras seguido a dónde yo quería llevarte. Insististe en que fuera contigo a donde tú querías ir. Y es allí donde los dos nos encontramos hoy. Ahora, si comienzas a seguir mis pasos, prontamente saldremos del problema".

¿Qué es lo que sucedió? La voluntad propia creyó que sus proyectos eran dignos, y los puso en marcha sin permitirle a Dios entrar en esos planes. Pese a todo, Jesús aún sigue con nosotros y estará con nosotros todos los días de nuestra vida.

Pero no podrá hacer nada por nosotros hasta que no pisemos el fondo del "Jordán espiritual", y nos consideremos muertos juntamente con Cristo. Allí se hará efectiva la muerte de nuestra propia voluntad.

Pero ¡cuidado!, Dios no quiere que dejemos de tener voluntad, Él no quiere destruir nuestra voluntad, sino desea que abandonemos la independencia de nuestro yo y le permitamos a Él guiarnos en nuestra nueva vida.

En realidad Dios quiere que ajustemos libremente nuestra voluntad a la suya, que permitamos que el Espíritu Santo conforme nuestra voluntad a la de Él, de modo que deseemos hacer lo mismo que Él quiere, porque su naturaleza divina está en nosotros.

Dios no quiere que deseemos caprichosamente lo que Él quiere, sino que disfrutemos completamente en hacerlo porque lo amamos y Él nos ama.

Para ganar la lucha y lograr una positiva elección por medio del uso de nuestra voluntad, debemos rendir todo nuestro ser completo al Señor; espíritu, alma y cuerpo.

Cuando Dios llamó a Josué para que se alistara a conducir a los israelitas a la Tierra Prometida, y después de recordarle la promesa que le había hecho a Moisés respecto al extenso territorio que les entregaba para poseer, lo primero que requirió de Josué fue integridad de corazón para cumplir los mandatos de la ley que el Señor había entregado a Moisés.

Lo trascendente aquí es que antes que Josué diera un solo paso para dirigir al pueblo a la conquista, era necesario que sometiera su voluntad interior, con "esfuerzo y valentía", esto es, rendir sus miembros, sus emociones y su propia mente, para hacer todo conforme a lo que estaba escrito en la ley de Dios (Josué 1:7-8). Josué debía tener dominada la situación de su ser interior, ser un victorioso vencedor de la lucha interna, antes de entrar en las batallas con el enemigo exterior. Por eso, antes de avanzar contra la fortaleza de Jericó, cuando se encontró frente al Príncipe del Ejército del Señor, Josué *"postrándose sobre su rostro en tierra, le adoró; y le dijo: ¿Qué dice mi Señor a su siervo?"* (Josué 5:14). Esta pregunta implica una absoluta rendición de su propia voluntad, y un ferviente deseo de conocer la voluntad de su Señor. Y, además, una actitud de estar pronto y resuelto a ponerla por obra.

Jesús, en el momento más crítico de su ministerio, antes de enfrentar la cruz del Calvario, rindió una vez más su voluntad al Padre Celestial, cuando le dijo: *"Padre mío, si no puede pasar de mí esta copa sin que yo la beba, hágase tu voluntad"* (Mateo 26:42).

Poseer la tierra del intelecto

En el reino espiritual debemos darle al intelecto su lugar, hacerlo un siervo fiel del Espíritu Santo.

Mientras el creyente permita el dominio de la voluntad por medio del alma, todo pensamiento será procesado a través de la mente, y como resultado vivirá una vida cristiana anímica y emocional.

Pero debo aclarar que el creyente que vive en el reino del espíritu no tiene que desechar la razón ni el intelecto, solo que no debe usarlos según la pasada manera de vivir, la que está viciada de

165

deseos engañosos, sino usarlos para permitir que la renovación de la mente se sujete al espíritu.

La mente humana es vulnerable a la duda, las mentiras y el orgullo, que pueden bloquear la mente del creyente. Y es precisamente allí en donde debe lucharse cuerpo a cuerpo para conquistar "la tierra del intelecto".

El orgullo intelectual endurece la mente del creyente, y la cierra en lo comprendido primariamente, porque adopta el conocimiento adquirido como si fuese una "verdad absoluta", impide que el intelecto pueda recibir algo nuevo de Dios para su vida, ni tampoco soltar lo que tiene.

Hay otra trampa sutil en la que muchos creyentes han sido engañados, cuando entienden que para ser muy espiritual hay que dejar de lado el intelecto.

En realidad se sienten orgullosos de no usar el intelecto para las cosas de Dios. Son algunos creyentes que dicen que no es necesaria tanta teología ni estudios bíblicos, porque eso es alimento para la mente y no para el espíritu.

Y luego declaran que siguen al Señor en el espíritu. En realidad, todos los cristianos nos formamos alguna clase de teología o idea de Dios, y esto no deja de ser una teología propia, pero si no es la buena teología del Dios de la Biblia, entonces tendrá una mala teología, o una idea distorsionada de quién es verdaderamente Dios. Parten del error de pensar que no usar el intelecto es algo espiritualmente bueno.

Otros de los enemigos del creyente es la duda, en la que muchos han sido derrotados espiritualmente. La duda nace de los pensamientos generados en la mente y los sentimientos. Cuando alguien duda es porque tiene miedo, inseguridad o desconfianza. La duda puede conducir al doble ánimo. Dice Santiago 1:8: *"El hombre de doble ánimo es inconstante en todos sus caminos".* La duda es un enemigo que puede corroer la confianza de un creyente en el Señor.

Espiritualmente hablando, la duda es lo opuesto a la fe, así como lo señala Marcos 11:23 donde dice que el creyente que *"no dudare en su corazón que lo que diga le será hecho".* También dijo Jesús: *"Si tuvieres fe, y no dudareis (...) si a este monte dijereis: quítate y échate al mar, será hecho"* (Mateo 21:21).

Hay otra trampa sutil para el intelecto del creyente, y es la información errónea que encubre la mentira. Si no profundizamos y comparamos lo que oímos, ni lo evaluamos con la verdad de Dios, el intelecto tiende a aceptar o rechazar las cosas según su propio razonamiento. Es la tendencia a lo instantáneo del que dice: "esto me tocó espiritualmente", o "siento que esto es de Dios", pero lo cierto que esta forma de pensar está ligada a lo emocional y no a lo espiritual.

¿Cómo se logra la conquista del intelecto? Primeramente, no rechacemos el uso del intelecto en la vida espiritual, pero tampoco le demos la prioridad. Entendamos que el intelecto es un instrumento muy útil del alma, e importante para vivir en este mundo, pero comprendamos que en el reino espiritual debe ocupar un lugar humilde y de sumisión.

En segunda instancia, necesitamos pensar con lógica las cosas de Dios, aunque Él siempre supere nuestra lógica.

En tercer lugar, recordemos que el intelecto se halla en la zona del alma, y que "nosotros tenemos la mente de Cristo". Y es allí donde podemos lograr la conquista del intelecto, porque hemos sido renovados en el espíritu de nuestra mente.

Es realmente allí donde se opera la circuncisión de Cristo, y nuestra mente carnal es desechada, al igual que Dios quitó en Gilgal el oprobio de la esclavitud que vivieron los israelitas.

Nuestra mente carnal es desechada, somos circuncidados mediante la fe en el poder del Espíritu Santo de Dios. La circuncisión es la del corazón, en espíritu y no en letra. Porque no proviene de los hombres, sino de Dios (Romanos 2:29).

Poseer la tierra de los sentimientos

La batalla en el campo de los sentimientos se hace dificultosa, cuando como creyentes actuamos en respuesta a las circunstancias adversas que nos rodean con nuestras emociones internas, en lugar de actuar conforme a las directivas del Espíritu Santo que está dentro de nosotros.

Es en los sentimientos donde el enemigo usa sus mejores trucos, pues crea situaciones para que aflojemos nuestras emociones.

Una de las artimañas favoritas incentivadas por el enemigo, es crear situaciones para despertar emociones con ira y sed de venganza contra las personas que nos ofenden.

Otro de los destructivas sentimientos es el temor humano, es la respuesta de las situaciones que amenazan con convertirse en serias adversidades, y donde el creyente le cree a las circunstancias, en lugar de afirmar su fe y la confianza en Dios. El Señor no puede respondernos cuando estamos llenos de miedo.

No solo las emociones desagradables deberán ser conquistadas, hay sentimientos agradables que pueden interferir la obra del Espíritu. Tomemos como ejemplo el afecto natural, referido a la reacción favorable en nuestros sentimientos hacia alguien o algo.

Esto puede provenir de dos fuentes: desde Dios o desde la carne. Podemos permitir que el amor de Dios nos afecte y sentir afecto hacia Él, de manera que el amor de Dios en nosotros nos capacitará para sentir afecto hacia nuestros semejantes, ya sea que nos inspiren simpatía o no.

Pero el afecto humano tiene una tendencia exclusivista, que selecciona, ama a uno y al otro no. Dice Colosenses 3:2: *"Poned la mira* [el afecto] *en las cosas de arriba, no en las de la tierra"*.

Las Escrituras no condenan el afecto humano, lo que dicen es que aún nuestro afecto humano debe originarse en el cielo por medio de Dios, y también ser dirigido por Él.

Sabemos que hay emociones muy difíciles de controlar, porque son reflejos inconscientes.

Este es uno de los sentimientos más peligrosos. Si el creyente actúa bajo la influencia de tales sentimientos, seguro que se meterá en problemas.

Una conducta dictada por los sentimientos puede ser destructiva y debilitante. También hay creyentes que manifiestan tener mal temperamento, aunque no es pecado tener malos sentimientos; pero sí es pecado alimentarlos y permitir que tengan control sobre el carácter.

Recordemos que los israelitas después de circuncidarse en Gilgal, participaron de la Pascua, y recordaron el pacto de Dios en el sacrificio de sangre que logró que el ángel de la muerte pasara por alto las casas que tenían la sangre aplicada en sus postes y dinteles.

La sangre es el arma principal para vencer las trampas del diablo sobre los sentimientos de los creyentes, porque la sangre de Jesucristo ha quebrado el dominio de Satanás en la vida emocional de cada hijo de Dios.

Aunque Satanás ya no tiene ningún derecho sobre ningún cristiano, esto no impide que siga tratando de poner sus mentiras en las mentes de creyentes distraídos, use las emociones y los sentimientos.

El diablo tratará de decir al creyente atribulado, que las circunstancias de adversidad que lo rodean lo vencerán, o quizás buscará que despierte la ira, o sea influido con temor en sus sentimientos para detenerlo o esclavizarlo.

Ese es el momento para decirle al enemigo: "Yo he aplicado la sangre de Jesucristo en mi vida, ya no vivo bajo mis emociones, ya no vivo yo, ¡sino Cristo vive en mí!" Las escrituras dicen en Hebreos 9:14: *"¿Cuánto más la sangre de Cristo (...) limpiará vuestras conciencias de obras muertas para que sirváis al Dios vivo?"*

Poseer la tierra del cuerpo

Es en nuestra alma donde tenemos la lucha espiritual más fuertemente, pues es allí donde el enemigo logra dar sus golpes más duros.

También debemos llegar con la conquista al cuerpo físico y a cada uno de sus miembros, porque es la manifestación externa del Espíritu que mora en nosotros, y es sobre todas las cosas templo del Espíritu Santo.

Dios hizo nuestros cuerpos y nos ha prometido que serán glorificados como fue glorificado el cuerpo de Jesús.

Nuestros cuerpos físicos son la conexión entre el Espíritu de Dios que vive en nuestro espíritu humano y el mundo que nos rodea; así quiere Dios que su amor llegue a todo el mundo por intermedio de nosotros.

Si bien nuestro cuerpo mortal se quedará en la Tierra cuando nos

169

llegue la hora de dejar este mundo, nuestra alma y espíritu irán a estar con el Señor en los cielos.

Pero no estaremos completos hasta que nuestros cuerpos mortales sean resucitados y glorificados, y nos sea devuelto a cada uno.

Para que el Espíritu Santo nos llene y fluya desde nosotros, tenemos que estar dispuestos a responder, tanto como con nuestros cuerpos como con nuestras almas y espíritus.

Es bueno preguntarnos, ¿qué sucede si introducimos sexo ilícito, drogas o alcohol en nuestro cuerpo? La respuesta es que estaremos neutralizando al Espíritu Santo en nuestro ser interior. Pero entonces sumaremos otro problema: el alma tomará la conducción y tendrá influencia sobre el cuerpo y viceversa, el cuerpo sobre el alma; porque lo que suceda en cualquiera de las partes afecta a la otra.

En el capítulo 5 de la carta de Pablo a los gálatas, de ninguna manera dice que el cuerpo, o la misma carne sean malos por naturaleza, y por tal circunstancia hay que tratarlos severamente, con azotes, o que lo hagamos reposar sobre duras tablas como cama, o vestirnos con camisas de cilicio, o cosas parecidas.

Lo que la Biblia condena son las obras de la carne, que son producto de deseos pecaminosos y perversos, y que lo que hay que conquistar son las pasiones y los deseos malignos, poner los deseos de la carne en sujeción a la voluntad del Espíritu Santo, porque *"si vivimos por el Espíritu, andemos también por el Espíritu"* (Gálatas 5:25).

Aquí la exhortación está dirigida a no satisfacer los deseos egoístas de la carne, y en cambio a satisfacer los deseos del Espíritu de Dios, para que nuestros miembros mortales se conviertan en instrumentos de la justicia de Dios.

Como lo vimos anteriormente, Josué se encontró frente al Príncipe del Ejército de Dios, y el Señor le pidió que se quitara el calzado porque el lugar que pisaba era santo.

Para caminar en el Espíritu es necesario quitarnos el calzado, porque tiene en la suela adherida toda la suciedad contaminante del mundo.

Cuando andamos en el Espíritu seguimos únicamente la ruta que el Señor ha abierto para cada creyente; una ruta separada del mundo y santificada en Dios. Esto evitará que los deseos de la carne nos hagan caer en pecados de impureza sexual, de inmoralidad, de idolatría, de perversión o de intoxicación por tabaco, alcohol u otras drogas.

La conquista se logrará si sujetamos los deseos de la carne en obediencia a las demandas del Espíritu, y presentamos cada día nuestros cuerpos al Señor como un sacrificio vivo, santo y agradable, que debe ser nuestro culto racional, como verdaderos conquistadores del cuerpo, y esto se logra buscando ser llenos del Espíritu Santo todos los días de nuestra vida.

Preparados para la batalla

La lucha espiritual comenzó en la otra orilla del Jordán, después que cada israelita dejó en el fondo del cauce seco del río su propia voluntad, para tomar la plenitud de Dios y así seguir la voluntad divina.

En Gilgal fue quitado el oprobio de la esclavitud vivida en Egipto, fueron renovados en el intelecto y vivificados por el poder del Espíritu Santo en sus espíritus; ya no vivirían con la mente carnal, sino en la circuncisión de Cristo, con la mente del Señor. Luego celebraron la Pascua, el sacrificio de sangre que salvó y protegió a los israelitas de la muerte, y que quebró el dominio del Faraón, así como hoy la sangre de Cristo quebró el dominio de Satanás en nuestras almas para que no pequemos más.

Y finalmente, la lucha para conquistar el cuerpo, si andamos en el Espíritu y dejamos de satisfacer los deseos egoístas de la carne.

Una vez que el creyente logra poseer plenamente el dominio del alma y el cuerpo bajo la dirección del Espíritu Santo, y es vencedor de la lucha interna, entonces estará listo para la guerra espiritual y para librar su primera batalla afuera, para entrar en la tierra del enemigo, y liberar las almas esclavizadas por el diablo y deshacer sus obras de iniquidad.

171

Capítulo 15

La batalla espiritual

(el enemigo externo)

Jericó era la primera ciudad-fortaleza en la Tierra Prometida que Israel debía conquistar bajo el liderazgo de Josué. ¿No es increíble que no se usaran armas de ninguna clase para demoler sus murallas? ¿Qué clase de ejército era este?

Era un ejército distinto; su principal armamento lo constituían sus armas espirituales, poderosas pero invisibles. También estaban protegidos con armaduras espirituales e invisibles, si bien aparentaban ser un ejército terrenal; traían la fuerza del cielo, porque pertenecían al ejército de Dios.

También fue distinta y singular la estrategia que usaron para la batalla. Marcharon en silencio, rodearon la fortaleza de Jericó, una vez al día durante seis días consecutivos, y también una vez al día hicieron sonar las trompetas, hasta que finalmente el séptimo día rodearon los muros, dieron siete vueltas, y a la orden de su capitán todos gritaron, y al instante cayeron estrepitosamente los muros de piedra de la fortaleza, como si fuesen cubos de arena. Luego el ejército de Dios marchó sobre los escombros y tomaron la ciudad (Josué 6:3-5).

La primera lección para conquistar y poseer la tierra, fue la fe de Josué y la confianza que trasmitió al pueblo de que Dios haría su parte. Y el cumplir en absoluta obediencia con cada una de las instrucciones dadas por el Señor, fue la parte de los israelitas, que como resultado obtuvieron una victoria absoluta.

En el libro de Josué aprendemos los secretos de la guerra espiritual. Antes de entrar en batalla, Dios habló con Josué y le dijo: *"Mira, yo he entregado en tu mano a Jericó y a su rey, con sus varones de guerra"* (Josué 6:2). Esto es muy importante. Josué no sabía cómo lo haría Dios. Lo que sí sabía, era que la victoria estaba asegurada, porque pudo mirar con los ojos de la fe, ya que su confianza en Dios era total.

Más adelante, en el capítulo 8:1 Dios volvió a decirle: *"...mira, yo he entregado en tu mano al rey de Hai, a su pueblo, a su ciudad, y a su tierra"*. Y así en cada batalla por librarse, previamente Dios lo desafiaba a Josué a que mirara con los ojos espirituales, cómo Él le entregaba al enemigo en sus manos.

Deberíamos preguntarnos: ¿Cuál fue la verdadera región donde se libraron y se ganaron las batallas de la Tierra Prometida? ¿Cuál es la región donde hoy se libran?

En realidad todas estas batallas fueron y seguirán siendo batallas espirituales; por lo tanto, se ganan o se pierden en las regiones celestes.

Josué conoció esta verdad cuando se le apareció el Comandante de los ejércitos de Dios, y cuando se postró ante Él. Comprendió que la lucha en la que entraban no sería solo contra enemigos de carne y hueso, sino contra principados, contra potestades, contra huestes de maldad en las regiones celestes. Por lo tanto necesitaban al Príncipe del ejército de Dios junto a ellos, para conducirlos en la batalla.

Dios había hablado a Moisés en Números 13:2 cuando le ordenó que enviara a sus hombres para que *"reconozcan la tierra de Canaán"*. Este servicio de inteligencia militar o de espías, vuelve a mencionarse en Josué 2:1, cuando Josué *"envió desde Sitim, dos espías secretamente, diciéndoles: Andad, reconoced la tierra, y a Jericó"*. Hago mención a estos pasajes, porque entre otros textos más, han sido usados como fundamento para que algunos líderes evangélicos enseñen y lleven a la práctica hoy en día lo que denominan "guerra espiritual a escala estratégica", o "mapeo" o "cartografía espiritual".

Mi humilde consideración sobre este controvertido tema es que el hecho de que Josué enviara espías a la ciudad de Jericó no otorga un fundamento bíblico suficiente para que formemos en la iglesia equipos de espías o investigadores para la conquista de ciudades o territorios bajo el dominio de principados espirituales de maldad. Porque ciertamente no fue por la inteligencia militar de los datos recogidos por los espías lo que ayudó a derribar los muros de Jericó, sino por la fe, la visión de Josué y la obediencia del pueblo que hizo su parte, y sobre todo por el poder soberano de Dios. Tampoco he encontrado ninguna mención de usar estrategias o investigaciones para descubrir demonios territoriales en las enseñanzas de Jesús, para que por medio de ello podamos vencerlos.

Aunque no niego la existencia de principados de maldad territoriales. Pero cuando Dios quiere que desalojemos algún principado oculto, Él nos lo revela así como lo hizo con Gedeón cuando le mandó que destruyera las imágenes de Baal y de Asera, para desligar la idolatría de los israelitas. Tampoco encontramos ese tipo de directiva en Efesios 6:10-20, donde específicamente Pablo describe la lucha espiritual contra principados y potestades de maldad y nos advierte sobre el obrar del maligno, pero no hay mención de usar la estrategia de descubrir su obrar para desalojarlos.

Canaán era un territorio donde se practicaba abiertamente todo tipo de idolatría y brujería. Todas las ciudades tenían efigies de deidades labradas en madera o fundidas en metal, imágenes de ídolos que les daban a los espíritus demoníacos el derecho legal de manifestarse a través de ellas.

Los artífices que hacían estas imágenes, las hacían bajo influencia diabólica e invitaban a los demonios a habitar en los ídolos.

Cuando los israelitas entraron en Canaán comenzó la confrontación abierta entre el Reino de Dios y el gobierno de las tinieblas. En aquel tiempo se desataron verdaderas batallas en la Tierra donde ejércitos humanos hacían crujir las armas de acero y hierro, en medio de los clamores de guerra de los soldados.

Pero estas batallas terrenales fueron solo el reflejo de las batallas espirituales en las regiones celestes. *Amén!!!*

Hoy los creyentes vivimos bajo el fragor de una constante batalla

175

espiritual y debemos abrirnos paso a través de las filas enemigas para darle a Jesucristo el reino en todos los aspectos de nuestra vida. Debemos rendirle primeramente nuestra voluntad, nuestra mente, nuestras emociones, nuestro cuerpo y también nuestros hogares, matrimonios y familias, nuestra iglesia local, nuestras finanzas, nuestros empleos y trabajos. Debemos anhelar que Cristo establezca su reino de justicia, paz y gozo en el trono de nuestros corazones, y para que así estemos capacitados como auténticos guerreros para entrar con el ejército de Dios, en la guerra espiritual conducidos por el Señor de señores y Rey de reyes, nuestro Comandante en Jefe.

El contraataque del enemigo

Después de la aplastante victoria de Jericó, los israelitas sufrieron una vergonzante derrota en Hai. Veamos, ¿qué fue lo que había sucedido?

Dice la Biblia que un hombre del pueblo de Dios llamado *"Acan, de la tribu Judá, tomó del anatema* [de la maldición]*; y la ira de Jehová se encendió contra los hijos de Israel"* (Josué 7:1).

La orden de Dios para los israelitas era que se cuidaran del anatema, porque la maldición estaba sobre Jericó y sobre todas las cosas de la ciudad. Ningún israelita debía tocar ni tomar nada para sí, porque si lo hacía, podría maldecir a todo el campamento de Israel y lo turbaría.

Solo Rahab, la ramera, viviría, con los que estuvieren con ella en su casa de Jericó, por la promesa dada por los espías que escondió en su casa. Y toda la plata y el oro que encontrasen, serían para consagrarlos y colocarlos en el tesoro de Jehová.

Dios le habló a Josué después que él se lamentara por la vergonzante derrota. Le dijo: *"Israel ha pecado, y aún han quebrantado mi pacto que yo les mandé; y también han tomado del anatema, y hasta han hurtado, han mentido, y aún los han guardado entre sus enseres. Por esto los hijos de Israel no podrán hacer frente a sus enemigos, sino que delante de sus enemigos volverán la espalda, por cuanto han venido a ser anatema; ni estaré más con vosotros, sino destruyereis al anatema de en medio de vosotros"* (Josué 7: 11-12).

Al día siguiente Josué reunió a todo el pueblo, y el Espíritu Santo

176

le reveló que el pecado estaba en Acán y le pidió su confesión, y este declaró su pecado.

Es importante destacar que Acán había pasado el Jordán junto al pueblo elegido y, como todos, hizo entrega de su voluntad al Señor, fue circuncidado en su mente; participó de la Pascua, aplicó la sangre del sacrificio a sus emociones y santificó su cuerpo para entrar en batalla.

¿Qué es lo que había ocurrido en Acán? El diablo había preparado sus trampas y esperaba la presa. Acán se encontró con un manto babilónico, que no esperaba encontrar, lo que provocó que su yo reviviera y tomara el control de su vieja vida, y que su alma se encendiera de codicia.

Acán sabía que no debía quedarse con nada, por el mandato de Dios y porque los babilónicos practicaban todo tipo de magia, brujería, adivinación y astrología.

Pero Acán había caído en la trampa del diablo: la codicia se encendió en su corazón, y luego actuaron los demonios detrás del manto, sedujeron el alma de Acán y lo alentaron a robarlo.

En la guerra espiritual luchamos contra dos poderosos enemigos: uno interno, que fortalece los deseos de la carne y la codicia del alma, tal como lo descubre Gálatas 5:16-17, donde dice: *"No satisfagáis los deseos de la carne. Porque el deseo de la carne es contra el Espíritu, y el Espíritu es contra la carne, y estos se oponen entre sí, para que no hagáis lo que quisiereis".*

Y el otro externo, que ofrece las más fascinantes tentaciones del mundo, así como el diablo tentó a Jesús cuando le mostró los reinos de la Tierra y le propuso darle *"toda esta potestad, y la gloria de ellos".* Y le dijo con seducción: *"Porque a mí me ha sido entregada, y a quien quiero la doy. Si tú postrado me adorares, todos serán tuyos"* (Lucas 4:5-7).

Todas las tentaciones del diablo tienen el mismo propósito: lograr que volvamos a hacer nuestra propia voluntad, a actuar por nosotros mismos, y dejemos de lado la voluntad de Dios.

Finalmente, Acán, junto al manto, también sustrajo oro y plata; él mismo confesó diciendo: *"lo codicié y lo tomé".* Aunque sabía que ese oro y plata debían ser consagrados al tesoro de Jehová, la tentación nubló su conciencia, y lo llevó a desobedecer a Dios, a robar y mentir.

177

Acán fue vencido en la lucha espiritual. El enemigo de nuestras almas constantemente intenta provocarnos a pecar por medio de nuestros conflictos internos no resueltos; y es la causa de que muchos cristianos experimenten trágicas caídas espirituales.

Las debilidades no tratadas o los pecados retenidos, transforman a muchos creyentes en el blanco de los ataques del enemigo. Aunque el poder de Dios que reside en nosotros excede ampliamente el poder de Satanás; sin embargo, debido al libre albedrío, en cualquier momento podemos decidir no obedecer a Dios y anular así la cobertura de protección de la sangre de Cristo.

Esa elección equivocada hace que cualquier creyente pueda ser totalmente vulnerable al enemigo; y esto es lo que le sucedió a Acán.

Dios nos ha provisto de todo lo necesario para vencer al adversario, tanto en nuestro ser interior como en lo exterior de nuestras vidas, y nos ha dado una poderosa armadura protectora (Efesios 6:11), con las armas suficientes y dotadas de poder sobrenatural para demoler fortalezas (2 Corintios 10:4). Sin embargo, solo podremos triunfar si mantenemos la fidelidad a Dios en nuestros corazones, y le obedecemos plenamente en todas sus instrucciones y mandamientos.

En el pecado de Acán aprendemos importantes lecciones; la primera es que el pecado oculto en un miembro del cuerpo de Cristo detiene el mover del Espíritu, hasta que sea quitado. Por eso Dios dio la orden de quitar el "maldito" de en medio del pueblo.

La otra lección es que después de una gran victoria espiritual, el creyente debe estar muy alerta, pues se produce un estado de contentamiento y de relajación, donde el diablo aprovecha para enviar sus más poderosos dardos de tentación, que pueden hacer tambalear y hasta voltear al creyente más encumbrado, si está desprevenido.

El pecado contaminante de Acán había impedido que los ángeles de Dios vencieran en la batalla de los cielos, contra las huestes espirituales de maldad que dominaban el territorio de Hai, lo que provocó la derrota de los israelitas.

Pero cuando el pecado fue eliminado, dice Josué 7:26, que *"el Señor se volvió del ardor de su ira"*, y le ordenó a Josué: *"No temas ni desmayes; toma contigo toda la gente de guerra, y levántate y sube a Hai. Mira, yo he entregado en tu mano al rey de Hai"* (Josué 8:1).

Y así retomaron el camino de la victoria sobre todos sus enemigos, porque Dios estaba con ellos.

Sin embargo, en medio de la conquista los israelitas sufrieron otra inesperada derrota. El diablo continuaba asechando a los israelitas, buscando la oportunidad para caer sobre ellos y detener la conquista.

Por segunda vez Josué actuó sin consultar a Dios. La primera fue en Hai, cuando aprobó que un grupo de soldados marchara sobre dicha ciudad sin aguardar la orden del Comandante en Jefe. Esa era la oportunidad que esperaba el diablo para asestar su golpe.

La orden de Dios para los israelitas era que los cananeos, sobre quienes estaba la maldición por las innumerables abominaciones que practicaban, debían ser totalmente destruidos antes de que habitaran la Tierra Prometida. Aunque Dios les permitió establecer alianzas únicamente con pueblos distantes, fuera del territorio de Canaán (Deuteronomio 20:10, 15).

Pero los gabaonitas, que vivían en las cercanías, a solo ocho kilómetros al noroeste de Jerusalén, y en conocimiento de que Dios les permitía a los israelitas hacer acuerdos con pueblos distantes, se disfrazaron con ropa vieja y raída, llenaron sus bolsos con alimentos secos y panes con moho, para aparentar que venían de tierras lejanas y se presentaron ante Josué para establecer alianza. Lo hicieron debido a que estaban muy temerosos, pues se habían enterado de las aplastantes victorias sobre Jericó y Hai, y querían evitar que les ocurriese lo mismo.

También recordemos que los gabaonitas estaban bajo maldición y por lo tanto eran emisarios del diablo. Veamos: ¿cuál fue la razón por la qué Josué no pudo discernir el engaño del enemigo? Recordemos que los demonios tienen la habilidad de imitar y hasta copiar ciertos milagros para confundir a los creyentes, y que el mismo diablo se disfraza de ángel de la luz.

Muchas veces los creyentes no sabemos distinguir con facilidad lo que viene de Dios de lo que viene de Satanás, y si no nos tomamos el tiempo para discernir la verdad, podremos ser presa fácil del engaño.

Josué actuó sin usar "la renovación del espíritu en su mente", y en cambio usó el razonamiento de su vieja naturaleza, se dejó llevar por sus sentimientos. No buscó a Dios en oración antes de tomar la decisión, ni consultó la Palabra de Dios; entonces tampoco el Espíritu Santo pudo revelarle el engaño, como antes lo había hecho con Acán.

Muchas veces el enemigo logra infiltrarse en las filas de la congregación de los santos y desde allí logra importantes victorias, como el de alentar la murmuración y las discordias entre hermanos, provocar divisiones y aun hasta lograr la disolución de una iglesia local.

Cuando no reconocemos la realidad de que Satanás y sus demonios son los que actúan contra nosotros, no podremos tomar autoridad espiritual sobre ellos.

El otro aspecto de la derrota de Josué y los príncipes de Israel, fue que celebraron un pacto en presencia de Dios con los gabaonitas, y todo compromiso, pacto o contrato hecho delante de Dios, nos esclaviza a su cumplimiento hasta el fin, porque estos pactos no tienen cláusula de recesión.

Cuando pactamos algo, como creyentes, no podemos deshacerlo, pues equivaldría a no cumplir una promesa hecha a Dios, y esto nos acarreará lamentables problemas.

El único compromiso que Dios requiere de cada creyente es el de que nos presentemos ante el Señor como un sacrificio vivo, santo y agradable, para que Él pueda usarnos como sus siervos para siempre.

Extendiendo el Reino de Dios

En la guerra espiritual Dios llama a la Iglesia a conquistar la Tierra y a extender los límites de su Reino. Es importante preguntarnos ¿cómo podemos extender el Reino de Dios fuera del área de nuestras iglesias locales?

En Jeremías 29:5,7 dice: *"Edificad casas y habitadlas. Y procurad la paz de la ciudad a la que os hice transportar; y rogad por ella al Señor; porque en su paz, tendréis vosotros paz"*. Dios nos llama a orar por la ciudad donde vivimos, y a hacerlo a su manera.

Cuando los israelitas se aprestaron a tomar la ciudad-fortaleza de Jericó, Dios le pidió a su pueblo que caminara en silencio alrededor de los muros, no una vez sino varias veces, hasta completar una semana.

Y Dios usó la fe de los israelitas para hacer su obra. El pueblo caminó en silencio y Dios respondió con estruendo. Al séptimo día de las caminatas la imponente y desafiante fortaleza fue convertida en escombros.

Para orar por la conquista de nuestros vecindarios o ciudades para Cristo, debemos hacerlo de una manera específica. Es importante conocer cuántas iglesias están radicadas en la ciudad para orar por esas congregaciones, y tratar también de conocer las mayores necesidades de la comunidad.

Es conveniente armar grupos de oración y ayuno, y realizar "caminatas de oración", recorrer las calles en silencio, con oraciones internas, y tratar de hacer un inventario del barrio, estar atentos a todo templo espiritista, o de alguna práctica de brujería, academia de yoga, casas o locales que ofrecen consultas de tarot, quiromancia, astrología, el templo de alguna logia secreta, negocios de santería o de idolatría con imágenes religiosas, cines o teatros pornográficos, tiendas de productos eróticos, prostíbulos, tabaquerías o locales de venta de bebidas alcohólicas. Todo esto evidencia la realidad de que no estamos en tierra santa, sino en territorio enemigo.

En las "caminatas de oración" debe atarse a todos los espíritus de oscuridad y desesperanza, y pedirle al Espíritu Santo que traiga la revelación de Jesucristo a los corazones de todos los vecinos incrédulos.

Cuando se pasa por la entrada de los negocios o locales de clubes nocturnos con desnudos, o de parasicólogos, o negocios de venta de tabaco y alcohol, debe atarse y echarse todo demonio que esté sustentando esos locales.

Las "caminatas de oración" también deben incluir otros sitios para desatar allí el Espíritu de Dios y para que sean abiertos los ojos y oídos espirituales de las personas que asisten. Por ejemplo, a centros comerciales, escuelas, edificios del gobierno, plazas y parques de recreación, zonas residenciales, etc.

Hace un tiempo, en una iglesia que habíamos establecido en el micro centro de la Ciudad Autónoma de Buenos Aires, a los pocos meses de inaugurada, sobre la misma cuadra de la iglesia se estableció un centro nocturno de mujeres que asistían a ver un entretenimiento donde se desnudaban los hombres; era increíble ver largas filas de mujeres bulliciosas en cada noche, que esperaban ingresar al local.

Los días miércoles en la noche se reunía en la iglesia un grupo de discipulado, que tomaron la responsabilidad de hacer una caminata de oración alrededor de la manzana contra los espíritus demoníacos que sostenían ese antro nocturno; la lucha duró varios meses, hasta que el Señor nos dio la victoria.

¿Qué es lo que ocurrió? Las oraciones desataron sobre los vecinos una fuerte acción de rechazo al centro nocturno, y se movilizaron para solicitar al Gobierno de la Ciudad que detuviera el funcionamiento del club de desnudistas.

Finalmente, el centro nocturno fue clausurado y la Tierra fue liberada, para la gloria de Dios.

Esto es hacer guerra espiritual y atacar el reino de las tinieblas; y cuantos más creyentes se unan a la visión, se verán las increíbles diferencias que ocurrirán cuando se ora a Dios en la fe de Jesucristo.

Si usted se anima a hacerlo en su congregación, pronto habrá testimonios de que prostíbulos serán cerradas, los cines pornográficos abandonarán el vecindario, pero también habrá liberación y tendrá testimonio de que prostitutas, trasvestis y homosexuales se convierten al Señor, que las casas entreguen sus familias para Jesús. Y que todo el vecindario se convierta en Tierra Santa gobernada por la paz del Señor.

Es significativo caminar en terreno enemigo, donde el diablo está operando y nosotros batallando con nuestras oraciones, declarando la victoria de Cristo, sobre cada lugar que pisa la planta de nuestro pie.

Debemos recordar lo que Dios le dijo a Josué antes de entrar en la Tierra Prometida: *"Yo os he entregado, como lo había dicho a Moisés, todo lugar que pisare la planta de vuestro pie. Esfuérzate y se valiente; porque tú repartirás a este pueblo por heredad la tierra de la cual juré a sus padres que le daría a ellos (...) no temas, ni desmayes, porque el Señor tu Dios estará contigo en dondequiera que vayas"* (Josué 1:3, 6, 9).

Podemos actuar hoy en base a esta promesa, siempre y cuando el Espíritu Santo nos muestre dónde poner el pie; para lo cual debemos asumir una actitud humilde para logra el objetivo, pues no extendemos nuestro propio reino o el de nuestra iglesia local, sino que extendemos el mismo Reino de Dios.

Cuando usted decida ponerse en la brecha entre su ciudad y Dios, sepa que solo la sangre del Cordero y el poder del Espíritu Santo harán efectiva la conquista. No solo debemos orar por nuestra ciudad, sino por toda nuestra nación; debemos orar juntos y en arrepentimiento por los pecados de la ciudad y de la nación.

Cada vez que los creyentes oramos en la Tierra, no solo movemos el brazo de Dios a favor de nuestras peticiones, sino que se moviliza el ejército de los ángeles del Señor en los cielos.

Como lo hemos visto, en el libro de Daniel (10:20) se detalla parte de la batalla en los cielos donde el ejército de Dios lucha contra las huestes satánicas. Allí hubo príncipes en el campo espiritual que pudieron detener por un tiempo la respuesta de Dios a las oraciones de Daniel.

Nosotros no estamos exentos de que las fuerzas de oscuridad bloqueen las respuestas de Dios a nuestras oraciones. Recordemos que después de que Pablo describe la armadura de Dios para la lucha espiritual, nos exhorta a orar en todo tiempo y velar por todos los santos.

La Biblia nos revela que hay principados y potestades, gobiernos espirituales de maldad que dominan regiones geográficas de la Tierra. Hay ciudades enteras que están bajo el dominio de espíritus de adulterio, fornicación, brujería, idolatría, ceguera espiritual, violencia, suicidio, drogadicción, pornografía, homosexualidad, mentira o cualquier otro pecado que lleve maldición a esa región.

En la guerra espiritual le pedimos a Dios que abra los ojos de las personas que están bajo la opresión del pecado y viven en tinieblas espirituales, para que puedan recibir el perdón y la salvación de Jesús.

Sobre todo, debemos reclamar los territorios a Dios, orar y marchar a la conquista de la Tierra que el Señor nos mandó conquistar.

Caleb fue un guerrero íntegro espiritualmente delante de Dios, y a la edad de 85 años reclamó a Josué el monte Hebrón para conquistarlo como su herencia; sobre el mismo monte –dice la Biblia– que había ciudades grandes y fortificadas habitadas por los anaceos; eran de la raza de los gigantes que vieron los diez espías, junto a Josué y Caleb, y que provocaron tanto pánico entre los israelitas, al punto que decían que comparados con ellos parecían como langostas.

Pero Caleb había dicho en aquella oportunidad: *"No seáis rebeldes* contra Jehová, ni temáis al pueblo de esa tierra; porque nosotros los comeremos como pan" (Números 14:9). Él mismo declaró que se sentía con las mismas fuerzas que tuvo a los 40 años, y que estaba listo para subir al monte y echar de allí a todos los gigantes. Porque Caleb tenía la promesa de Dios para hacerlo, y sabía que esa guerra era espiritual, y que Dios estaba con él.

Caleb declaró que Moisés le había jurado con promesa cuando dijo: "Ciertamente la tierra que holló tu pie será para ti, y para tus hijos en herencia perpetua, por cuanto cumpliste siguiendo al Señor mi Dios" (Josué 14:9).

Además, Caleb tenía el testimonio de la integridad de su corazón para Dios, pues dijo: "Mis hermanos, los que habían subido conmigo, [referido a cuando los diez espías volvieron aterrorizados de ver los gigantes guerreros que habitaban la Tierra Prometida] hicieron desfallecer al pueblo, pero yo cumplí siguiendo al Señor mi Dios" (Josué 14:8).

Luego subió Caleb al monte con sus guerreros, y desalojaron a los gigantes, y Hebrón fue heredad de Caleb, "hasta hoy, por cuanto había seguido cumplidamente a Jehová Dios de Israel" (Josué 14:14).

Hoy los creyentes tenemos la herencia que nos legó Cristo a cada uno. Contamos con el mismo Espíritu que estaba en Caleb, y la posibilidad de tener el mismo testimonio que guardaba Caleb.

Jesús nos legó toda la Tierra como herencia para que la conquistemos para su gloria. Pero a diferencia de la conquista de Canaán, no tenemos que echar a los habitantes de ninguna ciudad; lo único que tenemos que echar es al diablo y sus demonios que sostienen mentiras en las almas.

Lo que los creyentes tenemos que lograr hoy, es la conquista de los corazones que viven en las ciudades, para que se vuelvan al Señor Jesucristo para su salvación.

Cada huella que usted deje sobre el corazón del que reciba la salvación en el Nombre de Jesús, pasará a ser un alma conquistada, después una familia conquistada, y luego una ciudad conquistada, y así hasta que la gloria del Señor cubra toda la humanidad.

Necesitamos mantener la integridad de Caleb en nuestros corazones, llevar vidas de santidad práctica, para que los inconversos puedan comprobar que somos un testimonio viviente de lo que predicamos.

Perfecto para una prédica 2010

La posesión de la tierra

Cuando los israelitas dieron por terminada la conquista y tomaron posesión del territorio de Canaán, Dios les dio descanso de todos los enemigos que los rodeaban, y Josué, que ya era anciano, convocó a todo Israel, y habló al pueblo por última vez.

Su principal propósito fue exhortarlos a la obediencia a Dios y a que se mantuvieran siempre fieles. Hizo un recuento de los milagrosos hechos del Señor a favor de su pueblo, desde el día en que entraron en la Tierra Prometida; les dijo: *"Así dice Jehová, Dios de Israel: (...) Pasasteis el Jordán, y vinisteis a Jericó y (...) pelearon contra vosotros: los amorreos, ferezeos, cananeos, heteos, gergeseos, heveos y jebuseos, y yo los entregué en vuestras manos. Y envié delante de vosotros tábanos, los cuales los arrojaron delante de vosotros, esto es, a los dos reyes de los amorreos; no con tu espada, ni con tu arco. Yo os di la tierra por la cual nada trabajasteis, y las ciudades que no edificasteis, en las cuales moráis; y de las viñas y olivares que no plantasteis, coméis. Ahora, pues, temed a Jehová, y servidle con integridad y en verdad; y quitad de entre vosotros los dioses a los cuales sirvieron vuestros padres al otro lado del río, y en Egipto; y servid a Jehová"* (Josué 24:2, 11-14).

Dios está lanzando un desafío en esta hora a cada creyente, para que se convierta en un victorioso guerrero o guerrera espiritual, para formar parte de la nueva generación de guerreros como Josué y Caleb.

El llamamiento es a tomar toda la Tierra para Jesucristo, así como Josué conquistó y tomó posesión de la Tierra Prometida, después de la muerte de Moisés.

Este gran ejército ya está en marcha y está enrolando en sus filas más guerreros, como usted. Aunque ni usted ni yo podamos ver con nuestros ojos humanos esta guerra, es real y más destructiva que una guerra nuclear; es una guerra por la posesión de las almas, una guerra de consecuencias eternas.

Tenemos la autoridad de Jesús y el poder del Espíritu Santo para la batalla, con las instrucciones de la Palabra de Dios; pero somos nosotros los que debemos tomar nuestra posición en el ejército de Dios.

El Señor llama a creyentes con el espíritu de Josué y Caleb para

185

ganar las batallas espirituales y poseer la Tierra. Josué logró ganar la guerra porque batalló de acuerdo a las precisas directivas de Dios; sin embargo, el Señor no hizo todo; ellos debían hacer su parte, esforzarse en obedecer y confiar en Dios sin mirar las circunstancias.

Dios determinaba el lugar de la batalla y les daba la estrategia de cómo debían movilizarse los soldados; pero fue la obediencia de Josué, su capitán, el factor decisivo en cada batalla, lo que permitió que Dios siempre hiciera posible lo que era imposible para ellos. Estos mismos principios son aplicables hoy, en la guerra espiritual:

1. Josué reconoció que en la conquista de la Tierra Prometida no iban a combatir con carne y sangre, sino que era una batalla espiritual, y que Dios mismo era el que peleaba por ellos.

2. Leyó día y noche la Palabra de Dios y obedeció todos sus mandamientos; confió plenamente en sus promesas.

3. Nunca miró las dificultades con sus ojos permitió que la visión de Dios le mostrara las victorias del Señor, y jamás se dejó influenciar por el aparente poderío de las fuerzas enemigas.

4. Toda su confianza estaba puesta en lo que Dios le decía.

5. En batalla siempre mantuvo su mirada firme en el Príncipe del Ejército del Señor.

6. Nunca negoció con el enemigo, siempre lo combatió hasta destruirlo por completo. Cuando fue necesario, detuvo el Sol para que ningún enemigo subsistiera.

7. Durante la conquista siempre le dio la gloria a Dios por cada victoria.

La batalla que viene

Ningún gobierno en la actualidad, ni ningún país del mundo esta protegido contra los planes del adversario de Dios y de la raza humana, aunque algunas potencias mundiales para defenderse de los ataques han construido escudos de misiles teledirigidos contra ataques nucleares.

La Biblia dice que nada creado humanamente servirá para detener el peligro de caer bajo la dictadura mundial de la *"bestia y del falso profeta"*, profetizado en el libro de Apocalipsis. Allí se describe cómo la bestia será erigida como una imagen para ser adorada por los habitantes de toda la Tierra, y quien no lo haga morirá.

Dice que *"engaña a los moradores de la tierra con las señales que se le ha permitido hacer en presencia de la bestia, mandando a los moradores de la tierra que le hagan imagen a la bestia que tiene la herida de espada, y vivió. Y se le permitió infundir aliento a la imagen de la bestia, para que la imagen hablase e hiciese matar a todo el que no la adorase. Y hacía que todos, pequeños y grandes, ricos y pobres, libres y esclavos, se les pusiera una marca en la mano derecha o en la frente; y que ninguno pudiese comprar ni vender, sino el que tuviere la marca o el nombre de la bestia, o el número de su nombre"* (Apocalipsis 13:14-17).

Pero la advertencia que hoy llega a toda la Iglesia del Señor, es para los cristianos que pasivamente continúan "mirando el Jordán espiritual" desde la orilla opuesta, en lugar de estar dispuestos a cruzarlo para entrar en la guerra espiritual a la que el Señor Jesucristo nos ha llamado a participar como creyentes y guerreros, en todo el mundo.

Si algún creyente en esta hora toma la actitud pasiva de "mirar", o demorar su consagración en el servicio a Dios, correrá el serio peligro de ser engañado por los falsos cristos y falsos profetas que han salido por el mundo a predicar un evangelio distinto y dicen: "Hay paz, todo está bien, unámonos todas las religiones, y juntos adoremos al rey que viene", con el propósito de confundir, si es posible, a los elegidos de Dios.

Satanás ofrece el poder a los políticos ambiciosos en todas las naciones; nunca hubo un mayor descrédito en la clase política del mundo como ahora, donde la corrupción y la deshonestidad es la marca de muchos de ellos.

Es que a lo largo de la historia humana, reyes, emperadores y presidentes han sido seducidos por la falsa religiosidad de Babilonia la Grande, y la han cobijado en sus corrupciones e iniquidades, tal como dice Apocalipsis 18:3: *"Porque todas las naciones han bebido del vino del furor de sus fornicación; y los reyes de la tierra han fornicado con ella, y los mercaderes de la tierra se han enriquecido de la potencia de sus deleites"*.

Pero la Biblia dice que toda la maldad y las abominaciones del mundo están llegando a su fin; los reyes de la Tierra han fornicado con el engaño religioso de Babilonia la Grande, y muchos han recibido el poder temporal y han pactado con el mismo diablo; todos, incluida la humanidad entera, está convergiendo hacia la gran batalla del Armagedón.

Las *"guerras y rumores de guerra"* llevarán un signo religioso, porque todas son el preludio de la gran batalla cósmica del Armagedón.

Esa batalla permitirá que el Rey de reyes vuelva a la Tierra para establecer un gobierno sin oposición, que durará mil años, y luego dice la Biblia que será el fin de la historia humana.

La encarnizada guerra espiritual del diablo contra los santos de Dios viene transcurriendo durante siglos, pero su ritmo se acelera en estos tiempos. Aunque el libro del Apocalipsis mantiene muchos eventos sin una clara revelación, podemos inferir que los poderes de la oscuridad llegarán a unir sus fuerzas bajo la dictadura suprema de un falso profeta humano; que será la expresión final del poder corrupto, y que será vencido por el ejército de Dios en la penúltima gran batalla espiritual, llamada la batalla de Armagedón, y ese será el penúltimo capítulo de historia humana.

Antes de esta gran batalla, dice la Biblia que se producirá el "rapto" de la Iglesia, en donde los santos vivos y los resucitados serán arrebatados por Dios en los cielos según leemos en 1 Tesalonicenses 4:13-18. Mientras, en la Tierra se manifestará el reinado del anticristo, durante *"la gran tribulación"* (Apocalipsis 7:14).

Podríamos decir que el poder de la bestia existe en todo lugar donde se levante un poder autoritario y tiránico que explota, seduce y esclaviza al pueblo, que es una sombra del gran dictador que está llegando.

Los falsos profetas han abundado y aumentado en número, hoy muchos gobiernos han dado lugar a astrólogos y adivinos para asesorarlos sobre los eventos del futuro. Desde la antigüedad los brujos y hechiceros se unían a crueles jefes tribales para someter al pueblo, magos con faraones, sacerdotes de Baal con reyes, parasicólogos y astrólogos con presidentes y gobernantes.

Detrás de los "asesores espirituales", siempre están los poderes de las tinieblas; por ello los sucesos terrenales solo son un reflejo de la guerra celestial desatada en los cielos. Las fuerzas demoníacas, que finalmente darán poder a la "bestia y al falso profeta", están activas hoy sobre muchos líderes religiosos, instituciones gubernamentales y movimientos científicos y humanistas.

En esta hora Dios llama a su Iglesia a batallar contra los poderes demoníacos que hacen señales y prodigios engañosos; para eso el Señor nos ha dado poderosas armas para combatir.

También nos ha advertido que debemos ponernos toda su armadura; y el Señor Jesucristo ha enviado al Espíritu Santo con la plenitud de su poder sobre nosotros, para que seamos más que vencedores por Aquel que nos amó.

Tenemos un llamamiento a combatir espiritualmente en 1 Timoteo 6:12, que dice: *"Pelea la buena batalla de la fe, echa mano de la vida eterna, a la cual asimismo fuiste llamado, habiendo hecho la buena profesión delante de muchos testigos".*

Dios quiere que nos involucremos en la buena batalla de la fe para llenar toda la Tierra con su gloria. Es una batalla espiritual que nace en el corazón de Dios, que amó tan intensamente a todos los habitantes de este mundo, que nos dio a su Hijo unigénito, para que todo el que despierte a la fe de creer en Jesucristo no se pierda, y alcance la vida eterna.

El amor fue lo que motivó a Dios a dar, esta también debe ser nuestra más ardiente motivación para ser constantes dadores de su amor a otros. Dios dio lo mejor y lo más valioso que podía dar, se dio a sí mismo en su Hijo unigénito; por eso un guerrero espiritual debe estar dispuesto a dar lo mejor de sí mismo.

El propósito de Dios al darnos a su Hijo fue para recuperar a toda la raza humana del poder de Satanás y de la perdición eterna, y convertirnos a todos en una gran familia para gozar de su gloria.

Por esto Dios quiere restaurarnos para Él. Nuestra salvación tuvo un altísimo precio: le costó la vida a Jesús, esta fue la parte de Dios, y a nosotros también nos cuesta: la entrega de nuestra vida a Dios como sus siervos para siempre, con un completo arrepentimiento. Esta es nuestra parte.

Hoy Josué habla a nuestra generación, vuelve a decirnos: "Y ustedes han visto lo que nuestro Dios ha hecho por nosotros durante mi vida. Él ha peleado en favor de nosotros contra nuestros enemigos, y

189

nos ha dado la tierra (...) tal como el Señor lo prometió" (Josué 23:3, 5, paráfrasis la Biblia al Día).

Israel fue el pueblo elegido de Dios para ser de bendición a todos los pueblos que lo rodeaban, así como la Iglesia del Señor es hoy el instrumento para extender la bendición a toda la raza humana.

A causa de que los vecinos habían resistido a Israel como el pueblo enviado de Dios, se los caracterizaba como enemigos. Nuestra lucha hoy no es contra las personas, es contra el enemigo de nuestra fe, que busca robar todas las almas humanas.

Los israelitas debían mantener y hacer avanzar la herencia de Dios a las naciones, así como nosotros somos llamados a mantener y hacer avanzar el Evangelio de Jesucristo hasta lo último de la Tierra.

Nuestro Dios espera el día que todos los creyentes podamos decirle: *"He peleado la buena batalla, he acabado la carrera, he guardado la fe. Por lo demás, me está guardada la corona de justicia, lo cual me dará el Señor, juez justo, en aquel día; y no solo a mí, sino también a todos los que aman su venida"* (2 Timoteo 4:7-8).

190

LIBERACIÓN

Capítulo 16

Liberación espiritual

D ice Gálatas 5:1 (NVI): *"Es para ser libres para lo que Cristo nos ha libertado. Manteneos, pues firmes y no consistáis que os impongan de nuevo el yugo de la esclavitud".* El diccionario expositivo griego-español de W. E. Vine aclara sobre este versículo que "la combinación del nombre *(libres)* con el verbo *(libertado)* destaca cuán completo y pleno es el acto, y el tiempo aoristo (o puntual) del verbo indica a la vez su carácter instantáneo e inclusivo. Fue hecho de una vez y por todas.

Cuando regresaron los doce espías de explorar la Tierra Prometida, diez de ellos quedaron atemorizados por los gigantes que custodiaban las murallas, al punto que dijeron: *"vimos allí gigantes (...) y éramos nosotros, a nuestro parecer, como langostas, y así les parecíamos a ellos"* (Números 13:33). Esta confesión no solo les costó que deambularan por el desierto por cuarenta años, y que ninguno de ellos llegara con vida para entrar en Canaán –salvo Josué y Caleb– sino que quedaron esclavizados espiritualmente por el temor a los gigantes. Recordemos que un gigante llamado Goliat puso en jaque a todo el ejército de Israel. Y nadie, incluido el rey Saúl, se atrevía a enfrentarlo, porque estaban esclavizados por el temor.

193

Yo no sé si usted enfrenta en su vida a algún gigante que lo tiene esclavizado bajo su dominio, así como los israelitas quedaron aterrorizados frente a los gigantes y las ciudades amuralladas, pues les parecieron invencibles, y tuvieron miedo de dominarlos. Hasta que apareció un libertador, alguien que miraba los gigantes de una manera distinta, y dijo: "Tomaré esa montaña, ¡y echaré los gigantes de allí!"

Este no era un joven pastor como David cuando enfrentó a Goliat, este era un "anciano" de ochenta y cinco años llamado Caleb. Él no estaba midiendo el tamaño de los gigantes con la dimensión de sus posibilidades, sino que medía el problema con el tamaño de su Dios.

Caleb sabía cuán grande era su Dios. Fue sin duda la actitud de Caleb frente a los gigantes, y su profunda fe y confianza en la fidelidad de Dios, lo que hizo que liberara la montaña de los gigantes para que la habitara con toda su familia (Josué 14:6-15). Pero al mismo tiempo, también todo Israel fue liberado de la esclavitud espiritual en la que habían vivido desde que se negaron a entrar en la Tierra Prometida por temor a los gigantes.

Esos gigantes que habían hecho volver al desierto y salir corriendo a sus padres, ahora estaban vencidos por el poder sobrenatural de Dios. De la misma forma, Jesucristo ha venido a nuestras vidas para salvarnos y liberarnos de cualquier atadura espiritual. Él vino a deshacer las obras del diablo en nuestras vidas. La liberación espiritual es una realidad consumada por Cristo en la cruz, y está disponible para todos los creyentes que, como Caleb, se animan a aplicarla por la fe en nuestro Libertador Jesucristo.

Liberación bíblica

Inmediatamente después que Adán y Eva, por una decisión de su propia voluntad permitieron en desobediencia a Dios que el pecado entrara a sus vidas, cayeron bajo la esclavizante dictadura de *"la serpiente antigua, que se llama diablo y Satanás"* (Apocalipsis 12:9).

Dios le había advertido a Adán: *"Del árbol de la ciencia del bien y del mal no comerás; porque el día que de él comieres, ciertamente morirás"* (Génesis 2:17). Al pecar, nuestros primeros padres quedaron ligados a una esclavitud que no solo se limitaba a la pérdida de la libertad moral y espiritual con la que habían sido creados, sino que alcanzaba a sus cuerpos que quedaban expuestos a cualquier tipo de males, calamidades, penurias, enfermedades y hasta la misma muerte, física y espiritual, porque fueron eternamente separados de la comunión con Dios.

Pero Dios en su gran amor y misericordia no abandonó al hombre en su error, y prometió que a través de la descendencia humana enviaría un libertador, que asestaría un golpe de muerte al diablo y proveería el camino a toda la raza humana para rescatarla de la esclavitud eterna. Ningún ser humano podría encontrar la salvación fuera de Dios ni de su perfecta justicia.

Dice Génesis 3:14-15: *"Y Jehová Dios dijo a la serpiente: (...) pondré enemistad entre ti y la mujer, y entre tu simiente y la simiente suya; esta te herirá en la cabeza, y tu le herirás en el calcañar".* Esto da a entender que la herida que recibirá el Libertador enviado por Dios, sería leve, pero la herida del diablo sobre su cabeza sería mortal.

En el Nuevo Testamento, en Lucas 4:18-19, se cumple la promesa de Dios y el Libertador está listo para enfrentar al mismo diablo y deshacer todo vínculo de maldición esclavizante sobre la raza humana. Jesús dijo de sí mismo: *"El Espíritu del Señor está sobre mí, por cuanto me ha ungido para dar buenas nuevas a los pobres; me ha enviado a sanar a los quebrantados de corazón; a pregonar libertad a los cautivos, y vista a los ciegos; a poner en libertad a los oprimidos; a predicar el año agradable del Señor".*

195

Aquí encontramos algo significativo en las acciones del Libertador: dice que vino a anunciar la salvación, a sanar y a poner en libertad a los cautivos y oprimidos del diablo. La palabra *sanar* fue traducida del griego *iaomai*, que tiene dos sentidos: el primero en el sentido literal de sanar por medio de algún tratamiento aplicado a un enfermo. El segundo abarca la sanidad espiritual, y este es el sentido de la acción del Libertador: sanar a la raza humana de la enfermedad espiritual que la llevaba irremediablemente a la muerte eterna.

Ahora Jesús traía sanidad para todo aquel que estuviera decidido a recibirla, y así cada quien podría recuperar la salud espiritual que es la vida eterna con Dios, como así también la salud física.

Cuando Jesús se acercó al enfermo que estaba postrado junto al estanque de Betesda, le preguntó: *"¿Quieres ser sano?"* Y dice la Biblia que con el consentimiento del hombre fue sanado al instante, y comenzó a caminar. Después lo halló Jesús en el templo, y le dijo: *"Mira, has sido sanado; no peques más, para que no te venga alguna cosa peor"* (Juan 5:2-15). Le dio a entender que no solo había recibido sanidad física, sino la liberación espiritual de sus pecados, la que debía cuidar diligentemente.

Continuemos con el texto de Lucas 4:18: dice que Jesús vino a anunciar libertad a los cautivos, y *"a poner en libertad a los oprimidos"*. La palabra libertad fue traducida del griego *aphesis*, que también significa "remisión, perdón y despedir algo para siempre". Esta liberación está referida a que el pecador queda exonerado de la pena que Dios había impuesto en el jardín del Edén, pena justa, que era la muerte eterna separado de Dios. Esta pena alcanzaba tanto a Adán como a toda la descendencia humana.

El libertador venía como sustituto de la raza humana condenada, y por eso fue llamado el "segundo Adán". Venía para pagar el precio del rescate, lo que eliminaría la causa del delito para siempre. Hay una asociación entre el sacrificio de Jesús y el perdón de Dios: Jesús es el libertador de la esclavitud espiritual, es el mensajero de la liberación y al mismo tiempo se constituye en el contenido del mensaje como Libertador, que consumó la eliminación total de la condena en la cruz, por el misericordioso perdón dado por Dios.

La salvación bíblica

En el pasaje de Lucas 2:11 nos encontramos con un ángel de Dios que se presenta a unos pastores de Belén, y les anuncia el gran acontecimiento que había ocurrido y que era para todo el pueblo. Así les dijo el ángel: *"Que os ha nacido hoy, (...) un Salvador, que es Cristo el Señor"*.

Aquí la palabra Salvador es traducida del griego *soter*. Y tiene como sinónimos libertador y preservador.

En la Biblia se usa esta palabra en el sentido de preservador para la existencia humana, y para que todos puedan reencontrase con el Señor, tal como lo expresa Hechos 17:24-28, donde dice que *"Dios que hizo el mundo y todas las cosas que en él hay, siendo Señor del cielo y de la tierra, (...) pues él es quien da a todos vida y aliento y todas las cosas. Y de una sangre ha hecho todo el linaje de los hombres, para que habiten sobre la faz de la tierra, y les ha prefijado el orden de los tiempos, y los límites de su habitación; para que busquen a Dios".*

La misma palabra se aplica a Cristo en las definiciones como el Salvador y Libertador de toda la humanidad, como lo vimos en Lucas 2:17.

La palabra griega que en el Nuevo Testamento se traduce como "liberación", es *soteria*, y también ha sido traducida como "salvación", o "preservación". Esta palabra contiene un triple significado que incluye la liberación, la preservación y la salvación del alma humana.

En Lucas 1:71 está implícita la preservación como liberación material y temporal de peligros y aprehensión de conflictos. Dice el texto: *"Salvación de nuestros enemigos, y de la mano de todos los que nos aborrecieron".* Y en Filipenses 1:19 dice: *"Porque sé que por vuestra oración y la suministración del Espíritu de Jesucristo, esto resultará en mi liberación".*

En cambio, en Romanos 1:16 expresa la idea de salvación como liberación espiritual y eterna. Dice el texto: *"Porque no me avergüenzo del evangelio, porque es poder de Dios para salvación a todo aquel que cree".* Y en Hechos 4:12 dice: *"Y en ningún otro hay salvación; porque no hay otro nombre bajo el cielo, dado a los hombres, en que podamos ser salvos".*

En Filipenses 2:12 se presenta la salvación como la liberación de la servidumbre del pecado. Dice el texto: *"...ocupaos en vuestra salvación con temor y temblor".* Y en Hechos 7:25 dice: *"Pero él pensaba que sus hermanos comprendían que Dios les daría libertad por mano suya; mas ellos no lo habían entendido así".*

En todos estos versículos, las palabras salvación, salvos, liberación y libertad fueron traducidas de la misma palabra griega *soteria*.

Si bien los traductores de las Escrituras debieron elegir entre los tres posibles significados, en la mayoría de los casos la elección se inclinó por la palabra "salvación", pero esto no limita la connotación inclusiva de "liberación" y "preservación", lo que nos ayuda a entender el fundamento bíblico que contiene la esencia de la palabra soteria.

En los últimos tiempos algunos movimientos cristianos han relacionado la liberación espiritual en forma exclusiva con la guerra espiritual y a la lucha con los demonios. Y han creado una psicosis de relacionar

197

la mayoría de los problemas espirituales con la actividad demoníaca, lo que impide a muchos obtener la verdadera liberación espiritual, especialmente de aquellos pecados ocultos que necesitan ser confesados para que el pecador recupere su salud espiritual.

También, en sentido contrario, hay otros movimientos cristianos que niegan rotundamente la existencia de la guerra espiritual contra las huestes satánicas, lo que es muy peligroso, porque los hace vulnerables a cualquier ataque espiritual del mundo de las tinieblas, e impide que obtengan la liberación espiritual conque Jesucristo nos libertó.

El maestro y evangelista Frank Marzullo escribió en su libro *Llaves para Ministrar Liberación y Sanidad* (publicado en castellano en el año 1984), en el capítulo 3, y bajo el título: *Lucha espiritual*, lo siguiente: "Para evitar que el ministerio se desequilibre, debemos tener en cuenta que solo aproximadamente el 10% de los problemas que encontramos eran de naturaleza demoníaca. El resto, o sea el 90%, tenían otras causas".

Yo personalmente, en principio había coincidido con esta evaluación de Marzullo, dado que durante más de diez años tuve el privilegio de dirigir el Centro de Consejería telefónica del ministerio de la Cadena Cristiana de Difusión, (perteneciente a su fundador el Rvdo. Pat Robertson, de Virginia Beach, EE.UU., con quien me he relacionado fraternalmente a través de estos últimos años, y tuve el privilegio de invitarlo como orador a la Argentina, para la convención de pastores de la Confraternidad Evangélica Pentecostal en 1992.

Él continúa cumpliendo fielmente el llamado de llevar el evangelio del Señor Jesucristo por medio de la televisión a todo el mundo. El programa televisivo es conocido por el nombre de "Club 700". Esta responsabilidad la continúo manteniendo hasta la fecha, como el Director Nacional para la República Argentina.

Desde el centro de Buenos Aires que estaba a cargo del Rvdo. Daniel Curra, que además era el Sub-Director Nacional, y junto a los Directores de: Rosario, bajo la responsabilidad del Rvdo. Juan Herrera; en Córdoba, del Rvdo. Juan Mazalika; en Mendoza, del Rvdo. Roberto Prieto y en Tucumán, del Rvdo. Alfredo Samaniego, fueron atendidas y ministradas telefónicamente más de 500.000 personas, a través de los diez años que duró la emisión diaria del programa, trasmitido por uno de los principales canales abiertos de TV de Buenos Aires y los más importantes de cada provincia.

Teníamos un equipo de sesenta consejeros espirituales en Buenos Aires y otros tantos en el resto de las provincias mencionadas, todos creyentes de distintas iglesias, que habían sido instruidos y preparados para dar el consejo de Dios y atender las necesidades espirituales de los televidentes.

Pudimos comprobar en los primeros tres años, por medio de las estadísticas de los casos presentados, que apenas el 14% fueron problemas de naturaleza demoníaca. El resto, en su mayoría, se relacionaban con problemas de pecados de la carne. Sin embargo, en los años siguientes los problemas de influencia demoníaca fueron acrecentándose año tras año hasta alcanzar más del 50%.

En coincidencia con la campaña evangelística que estaba llevando a cabo Carlos Annacondia en las principales ciudades de la Argentina y de otros países de Latinoamérica, en donde se manifestaban gran cantidad de casos de influencia demoníaca en los asistentes a las reuniones.

Este programa televisivo que se emitía a todo el país, fue uno de los medios que usó el Señor para traer una visitación especial de Dios y un gran despertar espiritual sobre la Argentina durante la década de 1990. En los Centros de Consejería se registraron más de 120.000 decisiones de salvación en el Señor Jesucristo.

Tres objetos de liberación

Según la Biblia, por medio de Cristo recibimos una triple liberación:

• La liberación del pecado que nos condenaba a una muerte eterna separados de Dios.

• La liberación de la ley del pecado que rige la naturaleza humana y que inclina los deseos naturales y las acciones hacia el pecado.

• La liberación de las potestades espirituales de maldad que tratan de esclavizar las almas, e inducen las conductas hacia el mal, oprimiendo y, en algunos casos, controlando las mismas vidas a través de la posesión demoníaca.

En Juan 8:32, 36, el texto dice que recibimos liberación del pecado

199

por el conocimiento de la verdad de Dios y del sacrificio expiatorio de su Hijo: *"Y conoceréis la verdad, y la verdad os hará libres (...) Así que, si el Hijo os libertare, seréis verdaderamente libres".*

Romanos 8:2 revela que recibimos liberación de la ley del pecado por medio de la nueva ley de Cristo, que anula la anterior, y que dice: *"Porque la ley del Espíritu de vida en Cristo Jesús, me ha librado de la ley del pecado y de la muerte".*

Colosenses 1:13 descubre que recibimos liberación de los espíritus malignos a través del cambio de posición espiritual otorgada por Cristo a todos los creyentes, y que dice: *"El cual nos ha librado de las potestades de las tinieblas, y trasladado al reino de su amado Hijo".*

En Juan 8:32, 36 las palabras *"libres"* y *"libertare"* fueron traducidas del adjetivo griego *eleutheros* y del verbo *eleutheroö*. Estas palabras tienen el significado general de tener la libertad de ir a donde uno le plazca. Específicamente, el de vivir libres de todo tipo de servidumbre o esclavitud, en nuestro caso libres o desligados de la condena del pecado y de sus efectos.

En Romanos 8:2 el verbo librado fue traducido también del griego *ekeutheroö*. Pero esta misma palabra tiene un segundo significado, y es que en el orden civil está referido a quedar libre de cualquier tipo de restricción u obligación legal. En este caso, es quedar libre de la ley del pecado con respecto a la justicia de Dios.

En Colosenses 1:13 el verbo librado fue traducido del griego *rhouomaek*, que significa rescatar, que en nuestro caso significa que somos rescatados de la esclavitud de los espíritus malignos.

La etimología de cada palabra nos ayuda a comprender el significado completo de la liberación total que Dios obró en nuestras vidas, y fundamentalmente para llevar este conocimiento a un uso práctico en nuestro diario vivir. Y en especial para ayudar a otros a vivir en la libertad que Cristo otorga a cada hijo o hija de Dios, a partir del mismo momento de la salvación.

La liberación del pecado

Considero de suma importancia el formularnos algunas preguntas sobre la esencia de la liberación del pecado, tales como: ¿Por qué un pecador tiene que nacer de nuevo? ¿Por qué tiene que nacer del reino celestial? ¿Por qué debe producirse una regeneración en el espíritu humano?

La Biblia nos responde y nos dice que es porque todo ser humano nace en el mundo como un espíritu caído, y un espíritu caído necesita nacer de nuevo para lograr la comunión perdida con su Creador y Señor. Debe recuperar la condición perdida por Adán y Eva en la caída espiritual ocurrida en el Edén.

Del mismo modo que Satanás es un espíritu caído, también lo es el ser humano, con la diferencia que este tiene un cuerpo físico.

Antes de la caída de Adán y Eva se había producido la caída de Satanás, de modo que podemos comprender sobre nuestro estado "caído" a partir de la caída de este.

Satanás fue creado como un espíritu con libre albedrío, con libre voluntad de elección para que pudiera tener relación directa con Dios, pero después de servir a Dios como un ángel superior, eligió un día rebelarse contra su Creador. Entonces, caído de la gracia divina, pasó a ser la cabeza de los poderes de las tinieblas.

Por lo tanto, se encuentra separado de la comunión con Dios y de todas sus divinas virtudes. Su caída dio fin a su relación debida y apropiada con Dios, y su existencia está ahora asignada por el más acérrimo antagonismo hacia su Creador y Señor.

Satanás, el enemigo de Dios

La palabra Satanás es traducido de una forma griega que deriva del arameo *Satán,* que significa "un adversario". También se lo llama diablo, traducido del griego *diabolos,* que significa un acusador, un calumniador.

La Biblia abunda en declaraciones relacionadas con la existencia y personalidad de Satanás (1 Pedro 5:8; Mateo 12:24-30; Job 1:7; 2:2, entre otros).

En las Escrituras pueden encontrarse un total de ciento setenta y cuatro citas donde se incluye a Satanás, pero ninguna de ellas revela con claridad detalles sobre su origen.

Sin embargo, podemos deducir que por ser una creación de Dios, no puede haber existido eternamente (Colosenses 1:16), ni pudo haber sido creado malo desde un principio por la santa mano de Dios (Génesis 1:31). Por lo tanto, hubo un momento cuando se tornó en un ángel del mal.

Lucas 10:18 nos da el testimonio de Cristo de haber estado presente en su caída, y Juan 8:44 parece implicar que antes de la caída llevaba una vida de rectitud, pues el texto dice: *"Y no permaneció en la verdad".*

Podemos identificar la figura de Satanás en la descripción del depuesto querubín de Ezequiel 28:12-19, como el diablo que toma posesión de esta Tierra.

Este pasaje de Ezequiel y el de Isaías 14:12-14 son considerados por muchos eruditos y comentaristas bíblicos, como la descripción de la caída de Satanás, a partir de su primera posición al lado de Dios como ángel de luz, hasta su rebelión y su póstuma posición como ángel de las tinieblas.

La causa de la caída, como podemos verificarlo en los dos pasajes citados, fue el orgullo entre su maravillosa belleza y su ascendida posición como querubín de Dios, que despertaron en él la codicia de ser como el Altísimo (véase también 1 Timoteo 3:6).

Esto tuvo lugar antes de la restauración de la presente Tierra; porque al principio de la creación, Satanás entró a la Tierra con sus malignos poderes, como podemos comprobar en Génesis 3:1-5.

Algunos eruditos bíblicos creen que su caída y la de los ángeles que se rebelaron con él, fue el resultado de la gran ira divina que vino sobre la Tierra original y que la redujo al estado ruinoso que se describe en Génesis 1:2, donde dice que *"La tierra estaba desordenada y vacía, y las tinieblas estaban sobre la faz del abismo"*.

Esto, por cierto, implicaría que Satanás y sus ángeles eran los habitantes o gobernadores de la Tierra original, (véase Ezequiel 28:13). Aunque Satanás inmediatamente después de pecar fue depuesto de su posición como querubín de Dios; sin embargo, conservó algunos de los poderes sobrenaturales, pero bajo los límites establecidos por Dios. Estos le posibilitan actuar y moverse en las regiones celestiales, como lo expresa el pasaje de Job 1:6-7 que dice: *"Un día vinieron a presentarse delante del Señor los hijos de Dios, entre los cuales vino también Satanás. Y dijo el Señor a Satanás: ¿De dónde vienes? Respondiendo Satanás al Señor, dijo: De rodear la tierra y de andar por ella"*. (Ver también Judas 9 y Apocalipsis 12:10).

Las relaciones de Satanás con la presente Tierra están descriptas en pasajes tales como Lucas 4:5-6, donde se hace alusión a la potestad que el diablo tiene sobre los reinos de la Tierra.

En Efesios 2:2 es mencionado como el príncipe de la potestad del aire y que opera sobre los desobedientes a Dios. En 2 Corintios 4:4 se lo presenta como el *"dios de este siglo"* que ciega el entendimiento de los incrédulos para que no reciban la luz del evangelio de Jesucristo.

Satanás encabeza un reino de oscuridad que está en contra del reino de Dios y de Cristo (Hechos 16:18; Colosenses 1:3), y también tiene dominio sobre la muerte (Hebreos 2:14), aunque la anulación del poder de Satanás y su control sobre esta Tierra y del Hades, fue obtenido por Cristo en la cruz del Calvario (Juan 12:31). Sin embargo, será totalmente efectivo cuando se cumplan los siguientes eventos profetizados en la Biblia:

1. Habrá una guerra en los cielos al término de la "gran tribulación" en la Tierra, que finalizará con la expulsión de Satanás, que será aprisionado por mil años, mientras la Tierra quedará libre de su nefasta influencia, durante el reinado milenial de Cristo (Apocalipsis 12:7-9).

2. Satanás será soltado de la prisión, después de los mil años saldrá otra vez a engañar a las naciones, y formará un ejército rebelde, pero descenderá fuego del cielo y los consumirá (Apocalipsis 20:7-9).

3. El destino final de Satanás y su ejército de demonios será el lago de fuego, donde ya estaban la bestia y el falso profeta sufriendo el castigo eterno; y se cumplirá en el final de los tiempos de Dios (Apocalipsis 20:10).

El adversario vencido

En el Nuevo Testamento la mención de Satanás siempre está ligada para referirlo como el adversario de Dios y de Cristo, de la Iglesia y los creyentes, y de toda la humanidad. Dice 1 Pedro 5:8-9: *"Vuestro adversario, el diablo, como león rugiente, anda alrededor buscando a quien devorar; al cual resistid firmes en la fe".*

Esta comparación del diablo con un león rugiente fue escrita en tiempos en que los romanos se entretenían con uno de los más aberrantes espectáculos que pueda concebir la mente humana: llevaban a esclavos o prisioneros sobre la arena del coliseo colmado de público, y luego soltaban leones hambrientos, que en la mayoría de los casos despedazaban a las indefensas víctimas. Cuando las víctimas eran llevadas sobre la arena, *ex profeso* se las dejaba solas durante un lapso para que los espectadores pudiesen percibir el terror que padecían mientras escuchaban los rugidos de los leones, antes de ser soltados. En contraste, los espectadores no sentían ningún temor, porque estaban protegidos por un muro que impedía que los leones pudiesen llegar a las tribunas para caer sobre ellos.

Hoy los cristianos enfrentamos a un adversario que ha sido vencido en la cruz por Cristo, que lo despojó de toda su potencia dominadora, aunque todavía está vivo y lanza sus feroces rugidos para intimidar a los creyentes desprevenidos o descuidados en sus deberes cristianos, para devorarlos o esclavizarlos espiritualmente.

Ningún creyente obediente al Señor y a su Palabra debe tener temor del adversario, porque al igual que los leones que se exhiben en los zoológicos detrás de jaulas o en fosas de seguridad, los visitantes puedan observarlos sin ningún peligro.

De la misma forma, Cristo es nuestra perfecta protección contra los ataques de Satanás. De manera que los barrotes o el muro que protege de los leones a los espectadores en el zoológico divide dos sectores: uno es el territorio de los leones y el otro el lugar de los espectadores. Así como Cristo delimitó el territorio de la bendición y de la maldición de acuerdo al lugar en que andemos, pues si transitamos en la carne estaremos desprotegidos en el área de la maldición y el adversario podrá "devorarnos" o esclavizarnos espiritualmente.

Tal como lo dice Romanos 8:1, 6: *"Ninguna condenación hay para los que están en Cristo Jesús, los que no andan conforme a la carne, sino conforme al Espíritu (...) Porque el ocuparse de la carne es muerte, pero ocuparse del Espíritu es vida y paz"*. En cambio, andar en el Espíritu es vivir en la tierra de la bendición y de completa seguridad en Cristo Jesús.

¿Qué sucede cuando un creyente peca? De hecho, desaparecen las barras o el muro de protección y el pecador se encuentra desprotegido y cara a cara con el león rugiente que amenaza devorarlo. En esos momentos el adversario lo inmoviliza y lo pone en esclavitud, y el pecador cree que ya no tiene salida, su conciencia está bajo la acusación del diablo y se ve perdido.

Recordemos que cuando los israelitas le robaron en los diezmos y ofrendas a Dios, cayeron en las garras del "devorador" (Malaquías 3: 7-11) y perdieron el fruto de sus cosechas y hasta la fertilidad de sus viñas. Cuando el pecador cae en las fauces del devorador, queda a su merced y comienza a obedecer la instigación de satisfacer los deseos de la carne y se hace prisionero de la maldición. Es bueno preguntarnos: ¿Dónde está Dios en esa situación? La respuesta es simple: Dios está junto al pecador, aunque no puede obrar porque el pecador ha caído en la esclavitud del temor del diablo y está a merced de los placeres de la carne.

Dios continúa esperando que el pecador se arrepienta de sus malos caminos y se vuelva a Él. Pero a cada intento del pecador para

205

arrepentirse el león rugirá enfurecido, para que el pecador fortalezca su mal hábito. Sin embargo, el creyente pecador todavía no ha perdido su fe, y por medio de la fe en Dios puede recuperarse y enfrentar sin temor al adversario. Entonces ocurrirá un milagro como el que protagonizó Daniel cuando fue echado en el foso de los leones hambrientos, en el que ninguno de ellos lo tocó, y salvó su vida.

Y no fue porque los leones no estuvieran hambrientos, porque cuando fueron lanzados al foso los acusadores de Daniel, ninguno de ellos salvó su vida: todos fueron devorados. De la misma forma, cuando el león rugiente abra su boca para devorar al creyente arrepentido, y cuando amenace con sus garras para saltar sobre él, quedará inmovilizado, porque fue vencido en la cruz del Calvario por Cristo, y despojado de su poder devorador y esclavizador sobre los verdaderos hijos e hijas de Dios.

Cuando el pecador arrepentido descubre la realidad de que el adversario es un enemigo vencido y sin poder, podrá lanzarse a la recuperación del área cedida, para que la fortaleza edificada por el diablo —que forzaba a través del mal hábito a hacer reincidir al pecador— pueda ahora ser demolida. Así se recuperará el terreno cedido al adversario, y el área en cuestión será renovada, la mente sanada y el pecador liberado por el poder de Dios.

Por eso las Escrituras demandan *"resistir firmes en la fe"*, para que ninguna debilidad de nuestra carne permita anular los barrotes o los muros de protección, y facilite al león rugiente avanzar sobre alguna área de nuestra vida si cedemos a la tentación, y le damos así lugar al diablo para volvernos a poner en esclavitud espiritual.

El primer Adán

Cuando los representantes de la raza humana fueron seducidos por Satanás en el jardín del Edén, toda la descendencia fue sumida en la oscuridad. Al quedar separados del Creador, sin la menor posibilidad de restaurar la comunión con Dios, también se perdió la capacidad de gobernar y tener dominio sobre la creación, que era el primer propósito de Dios para la raza humana.

Espiritualmente hablando, el espíritu humano quedó inerte, como dormido o en estado de vegetación, casi muerto. A pesar de todo, así

206

como el espíritu caído de Satanás existe para siempre, así el espíritu humano contaminado por el pecado de Adán y Eva continúa existiendo sin ninguna posibilidad de que el género humano pueda salir de esta situación por sí mismo.

Debido a la naturaleza física del cuerpo humano, esta caída espiritual lo convirtió en un ser carnal, en el que prevalece el instinto animal, en lugar de ser hombres y mujeres espirituales (Génesis 6:3).

No existe en el mundo ninguna religión, ni cultura, ni filosofía, ni técnicas de conducta ética o moral ni ley natural que pueda mejorar el espíritu caído del ser humano, porque se ha degenerado hacia una posición dominada por el instinto carnal, y nada procedente desde esta posición puede devolverle su estado espiritual perdido. Debido a esto es que la regeneración del espíritu humano es absolutamente necesaria.

Entonces podemos comprender que únicamente el Creador puede restaurar la naturaleza espiritual perdida de su creación. Por esto Dios envió a su Hijo para pagar el precio del rescate, precio que ningún ser humano podía pagar en el estado pecaminoso en que se encontraba.

Para satisfacer la justicia de Dios era necesario que un santo sin mancha de pecado sufriera el sacrificio expiatorio, de manera que la sangre derramada por el Hijo de Dios fuera, ante todo, suficiente para Dios, y tuviese el poder sobrenatural para lavar y borrar la herencia del pecado de Adán y Eva en el corazón humano. Y al mismo tiempo reavivar el espíritu dormido, para dar nacimiento a una nueva vida espiritual libre de toda condenación.

La regeneración espiritual

Tan pronto como el pecador cree por fe en el Señor Jesús como su único y suficiente salvador, se produce el nuevo nacimiento espiritual. Dios le provee su propia vida increada, para que el espíritu del pecador, que estaba apagado, como muerto, pueda tener una nueva vida.

La regeneración del pecador ocurre en su espíritu humano; porque la obra de Dios empieza dentro del ser humano, desde el centro mismo de su corazón. Precisamente, al contrario de la obra espiritual satánica, que opera de afuera hacia adentro.

Dios primeramente imparte vida al espíritu de la persona, que está en tinieblas, porque fue el espíritu lo que Dios diseñó para que todos los hombres y mujeres del mundo pudiesen comunicarse con Él, y que por la fe en su Hijo reciban su vida.

El plan de Dios después de que la persona recibe la salvación de su alma es comenzar con su obra santificadora en el espíritu humano, por medio del Espíritu Santo que hace habitación en el creyente en el mismo momento de la salvación, para luego saturar su alma y el cuerpo físico, donde todavía se manifiestan los hábitos de la antigua manera de vivir, que también serán santificados.

Esta regeneración provee al ser humano la apertura de un nuevo espíritu y revigoriza el viejo espíritu, tal como lo dice la Biblia: *"Pondré espíritu nuevo dentro de vosotros"* (Ezequiel 36:26) y *"Lo que es nacido del Espíritu, espíritu es"* (Juan 3:6).

La palabra "espíritu" en estos pasajes, está referida a la vida de Dios recién recibida, puesto que no se trata de lo que poseíamos originalmente; esta vida nueva es concedida por Dios en el momento de nuestra regeneración.

Esta nueva vida o espíritu pertenece a Dios, para que lleguemos a ser participantes de la naturaleza divina y vivamos en santidad práctica, como dice en 2 Pedro 1:4 *"Porque todo el que pertenece al Señor no peca"*, y también en 1 Juan 3:9 dice: *"Todo aquel que es nacido de Dios, no practica el pecado, porque la simiente de Dios permanece en él; y no puede pecar porque es nacido de Dios"*. Pero nuestro espíritu, aunque revigorizado, todavía puede ser manchado por nuevos pecados; por eso necesitamos buscar la santificación práctica en nuestro andar cotidiano. Tal como lo dice 2 Corintios 7:1: *"Así que, amados, puesto que tenemos tales promesas, limpiémonos de toda contaminación de carne y de espíritu, perfeccionando la santidad en el temor de Dios"*.

Cuando la vida de Dios o su Espíritu se aloja en nuestro espíritu humano, este es avivado de su estado de sopor. Por tanto, aunque *"el cuerpo está muerto a causa del pecado, el espíritu vive a causa de la justicia"* (Romanos 8:10).

Lo que heredamos por causa de la trasgresión de Adán fue el

espíritu muerto, mientras que lo que recibimos de Cristo en la regeneración es tanto el espíritu muerto avivado, como el nuevo espíritu que antes no teníamos, y que es la misma vida de Dios. Esto último es algo que Adán nunca recibió.

La vida que recibimos de Dios no es un regalo pasivo que nos asegura solo la vida eterna con Él; la vida de Dios viene con una activa función que cada creyente debe realizar en esta vida. Jesús dijo: *"Y esta es la vida eterna, que te conozcan a ti, el único Dios verdadero, y a Jesucristo, a quien has enviado"* (Juan 17:3).

La vida eterna significa mucho más que un simple futuro de bienaventuranza que hemos de disfrutar los creyentes; es igualmente un tipo de profunda actividad espiritual; sin ella nadie puede conocer, ni mucho menos amar a Dios ni a la persona de Jesús.

Este conocimiento intuitivo del Señor solo nos llega una vez recibida la vida de Dios. Con el germen de la naturaleza de Dios dentro de él, todo ser humano natural puede convertirse en un ser espiritual. El objetivo de Dios en cada persona regenerada es liberarla de todo aquello que pertenece a su vieja creación; porque dentro de su espíritu —ahora regenerado— se encuentran todas las obras de Dios hechas para esta nueva vida en libertad, y que lo aleja para siempre de la vieja esclavitud del pecado.

El nuevo nacimiento espiritual

Una vez producida la regeneración, el espíritu humano es vivificado o renacido por la entrada de la vida de Dios.

El Espíritu Santo es el motor principal en esta tarea, pues es el que *"convence al mundo de pecado, de justicia y de juicio"* (Juan 16:8). El Espíritu Santo es quien predispone el corazón humano para que sea sensibilizado y tenga una apertura para creer en el Señor Jesucristo como Salvador.

Si bien fue Jesucristo quien cumplió la obra de la salvación en la cruz del Calvario, le corresponde al Espíritu Santo aplicar esta obra al corazón humano. Existe así una relación directa entre la cruz de Cristo y su aplicación por el Espíritu Santo.

En la crucifixión se cumple todo, pero el Espíritu Santo administra al ser humano lo que ya se cumplió en la cruz. La crucifixión de Cristo nos garantiza la seguridad y el Espíritu Santo nos proporciona la posibilidad de realizar esta experiencia.

La obra completada por el Señor Jesucristo en la cruz crea una posición enaltecida y logra una liberación que permite que todos los pecadores sean salvados de la perdición eterna. La obra del Espíritu Santo es revelar a los pecadores lo que la muerte del Señor ha creado y conseguido en la crucifixión, de tal manera que todos puedan recibir la salvación.

De hecho, el Espíritu Santo nunca funciona separado de la crucifixión. Sin la obra de la cruz no tendría una base adecuada desde la que operar. Pero a su vez, sin el Espíritu Santo la obra realizada en la cruz sería inefectiva, pues si bien es totalmente efectiva ante Dios, por sí sola no podría lograr ningún efecto sobre los seres humanos.

La muerte del Señor Jesús en la cruz es la que logró toda la obra de la salvación humana, y la obra del Espíritu Santo es intervenir directamente sobre los corazones humanos para que cada uno alcance su liberación.

La Biblia describe la regeneración humana como la obra del Espíritu Santo, tal como lo expresó Jesús: *"Lo que nace del Espíritu, espíritu es"* (Juan 3:6), en referencia a que la persona que es renacida y regenerada espiritualmente es *"todo aquel que es nacido del Espíritu"* (Juan 3:8).

Al mismo tiempo que el Espíritu Santo otorga vida a los creyentes en su nuevo nacimiento, también realiza una labor posterior de permanencia en ellos, tal como lo dice el Señor: *"Os daré un corazón y pondré un espíritu nuevo dentro de vosotros (...) y pondré dentro de vosotros mi Espíritu"* (Ezequiel 36:26-27).

La obra regeneradora del Espíritu Santo de Dios abarca mucho más que convencernos de pecado y llevarnos al arrepentimiento y a la fe de nuestro Señor y Salvador; nos otorga una nueva naturaleza espiritual. La promesa de que el Espíritu Santo habitará dentro de nosotros sigue inmediatamente a la promesa de que se nos dará un nuevo espíritu.

Por medio de la fe y de la obediencia, todo creyente puede experimentar la presencia real y constante del Espíritu, desde el mismo día que su nuevo espíritu es despertado y habilitado para ser habitación de Dios.

La habitación del Espíritu Santo

Ya sabemos que el Espíritu Santo viene a habitar y permanecer en cada creyente por medio del nuevo nacimiento; ahora veamos dónde habita exactamente. En 1 Corintios 3:16 dice: *"¿No sabéis que sois templo de Dios y que el Espíritu de Dios mora en vosotros?"*

En realidad este pasaje busca que cada creyente tome conciencia de que el Espíritu Santo habita dentro de nosotros, tal como Dios habitaba en el antiguo templo de Jerusalén.

El templo simboliza el lugar donde Dios está presente y como descripción general de su morada, pero con precisión era en el Lugar Santísimo donde Dios habitaba realmente. El edificio del templo incluía tres ámbitos específicos para la adoración a Dios, y que junto al Lugar Santo y el Patio Exterior, eran las esferas que armonizaban con la presencia de Dios en el templo antiguo. Podríamos inferir que el Espíritu Santo, que habita ahora en el espíritu humano del creyente, sería la representación del Lugar Santísimo.

Solo el espíritu o corazón regenerado del ser humano es el lugar apropiado como morada de Dios, pues el alma o mente, o el mismo cuerpo físico, son los medios de expresión de las intenciones que se originan en el corazón humano.

El rol del Espíritu Santo es el de un edificador, y Él no puede morar allí donde no ha edificado. El Espíritu Santo edifica para habitar y habita solo donde ha edificado. La unción del Espíritu Santo no puede ser derramada sobre la carne (Éxodo 30:31-32), porque esta incluye todo lo que el hombre tenía o era antes de la regeneración. Como tampoco puede habitar en el espíritu de una persona no regenerada, ni en la mente ni en las emociones, ni en la voluntad de su alma ni en la carne de su cuerpo.

Así como la unción no puede ser derramada sobre la carne, tampoco el Espíritu Santo habita en la carne. Lo único que tiene con la carne es luchar contra los deseos que impulsa, que siempre son contrarios a Dios (Gálatas 5:17).

Cuando el espíritu humano es regenerado y libertado del pecado, posibilita que el Espíritu Santo pueda morar en él. Únicamente de esta forma somos capaces de reconocer cuál es la auténtica vida espiritual.

Ciertamente, ningún ser humano en estado natural puede descubrirla, ni discernirla en los muchos pensamientos o visiones que le provea su mente, ni tampoco podrá alcanzarla en los más ardientes sentimientos de sus emociones, como tampoco puede alcanzarla en lo penetrante, convulsivo y estimulante de las fuerzas exteriores que actúan sobre los instintos carnales.

Solo la encontraremos en la vida que emana del espíritu renacido, de lo más profundo del corazón humano. Es en el espíritu humano donde todo creyente obra juntamente con Dios.

La carta a los Romanos 8:16 dice: *"El Espíritu mismo da juntamente testimonio a nuestro espíritu, de que somos hijos de Dios"*. Todo espíritu humano que ha sido regenerado, se transformó en templo y habitación de Dios, pues quien habita el corazón de cada creyente es Dios el Espíritu Santo. Y los dos, el espíritu humano regenerado y el Espíritu Santo dan testimonio juntamente de la paternidad de Dios.

Sin embargo, debemos aclarar que un creyente cuyo espíritu ha sido regenerado y dentro del que mora el Espíritu Santo, no significa que sea una garantía de santidad, porque todavía puede obrar carnalmente, dado que el libre albedrío puede hacer que su espíritu humano ceda bajo la opresión de los deseos egoístas de su alma o de su misma carne.

La fe en el Señor Jesucristo nos convierte en creyentes regenerados, pero no es garantía de que el creyente se transforme automáticamente en un santo de Dios. Será la obediencia al Espíritu Santo lo que nos convierta en creyentes espirituales y dejemos así de obrar como creyentes carnales.

Dios nos otorga la salvación del pecado, la liberación de la esclavitud del poder satánico del mal en el reino invisible y la liberación de los deseos egoístas de la carne. Pero si el cristiano creyente limita la obra redentora de Dios y sigue los instintos carnales, no podrá alcanzar el propósito liberador de Dios.

Hay tres pasos para alcanzar la liberación y no podemos omitir ninguno de ellos: después de la liberación del pecado por medio de la salvación, y de ser liberados de la ley del pecado que esclaviza el alma humana, luego hay que enfrentar al enemigo sobrenatural, que asedia a los creyentes y que busca seducirlos para mantenerlos en esclavitud. Solo así la triple liberación del Señor Jesucristo será realmente completa en la vida de cada creyente.

Capítulo 18

Liberación de
la ley del pecado

L a palabra de Dios no nos dice que hemos de vencer el pecado sino que, por el contrario, que hemos de ser liberados del pecado; porque el pecado es un poder sobrenatural que domina a la gente. Como hijos e hijas de Dios hemos de ser liberados de su dominio, aunque no vamos a destruir su poder. En realidad jamás podremos destruirlo, sino que hemos de permitir que el Señor Jesucristo nos aparte del mismo.

En la carta a los Romanos 7:15-25, el autor descubre que todos los esfuerzos de su voluntad de obrar bien, no le dan ningún resultado. Es más: termina por ser vencido por el pecado, pues obra el mal. La razón es porque el pecado es una ley, y debido a que el pecado es una ley, la fuerza de la voluntad es inútil. La voluntad es el poder interior del ser humano, mientras que la ley es un poder natural.

Todas las leyes naturales que rigen el mundo, como por ejemplo la ley de gravedad, actúan irremisiblemente y siempre de la misma forma. Si tiramos una piedra hacia arriba, siempre caerá, nunca quedará suspendida en el aire. Entonces nos damos cuenta de que no solo hay una fuerza de gravedad que actúa sobre la Tierra, sino que también hay una ley de gravedad.

Una ley significa que siempre va a actuar de la misma forma, sin excepciones. Si algo se repite siempre infaliblemente, entonces es considerado una ley natural.

La ley natural

El término ley implica algo que deriva de la naturaleza de las cosas y que no puede modificarse por sí misma. Cada ley tiene su poder natural, algo que el esfuerzo humano no puede cambiar, ni producir ni vencer.

Al principio, el autor de la carta a los Romanos no lo sabía; solo después de pecar repetidamente, y aunque no desea pecar, descubre que hay un poder en su cuerpo que lo inclina siempre hacia el pecado. Había intentado obrar bien, pensaba que su voluntad vencería el pecado, pero descubrió que con la fuerza de voluntad no podía vencerlo.

Si el creyente considera que puede vencer la tentación al pecado por medio de una conducta recta, hará todos los esfuerzos en fortalecer los ejercicios espirituales. Sin duda orará más, hará ayunos, tratará de resistir y memorizará textos bíblicos para vencer la próxima vez que se presente la tentación, pero será inútil.

Porque la fuerza de la voluntad no podrá jamás vencer el poder de una ley natural. Y esto continuará, derrota tras derrota, hasta que se someta a Dios y confiese que es totalmente impotente en la lucha contra el pecado que lo asedia, y llegue al punto de no intentar nada más por sí mismo. *Super Importante*

Y entonces allí estará a las puertas de encontrar la verdadera liberación de la ley. Dice la Biblia: *"Ahora, pues, ninguna condenación hay para los que están en Cristo Jesús"* (Romanos 8:1); esta sentencia garantiza que ya no estamos condenados, porque el Señor Jesucristo nos ha liberado.

Como lo expresa Romanos 8:2: *"Porque la ley del Espíritu de vida en Cristo Jesús me ha liberado de la ley del pecado y de la muerte"*. El aprender la lección de que el pecado y la muerte son una ley, puede llevar años de derrotas espirituales si insistimos en solucionarlo por nuestra propia cuenta. Pero al descubrir que el Espíritu de vida es una ley, entenderemos que solo una ley superior puede triunfar sobre otra ley.

No cabe duda de que la ley del pecado y de la muerte está todavía en vigor, pero los creyentes tenemos otra ley para ser liberados de su vigor.

La fuerza de gravedad actúa sobre todos los objetos sólidos que están sobre la Tierra, adhiriéndolos al piso, pero el Señor Jesucristo ascendió al cielo con su cuerpo resucitado; venció a la ley de gravedad que no pudo retenerlo, porque el cuerpo de Jesús era un cuerpo resucitado en forma sobrenatural, que ya había vencido la ley de la muerte.

Y el poder sobrenatural de la resurrección estaba regido por le ley del espíritu de vida, una ley superior a la ley natural de la muerte y de la gravedad.

La ley del espíritu de vida está en Cristo Jesús. Como todos los creyentes también estamos en Cristo Jesús; por lo tanto, por medio de esta ley somos libres del dominio de la ley del pecado y de la muerte.

Sabemos que ningún ser humano puede liberarse por medio del ejercicio de su propia voluntad. Cuando, como creyentes, usamos nuestra fuerza de voluntad para vencer el pecado que nos asedia, impedimos que la ley del Espíritu de vida actúe y básicamente dejamos de confiar en la manera en que Dios libera.

Todo creyente tiene que esperar hasta el día de su sometimiento total a Dios, y confesar que está totalmente deshecho. Cuando un creyente no encuentra el camino de la liberación del pecado, pero todavía piensa que puede encontrarlo, se valdrá de su poder de voluntad e indefectiblemente fracasará.

Pero cuando reconoce que no le queda ningún camino hacia la liberación del pecado y en la certeza de que no va a encontrar el rumbo por sí mismo, y deja de usar su fuerza de voluntad para luchar, entonces hallará el camino para obtener la verdadera liberación.

Por esto dice Romanos 8:6-10, que *"el ocuparse de la carne es muerte, pero el ocuparse del Espíritu es vida y paz (...) si Cristo está en vosotros, el cuerpo en verdad está muerto a causa del pecado, más el espíritu vive a causa de la justicia".*

El problema se agudiza cuando el creyente trata de enfrentar la ley con la fuerza de su voluntad, y vuelve una y otra vez a caer vencido por la tentación al mal, debido a que no se da cuenta de que el pecado es una ley, y que la voluntad humana no puede vencer ninguna ley natural.

217

El capítulo 7 de Romanos dice que es inútil batallar, pues ¿qué ser humano tiene el poder para vencer una ley natural? Ninguno.

La ley del espíritu de vida

gracias Jesús

Muchos cristianos han comprendido que el Espíritu de vida los libra del pecado y de la muerte, como dice Romanos 8:2. Sin embargo, continúan batallando contra el pecado, como dice el autor de dicha carta en el capítulo 7. Es porque no han entendido que es únicamente la ley del Espíritu de vida la que puede librarnos de la ley del pecado y de la muerte. Solo una ley más poderosa puede vencer una ley menos fuerte. Entonces así podremos recibir la liberación de la ley del pecado y de la muerte que esclavizaba nuestra vieja creación.

Si bien la ley de la gravedad es una ley fija, sin embargo, cuando llenamos un globo con gas hidrógeno, no queda apoyado en la Tierra, pues si lo soltamos comienza a ascender, porque el hidrógeno es un gas más liviano que el oxígeno que está en el aire. Y porque otro factor interviene: es la fuerza ascencional que permite que las cosas más livianas asciendan y venzan la fuerza de gravedad.

Que el globo vaya hacia arriba no implica que se haya necesitado de una fuerza externa para impulsarlo; solo se lo dejó libre, sin amarras, y vemos que automáticamente sube.

Una ley contrarresta los efectos de otra ley, esto ocurre sin esfuerzo. De manera similar, la ley del Espíritu de vida anula la acción de la ley del pecado. Esto sucede cuando dejamos de obedecer los deseos de la carne y nos negamos a usar nuestra propia voluntad, para permitir que la voluntad de Dios sea soberana en todas las decisiones de nuestra vida.

Lo importante es comprender la tentación al pecado como una ley, porque esto nos ayudará a tomar la decisión de no combatir el pecado con nuestra propia fuerza de voluntad.

Cuando el Espíritu de vida nos dio una nueva vida, recibimos la vida de Dios por medio de Jesucristo. Significa sencillamente que el Espíritu Santo en nosotros también es una ley. Si permitimos que esta ley opere, quedamos liberados de manera natural de la ley del pecado y de la muerte.

Cuando esta ley nos libera de la otra ley, no consume nada de nuestras fuerzas; solo necesitamos rendirnos en sumisión obediente al Señor y sus mandamientos.

Acaso ¿hace falta que alguien ore para que la fuerza de la gravedad amarre las cosas a la Tierra? No, usted sabe que no hace falta orar, porque la Tierra lo hace de manera espontánea por medio de la ley natural.

Todo lo que se requiere es dejar suelto cualquier objeto sólido, y al retirar la mano, automáticamente caerá al suelo.

Si la fuerza de voluntad del creyente está activada y batalla contra la tentación al pecado, y no hay ninguna interferencia, si rinde su voluntad en sumisión a Dios y a sus mandamientos, entonces la ley del Espíritu de vida entra en acción y se produce la liberación de la ley del pecado y de la muerte.

Para ser liberados del pecado, debemos aprender que el Espíritu Santo en nosotros no necesita la ayuda de nuestros propios esfuerzos para combatir las tentaciones del pecado.

Así como el ejemplo de soltar las amarras del globo para que este ascienda, al vencer la ley de gravedad, de la misma forma tenemos que soltar nuestra voluntad en sumisión a la voluntad de Dios, para que el Espíritu del Señor en nosotros obre igual a una ley, como la ley del Espíritu de vida, que vence la ley del pecado, y nos eleva hacia una vida de santidad práctica.

El dominio propio

Existe en algunos creyentes un concepto erróneo sobre la función "controladora" del Espíritu Santo sobre los actos de la vida del cristiano. Creen que este control es ejercido por el Espíritu en forma automática en cada una de las áreas de conducta del ser humano.

Esta incorrecta comprensión puede conducir a la desilusión o a la desesperación. La Biblia dice que la meta del Espíritu Santo es llevar al creyente a una posición de autocontrol, de dominio propio. Podríamos decir que el fruto del Espíritu da como resultado un carácter con dominio propio (Gálatas 5:22-23).

La obra santificadora del Espíritu Santo impulsa a que cada creyente obtenga el dominio propio, en el sentido de someter los deseos de su propio cuerpo a una obediencia perfecta al Espíritu Santo. Esta obra santificadora solo puede lograrse en el espíritu del creyente por medio de la voluntad renovada, obtenida en el mismo momento de la conversión a Cristo.

Pero cuando un creyente anda según los instintos de la carne, y en rebeldía con su propio espíritu humano, vivirá el cristianismo como un ser esclavizado, privado de la libertad que Dios nos ha otorgado. Solo cuando ejerce el libre albedrío de abandonar el uso de su vieja voluntad, para usar la renovación de su mente a favor de la nueva voluntad divina, entonces podrá *"andar en el Espíritu"*. Y todo su ser no solo estará liberado, sino que comenzará a producir fruto espiritual; su carácter estará fortalecido y el dominio propio le ayudará a tomar las decisiones correctas a favor de Dios.

Para que un cristiano ande en conformidad con la mentalidad del Espíritu Santo, debe controlar a través de su voluntad renovada, e impedir que su espíritu no ceda a las propuestas egoístas de su mente y de su cuerpo.

Veamos cada uno de los trascendentes pasos necesarios para salir de la vieja manera de vivir, dominada por el instinto y el egoísmo, para lograr ejercer el dominio propio:

1. Establecer un acuerdo de voluntades. El espíritu humano necesita estar renovado por el Espíritu de Dios, para poder ejercer el control de la voluntad tal como también lo necesitan las otras áreas del ser humano. Solo cuando la voluntad es renovada y llena del Espíritu Santo, podrá dirigir su propia vida y mantenerla en una posición apropiada, y crear un carácter firme que le permitirá alcanzar la santidad de conducta que Dios anhela que sea manifiesta en todo hijo e hija de Dios, para ser sus fieles testigos. Hemos dicho que el espíritu humano debe regir la integridad del ser humano, pues el espíritu conoce la mentalidad de Dios intuitivamente y así puede gobernar todo el ser, y alinear la voluntad humana en conformidad con la voluntad de Dios. Si estamos de acuerdo en que la voluntad puede controlar la totalidad del ser, que incluye el espíritu y la voluntad humanos, está en conformidad con la voluntad de Dios; o sea, en un perfecto acuerdo de

voluntades. Entonces encontramos que este es el único camino en que el creyente puede ejercer el dominio propio. Recordemos lo que dice Proverbios 25:28: *"El hombre sin dominio propio es como una ciudad derribada y sin muro"*.

2. Ejercer control sobre los pensamientos. La lucha más encarnizada se lleva a cabo en nuestra mente a raíz de los hábitos pecaminosos que están establecidos, y que deben ser cambiados después de la liberación. Esta batalla no solo está en la propia mente, sino en todo el resto de las capacidades del alma, que incluyen los pensamientos que deben estar sometidos al control de la voluntad, para poder obedecer los mandatos divinos. Debemos hacerlo como lo dice 2 Corintios 10:5: *"Llevando cautivo todo el pensamiento a la obediencia de Cristo"*. La Palabra de Dios es clara respecto a que hay algo imperativo que hacer para alcanzar un nuevo carácter y hábitos cristianos, y que es nuestra total responsabilidad. Dice Efesios 4:22-24: *"En cuanto a la pasada manera de vivir, despojaos del viejo hombre, que está viciado conforme a deseos engañosos, y renovaos en el espíritu de vuestra mente, y vestios del nuevo hombre, creado según Dios en la justicia y santidad de la verdad"*. Hay dos cosas que debemos hacer: "despojarnos o quitarnos", y "vestirnos o ponernos". Para despojarnos de un hábito pecaminoso, debemos ejercer nuestra voluntad a través del dominio propio, para detener la acción del mal hábito en nuestra vida. Por ejemplo: si alguien quiere quitarse el hábito de fumar, ante todo deberá comenzar por dejar de comprar cigarrillos, o dejar de pedirle a alguien que lo convide. Si alguien quiere despojarse de un hábito de impureza sexual, deberá primeramente dejar de ver pornografía en los cinematógrafos, de alquilar videos indecentes o dejar de comprar revistas impuras, para así luego poder abandonar el hábito de cualquier participación en actos de inmoralidad sexual. Para vestirnos con los nuevos hábitos cristianos, debemos participar activamente en un programa de lectura bíblica diaria, poner un horario de oración, presentarnos ante Dios como un sacrificio vivo y santo, y cumplirlo diariamente. También es importante involucrarnos como miembros de una iglesia cristiana evangélica, no faltar a ninguna de sus reuniones y ofrecernos como obreros voluntarios para servir al Señor en su obra.

221

3. Ejercer dominio sobre los deseos carnales. El cuerpo físico debe ser un instrumento para expresar la voluntad interior; nunca más su propio dueño en virtud de los hábitos y deseos carnales que son contrarios a la voluntad de Dios. Por supuesto, aquí será necesario el uso del domino propio, como dice Proverbios 15:1: *"La blanda respuesta calma la ira, mas la palabra áspera hace subir el furor"*. Hay dos puntos en los que puede detenerse una acción hacia el pecado con dominio propio. Uno es el de *resistir*, ofrecer una *blanda respuesta*, y el otro el de rechazar y calmar la ira, y en ambos puntos el ejercicio del dominio propio es fundamental.

El ser humano, a diferencia de los animales, tiene conciencia, lo que le permite aplazar una respuesta animal instintiva, y puede así elegir un curso distinto de acción.

Todos los seres humanos tenemos la imagen de Dios, lo que nos hace criaturas responsables. Jesús fue tentado en el desierto por el diablo para que desobedeciera al Padre en la misión para la que fue enviado. En cada tentación consideró el pensamiento de cometer desobediencia, pero su voluntad santificada desestimó cada propuesta, y declaró una razón bíblica para el rechazo.

Jesús primero resistió la tentación, y logró así no ser vencido, para luego tener la fuerza de voluntad suficiente para argumentar el rechazo. Por eso Santiago 4:7 dice: *"Resistid al diablo y huirá de vosotros"*. El resistir la tentación, el negar la acción de satisfacer los deseos carnales, ocurre en la mente y es el primer paso firme hacia el rechazo, y la consolidación de la victoria contra el pecado.

Cuando la resistencia es quebrada y la voluntad es seducida, no quedan fuerzas para rechazar la tentación, y el pecado es concebido.

El cristiano debe trabajar en la adquisición de un carácter virtuoso, para ejercer su voluntad en el control, disciplina y sometimiento del cuerpo para hacer la voluntad de Dios y nunca estorbarla. Por eso Pablo dijo en 1 Corintios 9:27: *"Trato severamente a mi cuerpo y lo pongo en servidumbre"*.

Podremos comprender así que la liberación total del pecado se hará efectiva en el espíritu humano cuando la voluntad está sometida al

Espíritu Santo, y en obediente sumisión, dispuesta a ejecutar la voluntad divina.

Dios revela su voluntad a la intuición de nuestro espíritu humano, y nos da la fuerza para el querer y también el hacer su voluntad, cuando nuestra voluntad humana está rendida a la suya.

Dios siempre busca que nos unamos a Él en nuestro espíritu, pero nunca forzará nuestra voluntad para hacerla suya. El propósito de Dios en la creación y en la redención ha sido, es y siempre será el darle a sus criaturas una voluntad con libre albedrío, para que cada creyente pueda ejercer el dominio propio, y así viva en completa libertad de la ley del pecado, que Cristo logró para cada uno.

La Biblia dice que nuestra vieja creación ha sido crucificada en la cruz de Cristo juntamente con Él, pues así logró nuestra libertad. Para poder aplicar esta liberación en forma diaria debemos hacer una elección voluntaria de acuerdo a la aplicación de las demandas de Dios en su Palabra. Como hemos visto, esta elección nos lleva a realizar dos acciones simultáneas: una negativa, usando el dominio propio, y otra positiva, cediendo nuestra voluntad a Dios:

223

NEGATIVA	POSITIVA
Desechar las obras de las tinieblas (Ro. 13:12) y,	Presentarnos a Dios (Ro. 12:1)
Despojarnos del viejo hombre (Ef. 4:22) y,...........	Vestirnos del nuevo hombre (Ef. 4:24)
Haciendo morir lo terrenal (Col. 3:5) y, ...	Vestir la armadura de Dios (Ef. 6:11)
Dejar de servir al pecado (Ro. 6:6) y,...................	Vestirnos de santidad (Col. 3:12)

Estos pasajes enfatizan el uso decisivo del dominio propio y de la voluntad del creyente, que cuando actúan en armonía con la palabra de Dios automáticamente desatan el poder liberador de Cristo. Esta doble acción de la voluntad nos transforma en colaboradores del Espíritu Santo de Dios, para vivir en victoria personal y capacitados para expulsar y deshacer las obras invisibles de las tinieblas.

Capítulo 19

Liberación de
los espíritus malignos

Muchas personas, y aún creyentes, sufren problemas que trastornan básicamente su vida emocional y mental, y es algo que quieren sacar de su interior debido a que no pueden controlarlo. Esto significa que están enfrentando un problema demoníaco.

Ante todo, la Biblia no deja dudas de que los demonios no pueden afectar a ningún creyente, si este no los autoriza a hacerlo. Los inconversos en general abren las puertas a los demonios a través del ocultismo y las practicas esotéricas. En cambio, los creyentes en la mayoría de los casos, lo hacen por medio del desconocimiento de lo que la palabra de Dios dice sobre estos temas, de los pecados y de hábitos pecaminosos.

Conozco creyentes que me manifestaron que intentaron todos los esfuerzos espirituales que han podido, han orado y ayunado, pero no han logrado superar el problema que los atormenta. Consideran que es algo más fuerte que ellos, que es una fuerza maligna que deteriora sus vidas espirituales y descontrola sus conductas.

Lo primero que les pregunto es si verdaderamente quieren ser liberados, y si creen que el Señor Jesucristo puede lograrlo en ellos.

Porque el oprimido demoníacamente debe desear ser liberado, y cooperar activamente para que los espíritus malignos salgan y dejen de oprimirlo.

Esto es primordial, pues no debe haber ninguna "negociación" o acuerdo con los demonios. El oprimido debe desear que todos los espíritus malignos salgan.

He conocido creyentes dispuestos a entregar todo a Jesús, menos el área donde todavía se goza con algún pecado secreto.

En una oportunidad un joven creyente me confesó sus escondidas prácticas homosexuales, y me pidió una oración para que fuese liberado. Le expliqué que él mismo debía desear terminar con eso, y que no retuviese nada que le trajera una memoria placentera de sus prácticas pecaminosas.

Luego asistió a una serie de consultas pastorales, donde oré con él, y le aconsejé que se alejara de los sitios que habituaba y de todo aquello que alentaran sus instintos carnales.

Anduvo un tiempo aparentemente librado de su tendencia homosexual, pero un día dejó de asistir a la iglesia, y volvió a hundirse en el pecado.

Pasado un año se comunicó telefónicamente conmigo y le di una entrevista en la iglesia. Había sufrido una desilusión sentimental con otro hombre, lo ministré espiritualmente y oré con él. Sin embargo, no quiso abandonar el placer de la homosexualidad. Me decía que no hacía mal a nadie, pero en realidad no estaba dispuesto a pagar el precio de dejar el placer temporal y entregarlo todo, para agradar a Jesús.

No pudo odiar el pecado, ni tampoco pudo aborrecer a Satanás y a los demonios que estaban operando en él, que sostenían ese esclavizante placer.

Hay creyentes que en secreto ven películas o videos pornográficos, o se gozan con revistas de sexo y las guardan escondidas, o en secreto siguen fumando marihuana o tomando bebidas embriagantes, o mantienen actividades con juegos de azar o con apuestas.

Debemos recordar que la desobediencia a Dios y los pecados retenidos sin confesar abren las puertas a la operación de demonios. Luego, cuando la persona o el creyente caído se somete a la liberación de los demonios que entraron en actividad mediante el pecado, no se irán automáticamente, hasta que el pecador no suelte el área donde accedió a esas cosas.

Los demonios pueden salir expulsados temporalmente, pero volverán si no se produce un cambio radical en la conducta pecaminosa.

Pero antes de continuar con la liberación de demonios, demos una mirada más profunda a los enemigos espirituales que todos los creyentes nos enfrentamos día a día.

Los ángeles caídos

La Biblia describe dos clases de ángeles caídos: unos son los asociados con Satanás (Mateo 25:41; Apocalipsis 12:7), y los otros son los que están guardados en prisiones de oscuridad (Judas 6; 2 Pedro 2:4).

Los primeros son sin duda alguna los subordinados de Satanás en su dominio sobre el mundo, y ocupan puestos de autoridad entre las naciones y los pueblos (Daniel 10:13, 20; Isaías 24:21).

Recordemos que el príncipe del reino de Persia detuvo al mensajero de Dios por veintiún días para dar la respuesta a Daniel. Parece que el único ángel celestial con jurisdicción sobre una nación es Miguel, el gran Príncipe que está por los hijos de Israel (Daniel 12:1; 10:21).

Estos ángeles son los principados y potestades, los gobernadores de las tinieblas y las milicias espirituales de maldad en los aires de que nos habla Pablo, como los enemigos contra los que los cristianos deben luchar en oración (Efesios 6:12).

Estos ángeles caídos pelearán con Satanás contra Miguel y sus ángeles en la gran guerra en el cielo descrita en Apocalipsis 12:7-9, y serán echados con él en la Tierra.

Dado que la Biblia dice que el fuego eterno fue preparado para el diablo y sus ángeles (Mateo 25:41), podemos concluir que este será el destino final de los ángeles caídos, por toda la eternidad.

La otra clase de ángeles caídos es sin duda culpable de un pecado mayor que el que cometieron los ángeles que están con el diablo, o bien tienen un poder más grande que el que el Señor permite que sea ejercido sobre los habitantes de la Tierra.

Porque no se les permite ningún tipo de libertad, sino que están reservados debajo de oscuridad en prisiones eternas y encadenados, para el gran día del juicio. Su pecado fue el de no guardar dignidad y dejar su habitación; quizás está referido a su medio de vida y ministerio, que era su primer estado (Judas 6).

El lugar de su reclusión es *tártaro*, una palabra griega que ha sido traducida en 2 Pedro 2:4, como *"arrojándolos al infierno"*. Literalmente significa "consignar al Tártaro", que es como un "infierno" distinto, porque no es ni el Seol, ni el Hades, ni el Infierno, pero que puede ser identificado como un "abismo de tiniebla".

Estos ángeles caídos serán juzgados sin duda en relación con el juicio del gran trono blanco del día final (Judas 6).

El pasaje de 1 Corintios 6:3 establece un firme fundamento para creer que los santos participarán en el juicio contra los ángeles caídos, ya sea de estos últimos o de los identificados como "ángeles del diablo", o posiblemente de ambas clases de ángeles.

228

Los demonios

Los demonios, que muchos los llaman "diablos", deben ser distinguidos del diablo y de los ángeles caídos.

La palabra griega diablo en singular es *diabolos*, y nunca se usa en plural; se aplica únicamente en referencia a Satanás (Apocalipsis 12:10; 20:2). Siempre que encontramos la palabra diablos, en plural, en las traducciones de la Biblia al castellano, debemos aclarar que en el original griego no dice *diabolos*, sino *daimonia*, que significa demonios, y es el plural de *daimön*, un demonio.

La Biblia deja claro que hay un solo diablo, y muchos demonios. También las menciones tales como "espíritus inmundos, espíritus malos, espíritus malignos", son por lo general traducciones de las mismas palabras *daimön* o *daimonia* (Mateo 8:16; 17:18; Lucas 10:17, 20; Marcos 9:25; Lucas 8:2-3). Sin embargo, estas menciones pueden ser todas traducidas como demonios.

La diferencia que hay entre los demonios y los ángeles caídos, es que los primeros son espíritus sin cuerpo, mientras que los últimos están revestidos de un cuerpo espiritual (Lucas 20:36).

Es indudable que los demonios son espíritus sin cuerpos, porque continuamente procuran entrar a los cuerpos de los hombres, para usarlos como si fueran suyos (Marcos 9:25; Mateo 12:43-45), y también habitan en los cuerpos de animales, como en el pasaje de Mateo 8:31, en que entraron en una manada de cerdos. Algunos estudiosos de la Biblia han lanzado la teoría de que los demonios podrían ser los espíritus de los hombres de una raza pre-adámica, que fueron separados de sus cuerpos por la gran catástrofe que destruyó la Tierra original y los cuerpos de sus habitantes, y que por esto procuran habitar otra vez en cuerpos en la Tierra donde una vez vivieron.

Otra teoría dice que podrían ser los espíritus de los muertos del diluvio universal, basados en que la Biblia no menciona la aparición de los demonios antes de la catástrofe.

Estos demonios son el "espíritu familiar" de la antigua hechicería, práctica prohibida por Dios bajo pena de muerte.

229

También son los "muertos personificados" del espiritismo moderno. Parecen estar atemorizados de ir al abismo, donde estarían prisioneros los ángeles caídos, porque piden que no se les envíe allí, de acuerdo a Lucas 8:31.

En el libro de Apocalipsis 9:1-3, dice que desde el abismo saldrá una gran cantidad de demonios encarnados en la semejanza de langostas durante la "gran tribulación". En cuanto a su destino final, sabemos únicamente que se les destinará a un lugar de tormento eterno, según Mateo 8:29, presumiblemente, el lago de fuego y azufre.

Opresión y posesión de demonios

Los espíritus malignos pueden oprimir o tomar posesión de una persona. Sin embargo, hay una diferencia entre opresión y posesión demoníaca.

Opresión espiritual es la acción de un demonio que ejerce presión o influye con pensamientos atormentadores sobre una persona, que puede haberle dado oportunidad a través de hábitos de vicios, perversiones y pecados que no está dispuesta a abandonar.

Literalmente, opresión significa sujetar o limitar la acción de alguien por la fuerza. El ejemplo más común lo encontramos en la historia de la humanidad que llega hasta nuestros días.

Lo vemos en las grandes potencias o imperios mundiales que oprimen a los pueblos conquistados, o los someten bajo dependencia, tanto militar como económicamente.

Tenemos un ejemplo bíblico sobre opresión satánica en Juan 13:2 que dice: *"Como el diablo ya había puesto en el corazón de Judas Iscariote (...) que le entregase"*, o sea, el diablo había ejercido opresión sobre Judas para que obrara con maldad, por la codicia que dominaba su alma.

A diferencia de la opresión espiritual, la posesión es el adueñamiento del alma humana por medio de un espíritu maligno que obra en la persona como un agente interno y dueño de su voluntad, y obtiene así el control de todas las acciones de la persona poseída.

Continuando con el ejemplo de Judas, una vez que obró bajo la opresión demoníaca dice Juan 13:27: *"Y después del bocado, Satanás entró en él"*. Aquí se produce la posesión satánica. Judas fue totalmente enajenado; ya no actuaba con dominio propio, pues había perdido su autocontrol, porque estaba bajo el control del diablo. Cuando alguien está sometido bajo la opresión demoníaca durante un período extenso, sin intentar ser liberado, muchas veces el oprimido puede terminar siendo poseído.

Si bien los demonios tienen poderes sobrenaturales, su autoridad está siempre bajo las limitaciones del Dios Todopoderoso. Y el nombre del Señor Jesucristo, que ha sido delegado a los creyentes para deshacer las obras de Satanás, es la más poderosa fuerza que está sobre el poder de la mayor cantidad de demonios existentes en el universo.

Sin embargo, debemos conocer que hay por lo menos tres formas en que los demonios pueden ganar batallas sobre un creyente:

1- Si Satanás logra que alguna persona crea una de sus mentiras sobre Dios y su Palabra, abre las puertas del alma para ser oprimida, influenciada y hasta poseída por los espíritus demoníacos.

Aceptar una doctrina errónea, es una entrega voluntaria para que los demonios opriman, o tomen el control de las vidas que creen en esas mentiras.

Hace unos años, un matrimonio llegó a nuestra iglesia, se convirtieron al Señor, se bautizaron y comenzaron a congregarse. Un día nos pidieron permiso para visitar otra congregación donde se bautizaría una de sus hijas mayores, ya casada. Mas luego, poco a poco se alejaron y dejaron de concurrir.

Mi esposa los llamó por teléfono para saber de ellos, y nos enteramos de que el marido estaba muy enfermo, Entonces nos invitaron a concurrir a su casa para orar.

Cuando llegamos nos encontramos con una atmósfera depresiva, el hombre había perdido mucho peso y se sentía muy débil, al punto que había dejado de concurrir a su trabajo y, sin embargo, los médicos no le encontraban nada malo.

Les hice unas preguntas, y pronto pude darme cuenta de lo que estaba pasando. Cuando concurrieron al bautismo de su hija, no advirtieron qué clase de iglesia era; creyeron que era una cristiana evangélica, pero en realidad pertenecía a una denominación religiosa que pone su énfasis doctrinario de que hay que usar uno solo de los nombres de Dios.

Comenzaron a concurrir a las reuniones, y les enseñaron otra doctrina, y finalmente los convencieron de que debían bautizarse otra vez, porque el bautismo que habían hecho –les dijeron– era erróneo.

Los persuadieron de que el bautismo en agua debe ser en un solo nombre de Dios, y no en el nombre del Trino Dios: Padre, Hijo, y Espíritu Santo, tal como nosotros los habíamos bautizado.

Entonces les pedí que hicieran una oración de renuncia al bautismo que se habían sometido, y también quemamos un certificado de bautismo con sus nombres que les habían entregado. Al instante los dos cayeron como muertos, pero se levantaron totalmente liberados. El hogar inmediatamente tuvo otra atmósfera:

era la misma presencia de Dios que inundaba la casa.

Al día siguiente el marido se levantó y fue a trabajar, porque se sintió totalmente recuperado y sanado. 1 Juan 4:1 advierte: *"Amados, no creáis a todo espíritu, sino probad los espíritus si son de Dios; porque muchos falsos profetas han salido por el mundo".*

2- El desconocimiento y la ignorancia de la Palabra de Dios que está en la Biblia, hacen a la persona vulnerable de caer en las artimañas de Satanás, y por desconocimiento pueden caer inocentemente bajo su influencia y control. Por ejemplo, hay quienes hacen consultas de adivinación, o se asisten con curanderos, usan amuletos para la suerte, practican los juegos de azar, leen libros obscenos, ven películas demoníacas o asisten a clases de yoga. Esas personas no solo pueden perder su libertad espiritual, sino que están abriendo sus mentes y sentidos a los poderes demoníacos. La Biblia es bien clara respecto a todo lo que pertenece al reino de los cielos, y lo que pertenece al reino del mundo. 1 Juan 2:15 dice: *"No améis al mundo, ni las cosas que están en el mundo. Si alguno ama al mundo, el amor del Padre no está en él".*

3- Un estilo de vida pecaminosa, con voluntaria rebeldía a Dios y a su Palabra, puede llegar a que el pecador o pecadora sea fácilmente oprimido, y hasta poseído por demonios.

Por medio de un pecado reconocido y retenido por un tiempo prolongado, los demonios pueden no solo seducir, sino ser guías y maestros del pecado.

Entonces se despertará en la persona un deseo incontenible para buscar el placer del pecado, como los vicios o hábitos compulsivos, que lo someterán a una esclavitud espiritual de tal magnitud, que podría terminar en una posesión demoníaca.

La Biblia dice en Romanos 6:16: *"¿No sabéis que si os sometéis a alguien como esclavos para obedecerle, sois esclavos de aquel a quien obedecéis, sea del pecado para muerte, o sea de la obediencia para justicia?"*

Podemos decir que hay posesión demoníaca cuando la persona es totalmente incapaz de controlar su comportamiento y ha perdido su dominio propio.

Teorías sobre posesión demoníaca

De Efesios 6:10-12 tomamos conocimiento que los demonios son enemigos espirituales, y es responsabilidad de cada creyente enfrentarlos en la batalla espiritual.

En 2 Corintios 10:3-4 se nos exhorta a usar las armas espirituales cuando dice: *"Aunque andamos en la carne, no militamos según la carne; porque las armas de nuestra milicia no son carnales, sino poderosas en Dios para la destrucción de fortalezas..."*.

Sin embargo, para participar en esta batalla debemos tomar el conocimiento debido, para fijar una posición clara y definida respecto a lo que la Palabra de Dios dice verdaderamente, y sobre lo que *no* dice respecto a los demonios y su influencia sobre los creyentes.

Específicamente, dentro del cristianismo hay posiciones divergentes y aún opuestas respecto a la influencia, opresión y posesión que los demonios pueden lograr en la batalla espiritual en contra de los creyentes.

Existen dos principales teorías elaboradas por algunos teólogos y eruditos cristianos, que mantienen sus divergencias, basados en las Escrituras, aunque coinciden que el creyente verdadero no puede ser poseído por los demonios. Sin embargo, sus posiciones son opuestas. A continuación paso a describir los conceptos generales de estas teorías:

233

Teoría I: los demonios pueden entrar en los cuerpos de los creyentes

Esta teoría se basa en que los espíritus inmundos tienen acceso y entrada en los cuerpos físicos y al alma de los creyentes, a través de distintas experiencias personales, en la tolerancia de pecados y de desobediencia a la Palabra de Dios.

Afirma que un cristiano no puede ser poseído por un demonio, porque −argumentan− que posesión significa "ser dueño de", y que Jesucristo es el único dueño de todo cristiano, y nunca el diablo. Se basan en 1 Corintios 6:18-20 que dice: *"¿O ignoráis que vuestro cuerpo es templo del Espíritu Santo?* Porque habéis sido comprados por precio...". Sin embargo, afirman que los espíritus demoníacos pueden invadir y habitar el cuerpo y el alma de los seres humanos.

Del libro *Cerdos en la Sala - Guía Práctica de Liberación,* de Frank e Ida Mae Hadmmond, he tomado algunos párrafos del capítulo 22, # 2 titulado: *¿Cómo puede un cristiano tener demonios?,* que nos ayudará a comprender esta teoría, y que dice lo siguiente:

"En este escrito hemos tomado la posición de que los cristianos pueden ser y de hecho son habitados por demonios. La explicación de cómo esto es posible se basa primeramente, hasta donde he podido determinar, en una comprensión clara de la diferencia entre alma y espíritu. (...) Pablo muestra que el hombre es un ser triple o tripartito (1 Tesalonicenses 5:23) (...) De esto vemos que el Espíritu Santo habita el espíritu humano en el momento de la salvación. Los espíritus demoníacos quedan confinados al alma y al cuerpo del creyente. Los demonios atacan las emociones, la voluntad, la mente y el cuerpo físico, pero no el espíritu del cristiano (...) Cristo ha liberado nuestro espíritu del poder de Satanás; ahora nos dice: "Ocúpate de tu propia liberación, de la molestia de los enemigos, hasta cuando obtengas la liberación completa y quedes libre del alma y del cuerpo".

Quienes defienden esta teoría toman algunos textos bíblicos para afirmar su tesis, tales como: *"atormentada por un demonio"* de Mateo 15:22, que evidencia estar bajo la influencia de un demonio, o *"tenía un espíritu de demonio"* en Lucas 4:33, y *"demonio tiene, y está fuera de sí",* en Juan 10:20, para afirmar que los demonios pueden morar en el cuerpo físico del cristiano, tal como el que posee cualquier enfermedad. Pero aclaran que nunca puede haber posesión demoníaca en su espíritu humano.

De acuerdo a este razonamiento, manifiestan que los espíritus demoníacos pueden invadir y habitar los cuerpos humanos y sus mentes, pues es su objetivo hacerlo así; y que al habitar un cuerpo físico o en el alma humana, obtienen una ventaja mayor para controlar la persona que cuando lo hacían desde el exterior.

Se basan en el texto de Mateo 12:43, donde los demonios consideran el cuerpo de las personas donde viven como *"su casa"* y también toman el texto de Santiago 4:7, que dice: *"Resistid al diablo y huirá de vosotros"*, para manifestar que esto autentica que ningún demonio puede permanecer en un cuerpo físico el tiempo que desee, pues el creyente tiene autoridad para echarlo cuando quiera seriamente que se vaya.

Los defensores de esta teoría dicen que el proceso de expulsar demonios es la liberación bíblica.

En realidad, se basan en múltiples experiencias de expulsar demonios, para dictar las sugerencias prácticas para que el ministro eclesiástico haga la liberación.

A. También manifiestan que por lo menos son cuatro las causas principales para que un creyente pueda albergar demonios en su alma o cuerpo físico, a saber: Por medio de los pecados de omisión o comisión, nunca confesados; usan como ejemplo la mentira de Ananías y Safira, de Hechos 5:3.

B. Por medio de varios factores, tales como el de una debilidad en alguna área de la vida del creyente. Otro factor es que los demonios pueden entrar en las personas durante la niñez; y cuando esa persona se convierte en cristiana y desarrolla su vida espiritual, obtiene fortaleza sobre la influencia de los demonios que están en su interior, pero estos no se van, viven allí con la esperanza de atrapar a la persona en un momento de debilidad para poder ganar de nuevo el control de esa vida.

C. Por medio del engaño de la herencia. Dicen que hay muchos casos de creyentes que viven con el temor de poseer una herencia de enfermedad familiar, o de una maldición hereditaria. El peligro consiste en que si el creyente toma temor y le cree al diablo, el demonio podrá hacerlo realidad, traerá sobre el creyente la herencia tan temida.

D. Por medio de la participación en el ocultismo. Todos los métodos de buscar conocimiento sobrenatural, guía o poder aparte de Dios, están sostenidos por los demonios para esclavizar el alma humana. La Biblia prohíbe toda práctica de espiritismo, brujería, magia, tabla "ouija", lectura de la palma de la mano, adivinación, astrología y horóscopos, etc.

Algunos de los que defienden esta teoría, tienen la tendencia de generalizar los problemas espirituales de los creyentes al afirmar que la mayoría de los casos son de origen demoníacos.

Debido a esa presunción, pueden incurrir en el error de querer expulsar un demonio de alguien que está reteniendo algún pecado, en lugar de ministrarlo para que lo confiese y se arrepienta.

Al creyente en general le impresiona más y le resulta más cómodo asistir a una sesión de liberación, que recurrir a la consejería y guía pastoral de su iglesia. Para esto el Señor nos ha dado el don de discernimiento de espíritus.

Teoría 2: los demonios no pueden entrar en ningún área de la vida del creyente

Esta teoría se basa en que si el cuerpo de un creyente nacido de nuevo es templo del Espíritu Santo, y unido en cuerpo, alma y espíritu, no puede ser poseído ni controlado por demonios, pues contraría al punto de vista bíblico, dado que si un demonio entra en cualquier esfera del cuerpo o de la mente, estaría entrando en la unidad hombre, y esto provocaría una división que el Señor Jesús se negó a admitir.

Sostienen que la difusión de las religiones orientales y el ocultismo son una de las consecuencias del aumento de la posesión demoníaca en los seres humanos. También dicen que muchos creyentes han sido fascinados por el tema de la demonología y han caído en el lazo de consagrar la mayor parte de su atención a este tema.

Argumentan que la Biblia reconoce con claridad tanto la actividad de los demonios como su elevado número; y que Satanás es el que encabeza el principado de tinieblas, aunque él es un ser creado; por lo tanto es un espíritu finito y no es omnipotente.

Sostienen que Satanás realiza la mayor parte de su labor mediante demonios esparcidos en varias partes del mundo, y que la labor de Jesús en echar fuera demonios constituiría, cuanto menos, una parte de su obra de sanar a los oprimidos del diablo como lo describe Hechos 10:38.

Especifican que el significado de la palabra "oprimidos" se refiere a personas explotadas, dominadas o que viven bajo una tiránica esclavitud; y que esto se ajusta al padecimiento de muchos creyentes que no viven de acuerdo a la Palabra de Dios, y por causa de sus desobediencias reciben esta opresión demoníaca en sus mentes. Pero que nunca se producirá una posesión demoníaca dado que jamás el Espíritu Santo puede habitar el mismo templo junto a algún demonio.

Los que defienden esta teoría dicen que la idea de que los demonios puedan poseer al creyente constituye un profundo problema, puesto que es un concepto que corroe la fe y la doctrina bíblica, que debilita la verdad de Dios y pone dudas en la salvación y liberación que Él proporciona a todos los que lo buscan y reciben.

Argumentan que el texto *"En otro tiempo"* de Efesios 2:2, es indicativo que en el pasado, *"anduvimos siguiendo la corriente de este mundo, conforme al príncipe de la potestad del aire, el espíritu que ahora opera en los hijos de desobediencia".*

Pero ahora, Dios, por su amor, en el presente, nos ha salvado y nos ha hecho *"conciudadanos de los santos, y miembros de la familia de Dios"* (Efesios 2:19).

Por esto observan que sería contradictorio que los demonios habitaran nuestro cuerpo ahora que este cuerpo ha sido transformado en templo del Espíritu Santo.

Esta teoría se opone a la anterior, pues dice que un creyente jamás puede tener un demonio en el cuerpo, porque entonces habitaría el ser interior; y dado que el cuerpo, alma y espíritu humano no puede ser fragmentado, atribuyen esta distorsión a una idea pagana.

Consideran que si un demonio entrara en cualquier esfera del cuerpo o de la mente, se asumiría que ha entrado en la totalidad del ser humano.

El concepto básico de esta teoría es que si el creyente tuviese un demonio, provocaría una división que el Señor Jesús se negó a admitir, referido al pasaje de Mateo 12:24, cuando los fariseos afirmaron que echaba fuera demonios por Beelzebú, el príncipe de los demonios.

Jesús les dijo que todo reino dividido contra sí mismo, no permanecerá; pues qué ocurriría si Satanás echara fuera a Satanás, ¿cómo permanecerá su reino?

El Señor Jesús rechazó esta afirmación. Pero toman el texto de Lucas 11:21-22 e interpretan que Jesús ha atado a Satanás en lo que respecta al poder de este para esclavizar al creyente. Y que solamente cuando el demonio regresa y encuentra la casa vacía es que puede entrar según el texto de Lucas 11:24-26.

Finalmente, concluyen que ante lo expuesto parece evidente que el vocablo "poseído" no debe ser aplicado a los verdaderos creyentes.

Afirman que lo que la Biblia demuestra es que Satanás y sus demonios son solo enemigos externos, y que todos los creyentes están involucrados en una guerra contra las fuerzas satánicas, que buscan la oportunidad de atacar (Efesios 6:12). Dicen que la Biblia nunca enseña que cuando un creyente sufre opresión espiritual debe recurrir a alguien para que expulse algún demonio de su vida.

Aceptan que los demonios andan de un lado para otro atacando y tratando de oprimir a los creyentes, poniéndolos a prueba, pero que nunca pueden invadir ni entrar en ninguna área del ser humano.

No niegan la necesidad de oraciones para liberar a las personas oprimidas o influenciadas por demonios. Pero dicen que denominar liberación de posesión demoníaca a un cristiano, no se ajusta a las enseñanzas de las Sagradas Escrituras.

Algunos de los que defienden esta teoría hacen mucho énfasis en el error de los que piensan lo contrario, y tienen un excesivo fervor por defender su pensamiento, más allá de que tengan parcialmente o toda la razón.

Así producen desde su dogmática posición una abierta confrontación que imposibilita el diálogo o la corrección de lo que debería ser enderezado, y también cierran sus mentes a lo que ellos malentienden.

Esto básicamente entorpece la unidad del cuerpo de Cristo, que el mismo Señor nos demanda que nos esforcemos en cuidar. El celo por defender las verdades bíblicas y la sana doctrina debe estar en el corazón de todos los creyentes que amamos al Señor. Pero debemos impedir que se levanten muros de división por problemas de interpretaciones dogmáticas, porque corremos el peligro de segregarnos como ha ocurrido, lamentablemente, tantas veces en la historia del cristianismo, con un saldo de variadas divisiones sectarias, donde precisamente el enemigo de nuestras almas fue el único beneficiado.

Ciertamente, estamos frente a un tema espiritualmente profundo y bien delicado, al que debemos prestar toda nuestra atención, buscar todos los aspectos que la Palabra de Dios enseña, y especialmente aquello que la Biblia refiere en forma indirecta, y que está en el terreno de la especulación interpretativa.

Ante todo, necesitamos todo el discernimiento del Espíritu Santo para recibir las revelaciones que puedan darnos la luz de Dios, sin dejar nada al arbitrio de nuestros razonamientos y opiniones.

En el capítulo siguiente pondré al descubierto lo que la Palabra de Dios nos habla acerca del significado de nuestra humana trinidad, y de la trascendencia que tiene su correcta compresión en lo referente a la operación de demonios sobre los creyentes.

Como también el tener una absoluta claridad sobre el área precisa donde obran los espíritus demoníacos, y en qué forma pueden afectar la vida de un cristiano.

Capítulo 20

Qué dice la Biblia sobre la operación de espíritus demoníacos

nte todo es bueno aclarar que en las versiones de la Biblia traducidas al castellano no aparece la expresión "posesión demoníaca" o "poseído por demonios". Sin embargo, en el original griego de donde fue traducido *"tenía un espíritu de demonio"* (Lucas 4:33), o *"no son de endemoniado"* (Juan 10:21), en ambos casos deriva de *daimonozomai,* que significa literalmente "estar poseído por un demonio, o actuar bajo el control de un demonio". Lo que no deja dudas de que expresa el enajenamiento de una persona por otra entidad espiritual demoníaca.

Es importante resaltar que estas menciones bíblicas no están referidas a creyentes que estaban endemoniados o poseídos por demonios, sino que eran paganos.

Ante todo, quisiera aclarar algo que para algunos creyentes está confuso, o lejos de la verdad bíblica, y afecta directamente el poder encontrar una solución a los problemas demoníacos.

En la cultura occidental el concepto corriente de la constitución del ser humano es dualista: alma y cuerpo. Debido a ello se define al ser humano como un "individuo", o sea, un ser doble indivisible.

Según este concepto, el alma es la parte interior, espiritual, invisible, y el cuerpo la parte material visible. Aunque esto tiene algo de cierto, es inexacto.

Esta opinión proviene de los sabios y filósofos de la antigüedad, pero todos eran hombres con sus espíritus caídos, que no tuvieron acceso a la revelación de Dios.

La Biblia no define la naturaleza humana en dos compuestos. Dice que el hombre es un ser "indivitrio", o sea que es un ser triple indivisible, constituido por espíritu, alma y cuerpo. En 1 Tesalonicenses 5:23-24 leemos: *"Y el mismo Dios de paz os santifique por completo; y todo vuestro ser, espíritu, alma y cuerpo, sea guardado irreprensible para la venida de nuestro Señor Jesucristo. Fiel es el que os llama, el cual también lo hará".* Pablo se refiere aquí a la santificación del creyente, y exhorta a la acción de "santificarse totalmente". En el sentido de que no sea en partes, sino que ninguna de ellas quede excluida.

Es fácil comprender con esto que el conjunto de la persona comprende estos tres componentes, y distingue la diferencia entre el espíritu humano, el alma humana y el cuerpo físico.

Es bueno preguntarnos: ¿cuál es la importancia de establecer una diferencia entre espíritu y alma? La Biblia dice que es un asunto de primordial importancia porque afecta directamente la vida espiritual del creyente, pues es imposible comprender la vida espiritual si no se conoce el alcance que tiene el mundo espiritual.

Sin comprender esto, no habrá crecimiento espiritual. El no distinguir la diferencia entre el espíritu y el alma impedirá al creyente alcanzar la madurez espiritual. A causa de este error, muchos cristianos consideran espiritual lo que es anímico, o sea perteneciente al alma, y de esa manera permanecen y viven el cristianismo desde sus estados anímicos y emocionales, y no buscan lo que es espiritual en verdad.

La Biblia enseña cómo escapar de la confusión, y es aceptar la verdad de lo que Dios ha diferenciado.

El ser humano completo: espíritu, alma y cuerpo

El espíritu humano es la parte mediante la que nos comunicamos con Dios, y solo a través del espíritu podemos percibir y adorar a Dios, y obtenemos la real conciencia de Él.

El alma contiene el intelecto, que nos ayuda en el presente estado de existencia procesando o generando todos los pensamientos e ideas que llegan y surgen de nuestra mente; las emociones y la voluntad completan la esencia de la personalidad humana.

El alma pertenece al yo humano, que revela su carácter, y es la parte consciente de uno mismo. El cuerpo físico es el medio con el que toda persona entra en contacto con el mundo material, y es la parte que nos hace conscientes del mundo.

El Espíritu Santo de Dios habita en el espíritu humano, la esencia del yo humano vive en el alma, y el instinto es la expresión del cuerpo físico.

De manera que el alma es el punto de encuentro entre el espíritu y el cuerpo, pues allí están los dos, fusionados.

Mediante su espíritu el creyente se relaciona con el Espíritu de Dios y con el mundo espiritual, establece un doble canal de comunicación, recibe y expresa ambos, el poder y la vida del mundo espiritual.

Mediante el cuerpo el creyente está en contacto con el mundo externo material, con el propósito divino de influenciarlo, aunque también recibe sus influencias.

El alma del creyente se encuentra entre estos dos mundos, aunque pertenece a ambos. En el momento de la conversión del creyente, queda ligada al mundo espiritual a través del espíritu renovado, aunque todavía puede seguir recibiendo la influencia del mundo material a través del cuerpo.

El alma humana posee el poder del libre albedrío, y a través de la voluntad puede elegir actuar entre sus dos influencias ambientales.

El espíritu humano no puede actuar directamente sobre el cuerpo, necesita el alma como intermediaria, y ella es esencial para mantener la unidad del ser.

El espíritu puede someter al cuerpo solo a través del alma para que obedezca a Dios; de la misma manera el cuerpo, mediante el alma, puede atraer al espíritu a amar al mundo y aislar al creyente de Dios por medio del pecado.

La acción del alma es de gran importancia, puesto que el espíritu y el cuerpo están fusionados allí y la tienen como sede de la personalidad e influencia humana.

Antes de que Adán y Eva cayeran en pecado, el poder del alma estaba bajo el dominio del espíritu; en consecuencia actuaban bajo la voluntad del espíritu.

Como he mencionado, el espíritu no puede actuar sobre el cuerpo humano por sí mismo, solo puede hacerlo a través del alma; y podemos comprenderlo en las palabras de María en Lucas 1:46-47: *"Engrandece mi alma al Señor y mi espíritu se regocija en Dios mi Salvador"*.

Aquí muestra que primero el espíritu llevó gozo de Dios a María, y luego lo transfirió al alma, para que expresase el sentimiento por medio del cuerpo. Podríamos decir que el alma es el eje de todo el ser, porque la voluntad humana le pertenece, y si el alma se niega a asumir una posición humilde el espíritu quedaría impotente.

Cada creyente tiene libre voluntad de elección, pues tiene el poder soberano para decidir por sí mismo, ya que posee el órgano de su propia capacidad volitiva y puede elegir obedecer la voluntad de Dios u oponérsele. Y en caso de negarse a hacer la voluntad de Dios, irremisiblemente hará su propia voluntad, y la propia voluntad es contraria a Dios y aliada de Satanás.

Por esto la Biblia llama al ser humano un "alma viviente", pues la voluntad, que es la parte crucial de la personalidad, pertenece al alma.

La mente humana y el creyente

En el alma reside la mente del ser humano, que es su órgano para pensar. Por medio de ella está equipado para conocer, pensar, imaginar, recordar y entender, razonar, tener sabiduría, sagacidad e intelecto, todo pertenece a la mente.

La mente del creyente ocupa un lugar preponderante en su vida espiritual, porque sus pensamientos influyen fácilmente su accionar.

Según la Biblia, la mente del creyente es excepcional por el hecho de que constituye el campo de batalla en que Satanás y sus demonios luchan contra la verdad de Dios, y por lo tanto, contra el creyente. La voluntad y el espíritu humano son como una ciudadela que los espíritus malignos procuran capturar. El territorio en donde se pelea la batalla para conquistar la ciudadela del yo, es la mente del creyente.

Así lo describe Pablo: *"Pues aunque andamos en la carne, no militamos según la carne; porque las armas de nuestra milicia no son carnales, sino poderosas en Dios para la destrucción de fortalezas, derribando argumentos y toda altivez que se levanta contra el conocimiento de Dios y llevando cautivo todo pensamiento a la obediencia de Cristo"* (2 Corintios 10:3-5).

Primeramente, el texto bíblico nos habla de una batalla, luego de cómo se pelea la batalla y, finalmente, cuál es su objetivo.

Parece increíble aceptar que la mente del creyente esté tan próxima con los espíritus de maldad. Pero recordemos que el primer pecado que cometieron Adán y Eva fue el de buscar el conocimiento del bien y del mal, y esto por instigación directa de Satanás. Todas las tentaciones que usa el diablo para atraer al creyente hacia el mal son presentadas a su mente, si bien Satanás con frecuencia usa los deseos de la carne para asegurarse el consentimiento del pecado por parte del creyente.

En cada caso es por medio de la seducción que el enemigo crea esta clase de pensamientos, para despertar la lascivia de la carne; por ese medio induce a los cristianos a pecar.

Todas las tentaciones ofrecidas por Satanás y sus demonios son presentadas en forma de pensamientos.

En el momento del nuevo nacimiento la verdad de Dios destruye los argumentos de oposición humanos, a través del arrepentimiento, pues se produce un cambio de mentalidad, y es cuando la mente humana se abre para recibir la revelación de la mente de Cristo.

La mente del creyente y los demonios

Después del arrepentimiento y la conversión espiritual, la mente del creyente no queda totalmente libre de las influencias y asedio de Satanás y sus demonios.

245

Aunque el creyente alcanza la salvación por la fe en el Señor Jesucristo, su vida de pensamiento todavía no ha sido totalmente renovada. En 2 Corintios 11:3 dice: *"Como la serpiente con astucia engañó a Eva, vuestros sentidos sean de alguna manera extraviados de la sincera fidelidad a Cristo"*.

Este pasaje es una advertencia a los creyentes para estar alertas, dado que la mente sigue siendo el campo de batalla más estratégico del enemigo. La mente sufre los ataques de las potencias de las tinieblas más que ningún otro órgano del ser humano. Deberíamos comprender que los espíritus malignos prestan una atención especial a nuestra mente, dado que allí se generan los pensamientos que pondrán en acción al cuerpo, y por ello la atacan de un modo implacable.

Los demonios eligen como blanco primero la mente, y no el corazón del creyente, con el objetivo de corromper la conducta moral, y lo intentan a través de la tentación a pecar, pretenden quebrar la simplicidad y la pureza que todo creyente recibe de Cristo en el momento de la conversión.

Los demonios saben que la mente humana es el punto más débil del creyente. Si el creyente no aprende o ignora cómo rechazar los espíritus malignos en su mente, seguirá siendo seducido, y al perder la soberanía de su voluntad, no podrá ejercer el domino propio.

Sobre todas las cosas, nuestra confianza siempre debe estar centrada en el Señor Jesucristo, que nos conduce en batalla, y además pelea por nosotros. Nunca nuestra confianza debe estar en los métodos para alcanzar las victorias espirituales. Usted y yo somos moldeados a la imagen del Señor, y si nuestra fidelidad y obediencia se mantienen con firmeza abrazando el plan eterno de Dios, la Biblia dice que ningún arma forjada contra nosotros prosperará, y que condenará toda voz que se levante contra nosotros en juicio (Isaías 54:17).

Esto significa que ningún demonio tendrá éxito contra nosotros, ni el diablo podrá acusarnos ante nadie, en la medida en que usted y yo presentemos nuestros cuerpos en sacrificio vivo a Dios, y llevemos cautivos todos nuestros pensamientos en obediencia a Cristo (Romanos 12:1-2, 2 Corintios 10:5).

Capítulo 21

Problemas que impiden la liberación espiritual a los cristianos

E s posible que un hijo o hija de Dios tenga una nueva vida en Jesucristo, tenga un corazón renovado espiritualmente, pero continúe manteniendo una mente ligada a la vieja manera de vivir. Es decir, con los pensamientos y la voluntad impulsados por las emociones, el instinto y los deseos de la carne.

Son muchos los creyentes que aman de modo genuino a Dios, pero no pueden hacerlo con todos los integrantes de la gran familia de Dios, porque desgraciadamente mantienen sus mentes con una teología confusa y doctrinas mezcladas entre la religión y el humanismo.

Generalmente tienen sus mentes atadas con prejuicios y cerradas en sus concepciones, son estrechos de miras, debido a que han decidido de antemano en qué consiste la verdad a la que se afierran, y que será en definitiva la que han de aceptar o rechazar.

No permiten que sus cabezas sean expansivas como lo son sus corazones; en realidad no han comprendido que al igual que el corazón, es vital que la mente también sea renovada, ampliada y fortalecida.

Este es uno de los grandes impedimentos para lograr la liberación espiritual, y una puerta abierta a los demonios para que opriman esas mentes y fortalezcan su cerramiento a todo lo nuevo o renovador de Dios.

También ocurre que se generen en la mente del creyente pensamientos o fantasías de imágenes impuras, ideas confusas que pueden transformarse en incontrolables. Cuando el creyente, en lugar de echar esos pensamientos los tolera, los retiene y se complace en ellos, es entonces que los demonios comienzan su labor de influencia y opresión espiritual.

Como consecuencia, pueden provocar fallas en la memoria, debilidad o pérdida del poder de concentración, y pueden generar también obsesiones con prejuicios. No es raro que los creyentes adjudiquen estos síntomas a problemas de "estrés" o cansancio mental, de modo que acuden a la medicina tradicional en búsqueda de ayuda, pero ignoran su causa espiritual, y esto impide la búsqueda del remedio espiritual, que es el único que los liberará.

La Biblia nos instruye y anima a que cuando aparezcan los síntomas mencionados, nos formulemos estas importantes preguntas: ¿Quién controla mi mente? ¿Soy yo mismo? ¿Es Dios el que dirige mi mente?

Según las Escrituras, Dios nunca rige ni pretende controlar la mente humana. Entonces, si somos conscientes de esta verdad y también somos conscientes de que tampoco tenemos el control, cabe hacernos otra pregunta: ¿quién es el que está en control? Es evidente que se trata de los poderes de las tinieblas, que fomentan esos impulsos mentales.

Hace unos años el pastor Jack Hayford y su esposa Ethel vinieron a Buenos Aires a dictar un seminario sobre *Integridad Espiritual,* durante tres días, invitados por la Confraternidad Evangélica Pentecostal Argentina, de la que yo era el Secretario Ejecutivo.

Durante el curso del seminario Jack confesó que una mañana en que se encontraba en su oficina de la Iglesia "En el Camino", de Van Nuys, en California, fue sorprendido por un pensamiento de pornografía que asaltó su mente, y que él al instante lo reprendió en el nombre del Señor e inmediatamente el pensamiento desapareció.

A la mañana siguiente –y dijo que pudo comprobar que fue en el mismo horario– despertó en su mente otro pensamiento pornográfico con mayor intensidad que el anterior, y el que, dijo Jack, permitió retenerlo en su mente. Pero al instante, sin titubear, salió rápidamente de su oficina y entró en la de su pastor asociado, le confesó el problema y le pidió que orara por él.

Así el pensamiento salió y no volvió a molestarlo nunca más.

Jack nos enseñó con su testimonio, no solo a estar alertas en todo momento ante los ataques del enemigo, que no respeta el lugar donde estemos, ni aún los templos de la iglesia del Señor, sino que la liberación dependerá en la medida que reaccionemos inmediatamente, porque los segundos que nos demoremos en deleitarnos con la tentación al pecado, pueden llevarnos a la derrota.

En la noche, después de la conferencia, durante la cena, Jack nos dijo que la Iglesia en el Camino se encuentra bastante cerca de Hollywood, separados por una cadena de sierras montañosas, y que es muy factible que los espíritus demoníacos que mantienen la pornografía en Hollywood, estén intentando extender sus dominios.

249

La Biblia dice que todo creyente posee libre voluntad de elección. La intención de Dios es que usted tenga control de sí mismo. Dios nos ha otorgado autoridad espiritual para regular nuestro entorno natural, aceptar o rechazar cualquier pensamiento que se genere en nuestra mente. Dios anhela que cada creyente someta todo proceso mental al ejercicio del poder de la voluntad.

Cuando un creyente es sorprendido por pensamientos que surgen en su mente y que no puede controlarlos, sin lugar a dudas son pensamientos emanados de otra fuente, que está usando la capacidad de su poder sobrenatural y trata de ejercer el control de su propia voluntad.

Sin embargo, para que esto ocurra es muy posible que el creyente retenga algún pecado oculto, o permita rebeldía en su corazón contra algún hermano en la fe, que es en definitiva rebeldía contra Dios.

En su carta a los Efesios, Pablo escribió sobre *"el espíritu que ahora actúa en los hijos de desobediencia"* (2:2). Es muy importante saber que los poderes de las tinieblas no obran solo fuera del ser humano, sino también desde adentro.

Esto no significa que el creyente esté poseído por un demonio, sino que los espíritus malignos pueden introducir sus pensamientos demoníacos en la vida de pensamiento de las personas y operar desde allí.

El apóstol aclara que estos espíritus solo pueden obrar cuando la persona o el creyente presta su voluntad para desobedecer a Dios. Ninguna persona, a través de algún poder mental originado humanamente, puede entrar en el cerebro consciente de otra persona y poner sugerencias u originar confusión con otros pensamientos, pero los espíritus malignos sí pueden hacerlo; poseen una capacidad sobrenatural para comunicarse que el ser humano no tiene.

Trabajan inicialmente desde la mente del hombre, y luego avanzan para dominar el área de las emociones, porque la mente y la emoción están íntimamente ligadas. Siempre los demonios operan primero en la mente y desde allí buscan alcanzar el dominio de la voluntad de la persona, porque también la mente y la voluntad están profundamente unidas.

Los espíritus malignos operan poniendo sutilmente en la mente humana, nociones o incentivos tentadores que la persona puede aceptar con placer, para así cumplir sus malvados objetivos.

O también al revés, pueden lograr el bloqueo de pensamientos que puedan perjudicar sus pérfidos planes, de manera que la persona no piense a fondo sobre la oferta recibida, y afecte el área del instinto.

La Biblia indica claramente que los poderes de las tinieblas, una vez que la persona ha prestado su voluntad al pecado, pueden impartir ideas a la mente, y también sustraérselas; tal como lo describen los siguientes textos en Juan 13:2: *"El diablo ya había puesto en el corazón de Judas Iscariote, hijo de Simón, que le entregase"*. Y en Lucas 8:11-12: *"Luego viene el diablo y quita de su corazones la palabra"*.

Estos dos versículos revelan la doble operación que los espíritus malignos pueden ejercer sobre la mente humana, poniendo o quitando pensamientos ajenos.

Yo no sé si usted se ha formulado esta pregunta, que considero de importancia para el buen funcionamiento de nuestra actividad mental, y que es: ¿por qué la vida mental del cristiano es tan hostigada por los espíritus malignos?

La respuesta bíblica es que los demonios saben que hay áreas de los creyentes que les dan oportunidad para atacarlos.

No cabe duda que la mente del creyente puede ser asaltada por el diablo y sus demonios; porque la mente cuando se desliza hacia el pecado, sea parcial o totalmente, queda fuera de la soberanía del creyente y pasa a ser dominio de ellos. Aunque el cerebro todavía corresponde al creyente, la soberanía sobre sus pensamientos es usurpada por otro dueño.

Si un creyente ofrece la oportunidad para que ocurra, ya no podrá seguir actuando con su propia voluntad, sino que al tener la mente incautada será obediente a los espíritus malignos, pues les ha cedido el terreno de su mente: sufre la pérdida de su soberanía.

Esto significa que su facultad mental está ocupada y es utilizada por los espíritus malignos. Este es el punto en que el creyente debe someterse a una terapia espiritual urgente, para liberación de la influencia demoníaca.

Debemos considerar siempre que la mente del creyente le pertenece a él; sin su permiso el enemigo está imposibilitado para usarla. A menos que el creyente de modo voluntario, cediendo a la tentación del pecado y reteniendo la falta, les otorgue prácticamente una autorización para que su mente sea atormentada por los malos espíritus.

Pero si el creyente mantiene su vida en integridad, los demonios perderán todo derecho a entrometerse en la libertad del cristiano.

Lo cierto es que los demonios, sin un punto de apoyo, jamás podrán operar sobre la mente de ninguna persona, y menos sobre la mente de un creyente fiel y obediente al Señor.

Cómo pueden los demonios oprimir la vida de un creyente

Si el creyente no permite la renovación de su mente y continúa viviendo bajo los instintos y deseos de la carne, y tolera los pecados, proporciona las bases para las operaciones de los demonios. Una vez que el hijo o hija de Dios permite que permanezcan ideas impuras, se transforma en una mente complaciente, y cada vez le resultará más difícil resistir cuando aparezcan las tentaciones.

Otro de los factores de opresión demoníaca es entender mal las verdades de Dios. Es como aceptar una mentira del diablo. Desde allí los demonios pueden incentivar los errores mal entendidos, hacer que el creyente endurezca su racionamiento y viva de dificultad en dificultad, sin encontrar la salida.

Hay casos de creyentes que aceptaron como verdadera una profecía hecha sobre ellos, sin verificar su autenticidad. Cuando un cristiano no discierne los pensamientos que se originan en los espíritus malignos, les proporciona bases para que operen poniendo ideas erróneas y distorsionadas en medio de las verdades de Dios.

Muchas veces son usados para provocar divisiones en las iglesias, rebeliones contra el siervo de Dios, y separan algunos miembros para su propio beneficio. En ese caso la mente está bloqueada por los demonios, que le impiden recibir la liberación espiritual.

Algunos creyentes malentienden el hecho de que el ser guiados por el Espíritu es aquietar la actividad de la mente, ponerla en pasividad, acostumbrarse a esperar que les lleguen ideas o sugerencias de Dios, especialmente después de hacer una petición a Dios o de leer algún pasaje de la Biblia. Esto es muy peligroso, porque poner una mente en pasividad, o en "blanco", es como una invitación a que los espíritus malignos generen cualquier tipo de falsificaciones en forma de ideas o sugerencias espirituales.

Recordemos que las revelaciones de Dios nunca son trasmitidas a la mente, sino a través de la intuición del espíritu humano dadas por el Espíritu Santo.

Cuando la mente del creyente es afectada por los fenómenos mencionados, debe buscar los medios de liberación que Dios ha provisto a la Iglesia por medio de sus pastores, ancianos, diáconos y ministros consejeros idóneos, preparados para este servicio.

De la tentación a la esclavitud espiritual

La Biblia dice que en los últimos tiempos de nuestra civilización serán *"como sucedió en los días de Lot"* (Lucas 17:28-29), cuando vivía con su familia en la ciudad de Sodoma, donde la degeneración sexual había desbordado todos los límites de moral imaginables. En el libro de Gálatas, capítulo 5, hay un detalle de los pecados de la carne, donde la mayoría –y además los primeros en ser enunciados– están relacionados con la inmoralidad sexual: *"adulterio, fornicación, inmundicia, lascivia",* y la lista también se cierra con las *"orgías".*

Estos pecados que nacen en la carne, son áreas de debilidad que cuando un creyente los comete se transforman literalmente en un terreno cedido al enemigo para que pueda edificar su fortaleza, y desde allí esclavizar al creyente. Las Escrituras nos advierten a los hijos e hijas de Dios, en Efesios 4:27, de que no debemos *"dar lugar al diablo".*

Esto significa que no debemos darle ninguna oportunidad ni cabida a Satanás y sus demonios. El motivo dramático y principal es porque cuando el diablo, que ha desatado una guerra sin cuartel contra todos los creyentes, logra una entrada a la vida de alguien por la caída del pecador, toma el terreno de esa área de debilidad, tal como le arrebató el dominio de la Tierra a Adán cuando pecó.

Desde el territorio tomado comienza a edificar una fortaleza de mentiras para socavar la relación del creyente con Jesús. Satanás busca robar el fruto del Espíritu en esa vida y, a través de los problemas y dificultades provenientes del pecado, lograr que el creyente aparte los ojos de Cristo y comience a mirarse a sí mismo, para caer en un estado de perdición y sin esperanza. Porque cuando el creyente peca en secreto de manera continua, el diablo le hace creer que es un adicto y que su pecado no tiene liberación. En la guerra espiritual Satanás busca destruir y aun matar al creyente, y lo lleva muchas veces a creer que la única salida de su esclavitud pecaminosa es el suicidio.

El objetivo del diablo en la guerra espiritual es destruir la unidad de los creyentes en la Iglesia del Señor Jesucristo, y a las familias que la componen. Muchas veces se ha mencionado que las familias de creyentes son como iglesias en miniatura. En los últimos tiempos se ha comprobado el acrecentamiento del pecado de impureza sexual en los esposos y esposas en las sesiones de consejería espiritual. Muchos de ellos han caído en la esclavitud de pecados de inmoralidad sexual, a través del erotismo, pornografía, adulterio o bisexualidad.

Cada vez que un creyente cede a la tentación, no solo confirma que la carne es débil, sino que abre su vida para que el diablo y sus demonios comiencen con sus poderes a controlar esa área cedida. Toda tentación es de origen sobrenatural, por eso tiene tanta fuerza.

Cuando caemos en pecado, debemos recordar que le damos lugar al diablo para que nos domine en esa área. Cuando Satanás consigue una base firme en la vida de una persona, convierte el deseo de pecar en un acto cotidiano, hasta que se transforma en un hábito, lo que lleva al creyente a vivir en esclavitud espiritual.

El problema de muchos creyentes que caen en un hábito pecaminoso del que no pueden desligarse, es que el diablo los ha convencido de que son adictos, para que entonces crean que hay pocas o ninguna esperanza de cambiar. Debemos ir a la Biblia para recordar que Dios a todo acto de inmoralidad lo sigue llamando pecado, y si es pecado sabemos que habrá una posibilidad cierta de cambiar. No cabe duda que Satanás puede construir su fortaleza, siempre y cuando el creyente retenga el pecado sin confesar, ni hacer esfuerzos para abandonarlo o sin intentar alejarse de él. Podemos considerar que Satanás alcanza a consolidar su posición o a terminar la construcción de su fortaleza cuando logra que el pecado se convierta en un hábito en el pecador. Los ladrillos que coloca Satanás en la edificación de la fortaleza, son las mentiras que el pecador va creyendo. Juan 8:44 dice que el diablo no solo es mentiroso, sino *padre de mentira*. Las mentiras se afirman cuando son creídas, porque luego el diablo se ocupa de que se hagan realidad.

Puertas a la esclavitud sexual

Cuando un hombre creyente mira la belleza de una mujer mientras se cruza con ella cuando camina por la calle, no es pecado, porque forma parte del instinto natural de la naturaleza de la atracción de los dos sexos con que Dios nos creó. Pero cuando el hombre gira su cabeza para mirarla por segunda vez, se considera que es pecado, porque esa mirada incluye codicia y lujuria.

Lamentablemente, no es difícil para el hombre caer en la trampa de los deseos de la carne. El problema es que cuando los varones le permitimos a Satanás una entrada en nuestra vida, nos atacará con todas sus fuerzas, porque él lleva adelante específicamente una guerra para destruir y eliminar a los hombres como líderes de la iglesia y de los hogares.

Por eso Satanás está detrás de impulsar la esclavitud sexual en todos los creyentes varones, solteros o casados, que pueda enlazar.

Uno de los fenómenos más importantes de la sociedad ha sido el nacimiento de la televisión por cable, lo que permite a la familia tener un abanico de entretenimientos con una cantidad y variedad tal, para que se adapte a los gustos de cada uno sin moverse de su casa. Así llegaron también los canales eróticos y pornográficos a los hoteles y hogares en todo el mundo; no cabe duda de quién ha sido el impulsor de esto.

Estos canales han despertado el erotismo de muchos hombres, para luego caer en la esclavitud sexual. Hay muchos testimonios de hombres de negocios y de líderes espirituales que viajan solos, que han caído en la tentación de mirar los canales pornográficos en los hoteles donde se alojaron.

Me gustó mucho leer el testimonio de Sergio Scataglini, uno de los líderes de mi denominación al que admiro por su transparente integridad espiritual, que acaba de publicar un libro llamado *El fuego de su Santidad*. Dice en él que cada vez que viaja y debe hospedarse en un hotel, coloca una toalla arriba del televisor y pone una Biblia encima, es decir que lo transforma en un "púlpito".

Hace años me tocó alojarme con un intachable siervo de Dios, el Rvdo. Lindsy Cristy. Asistíamos a un encuentro de Directores del ministerio del Club 700; él era Director de Colombia y yo de la Argentina. Como coincidió nuestra llegada al hotel, estábamos registrándonos juntos en la recepción, y pude escuchar que Lindsy le pidió al conserje que desconectara la televisión de cable de su habitación. Creo que la mejor manera de luchar contra la tentación del diablo es no darle ningún lugar.

Debemos todos los hombres cristianos estar siempre alertas para cuidar que no se despierte la curiosidad erótica, porque la seducción del erotismo es el primer paso a la esclavitud sexual.

El erotismo despierta la lujuria, y la lujuria es imposible de satisfacer, siempre quiere más. Es una invitación al placer continuo, siempre promete más si se participa más. No solo los demonios fortalecerán la esclavitud, sino que se producirán mayores cadenas de esclavitud cuando el que ha sido tentado sigue pecando. Por ejemplo, cuando un hombre tiene relación con una prostituta queda apresado a ella espiritualmente, su alma queda atada y no puede resistir al deseo de volver. Dice 1 Corintios 6:16: *"¿O no sabéis que el que se une con una ramera, es un cuerpo con ella? Porque dice: los dos serán una sola carne".*

En la Biblia siempre encontraremos los consejos preventivos y también la prescripción para la sanidad y la liberación. En el caso de que alguien esté atrapado en la esclavitud sexual, la buena noticia es que sí hay salida y liberación, pero no hay que demorar ni un instante más para buscarla y alcanzarla.

En el próximo capítulo veremos el camino y los pasos para obtener liberación de esa esclavitud.

Capítulo 22

Métodos de liberación

Aunque un creyente pueda percibir su condición de estar bajo influencia espiritual demoníaca, los espíritus malignos no van a dejarlo escapar de la cautividad sin presentar batalla; sugerirán muchas mentiras para retener su posición.

Sin embargo, el cristiano mismo es el que ha de decidir la cuestión. Ante todo, tiene que hacer una decisión, pues de lo contrario la liberación no será posible; podrá ser liberado solo cuando el territorio cedido haya sido recobrado. La mente no renovada ha de ser renovada, la mentira ha de ser hallada y desmentida, la pasividad y la aceptación al pecado, ha de tornarse en una acción dinámica de oposición y rechazo.

Estos son los pasos que debe seguir el creyente bajo influencia demoníaca para alcanzar la liberación espiritual:

1. La vieja mentalidad que aceptó las tentaciones demoníacas, tiene que ser descartada. El cristiano debe practicar la negación y el rechazo de cada uno de los pensamientos pecaminosos que se presentan diariamente. Todo pensamiento que no provenga de Dios tiene que ser eliminado, suprimido.

2. El creyente debe declarar que su voluntad quiere la verdad de Dios, y que quiere conocer y obedecer esta verdad, por medio de la oración diaria, la lectura bíblica y la ayuda de la memorización de textos bíblicos. Incluso es bueno escribir en una tarjeta o papel algunos textos de victoria y aliento espiritual, y llevarlos encima para leerlos durante todo el día. Todo esto fortalecerá su mente y con la firme decisión de la voluntad podrá resistir toda mentira satánica; sea cual fuere la forma que tome, el de un pensamiento pervertido, una fantasía erótica o el de una argumentación pecaminosa. Al hacerlo, el Espíritu Santo tendrá la oportunidad de llevar la mente oscurecida a la luz de la verdad de Dios.

3. En tanto que ha sido fácil ceder terreno a los demonios, se requiere un enorme esfuerzo espiritual para recuperarlo. Para recobrar el terreno perdido, el creyente tiene que ejercitar su voluntad para revocar su antiguo consentimiento, insistir que él es el dueño de sí mismo y que no tolerará que el enemigo siga manipulando ningún sector de su ser. El creyente debe declarar por la ley del Espíritu de vida, que su mente le pertenece a él, que va a hacer uso de ella y no va a permitir que ningún pensamiento extraño la fuerce, instigue, use o controle.

Si el creyente abandona la pasividad mental en la que ha caído y comienza a ejercitar su mente con la verdad de Dios, esta va a ser liberada gradualmente, hasta volver a su estado original. Para rechazar cualquier pensamiento de confusión, el creyente deberá contestar las dudas con los textos bíblicos en la fe del Señor Jesucristo y toda sugerencia del enemigo deberá ser confrontada con la verdad de la Biblia. Entonces la mente oscurecida bajo la opresión demoníaca será aclarada por la luz del Espíritu Santo de Dios.

En definitiva, liberación espiritual es ser restaurado al estado original. Cada creyente tiene su condición cristiana normal, y es el estado espiritual que tenía antes de caer. La condición antes de la caída es la vara para medir cualquier tipo de anormalidad en la vida de un cristiano verdadero. El Salmo 40:1-2 nos da una clara descripción de la caída espiritual cuando un creyente peca, y la forma de cómo Dios nos restaura.

Dice David: *"Y me hizo sacar del pozo (...) del lodo cenagoso; puso mis pies sobre la peña y enderezó mis pasos"*. Cuando un creyente peca, cae en un pozo de oscuridad que no tiene un fondo firme, cada día se va hundiendo cada vez más y más en la inmundicia del pecado. Pero aún en ese estado, desde el fondo el pozo y atormentado por los demonios, si el pecador clama con arrepentimiento a Dios, Él siempre escuchará y romperá los yugos de esclavitud, para volver a ponernos sobre el terreno firme de su salvación, y nos restaurará a la vida cristiana normal como si nunca hubiésemos caído.

Para obtener liberación de una vez para siempre del poder de los demonios, hay que aprender a obedecer en sumisión al Señor Jesucristo, y a toda la Palabra de Dios. La Biblia dice: *"Que con mansedumbre corrija a los que se oponen, por si quizá Dios les conceda que se arrepientan para conocer la verdad, y escapen del lazo del diablo, en que están cautivos a voluntad de él"* (2 Timoteo 2:25-26).

La luz siempre echa fuera la oscuridad. Dios es luz; pero el mundo de los demonios es de una absoluta oscuridad. Cuando un creyente busca la luz de Dios en su palabra los demonios tiemblan y desaparecen, porque no toleran ni pueden resistir cuando un creyente se transforma en "luz del mundo y sal de la tierra".

Liberación de opresión y posesión demoníaca

Pueden llegar a la iglesia personas inconversas poseídas por espíritus demoníacos; la prioridad es lograr que reciban la salvación del Señor Jesucristo, pues la conversión es imprescindible para luego poder ministrar al recién convertido la liberación de los demonios.

Para ello el ministro cristiano o pastor deberá aplicar lo que se denomina liberación asistida. Siempre y cuando el Espíritu Santo revele al ministro que tal o cual persona está poseída por los demonios, o que algún creyente que solicita liberación está bajo opresión demoníaca.

Hace unos años, cuando yo era diácono de la Iglesia los Olivos, después de terminado el culto y en el momento que estábamos saliendo de la oficina pastoral con el Reverendo Regge, y nos disponíamos para cerrar el templo, sorpresivamente entró una mujer muy acongojada que pedía oración. Había recibido al Señor en una ocasión, pero luego se alejó de la iglesia, y hacía tiempo que no concurría. Nos dijo que los demonios no la dejaban en paz, y que la atormentaban día y noche.

El pastor Regge impuso su mano sobre la cabeza de la mujer, e inmediatamente esta cayó, pero al momento comenzó a convulsionarse en el piso, y el demonio que estaba en ella se manifestó hablando con una voz grave y casi varonil, que decía: "Ella es mía, yo se la compré a la madre cuando estaba en su vientre, ella me pertenece". Cada vez que el pastor le mandaba, en el nombre del Señor, que se fuera, el demonio repetía lo mismo.

Esto duró casi media hora, hasta que el demonio salió de ella. Luego el pastor la ministró para que renunciara a la herencia de maldición, pero ella confesó que había practicado la curandería, cuyos conocimientos se los había dado su madre antes de morir.

Otra mujer que solía concurrir a las reuniones del anexo de la iglesia, que teníamos en la ciudad de Martínez, nos pidió oración: decía que tenía fuertes dolores de cabeza, y que los médicos no le encontraban nada.

Cuando oramos por ella, se desplomó y al instante comenzó a convulsionarse y a desplazarse en el piso como una serpiente, y cuando reprendimos al demonio para que saliera de ella, nos contestó: "¡Yo no soy un demonio, soy un príncipe de demonios!"

Los hermanos que estaban conmigo también comenzaron a orar a Dios, mientras seguíamos reprendiendo al demonio en el nombre del Señor, hasta que después de aproximadamente tres cuartos de hora, el espíritu inmundo la dejó. Lo que había ocurrido era que esta mujer había hecho consultas con adivinos, en desobediencia y rebeldía contra Dios y su Palabra.

Considero que hay seis pasos principales para guiar al oprimido o poseído por demonios a obtener la libertad y la victoria espiritual, y son los siguientes:

Paso 1. Primeramente hay que hacer confesar al oprimido o poseído por demonios, todos los pecados conocidos, especialmente cualquiera que esté ligado con las prácticas del ocultismo, tales como: quiromancia, horóscopos, ciencias ocultas, curanderos, yoga, espiritismo, brujería, adivinación o participación en religiones o sectas paganas, etc.

Paso 2. Hacer que la persona o creyente renuncie a cualquier trato o pacto con los espíritus demoníacos, de los que haya sido consciente o inconsciente; todo pago requerido o voluntario de servicios a brujos o curanderos, etc., se considera un pacto espiritual entre el que solicita el servicio y quien los da. La oración de renuncia a estos vínculos debe ser hecha en alta voz, diciendo: "Señor Jesús, confieso mi fe en ti, y renuncio a mi participación en ... (aquí debe mencionar la participación incurrida, como por ejemplo: la quiromancia, horóscopos, yoga, espiritismo, etc.). Renuncio a todo pacto voluntario o involuntario con hechiceros, curanderos, chamanes, adivinos, brujos, etc." (En el comienzo del libro, en la parte de Ocultismo, y en el capítulo "El ocultismo se ramifica de generación en generación" (página 49) encontrará una guía para hacer la oración de renuncia a las maldiciones de herencias generacionales).

Paso 3. El ministro cristiano reprenderá al demonio en el nombre del Señor Jesucristo, le mandará salir y nunca más volver. Si el demonio habla, el ministro no debe entablar ningún diálogo con él, se le dará órdenes diciendo solamente una cosa: "En el nombre de Jesús espíritu o demonio: vete, o sal fuera, o déjalo / déjala ahora".

Paso 4. Una vez que el espíritu salió de la persona o dejó de influenciar al creyente, haga que el recién liberado se una a usted en oración de agradecimiento a Dios por la liberación obrada.

Paso 5. Se aconsejará al liberado que a partir de ese momento deberá multiplicar los esfuerzos para caminar en la luz, y que nunca más participe ni siquiera se acerque a ningún lugar o cosa que le haya conducido a la esclavitud del pecado, pues los demonios volverían a tentarlo en esa debilidad. La Palabra de Dios, la oración y la comunión con la congregación de los santos, serán las columnas que lo fortalecerán y ayudarán a mantener la liberación obtenida.

Paso 6. Hacer que el liberado o el creyente restaurado se presente ante el Señor, como un verdadero "sacrificio vivo" para Dios, y que trate de renovar este compromiso de consagración, día por día. Es una forma de tomar la cruz cada día, para seguir al Señor, y que el creyente se convierta en el discípulo que Jesús desea que todos alcancemos a ser.

Recordemos que el pecado y la ignorancia de la Palabra de Dios son puertas abiertas a los demonios. La mejor garantía contra la influencia de los demonios, es ser un estudiante activo de las Escrituras, practicar un buen compañerismo cristiano, ser miembros activos de una iglesia local, involucrarse en el servicio a Dios, buscar una iglesia donde los siervos y los creyentes sean predicadores y hacedores de la Palabra de Dios.

Si algún creyente necesita ayuda espiritual al reconocer que está bajo la influencia u opresión de los demonios, debe acudir sin demoras a la iglesia local de la que es miembro, o a la que concurre, y solicitar ayuda pastoral.

Si por alguna razón esto no fuese posible, puede recurrir a un ministro o consejero cristiano de la iglesia local, que sea idóneo en la liberación espiritual.

Todas las Iglesias Cristianas Evangélicas, donde los pastores y la congregación siguen la Palabra de Dios con fidelidad, y que todo su liderazgo ha experimentado el bautismo en el Espíritu Santo, seguramente podrá encontrar consejeros instruidos para ministrar la liberación espiritual.

Recuerde que Jesús dijo: *"Y conoceréis la verdad, y la verdad os hará libres"* (Juan 8:32). *"Así que, si el Hijo os libertare, seréis verdaderamente libres"* (Juan 8:36).

Y la Palabra de Dios dice que: *"El Señor es el Espíritu; y donde está el Espíritu del Señor, allí hay Libertad"* (2 Corintios 3:17).

Liberación asistida

En el método de los pasos descritos anteriormente, vimos cómo se lleva a cabo la liberación asistida. El pasaje de Marcos 9:14-29 no deja dudas de la autoridad de Jesús sobre los demonios.

En cuanto Jesús se acercó al endemoniado, el joven fue revolcado por el espíritu que lo poseía. Entonces Jesús reprendió el espíritu inmundo: *"Espíritu mudo y sordo, yo te mando, sal de él, y no entres más en él"*. Inmediatamente el demonio salió, y el joven quedó como muerto; pero Jesús extendió su mano, lo enderezó, y el joven se levantó libre de la maldición.

Cuando Pablo llegó a Filipos fue estorbado por una muchacha que tenía un demonio de adivinación, y durante varios días siguió a Pablo profetizando, hasta que Pablo le dijo al espíritu: *"Te mando en el nombre de Jesucristo, que salgas de ella"*, y dice Hechos 16:18, que al instante el demonio salió de la muchacha y la dejó libre.

Este es el método que practicamos los siervos de Dios en nuestros días: pastores, evangelistas, ancianos, diáconos del cuerpo de Cristo, para echar fuera demonios y liberar a los oprimidos por los espíritus inmundos, bajo la poderosa unción del Espíritu Santo y en el nombre del Señor Jesucristo.

Pero no debemos olvidar que este ministerio no puede ser comprado ni practicado fuera de la Iglesia del Señor, en forma independiente o solitaria. La Biblia tiene abundantes ejemplos, como el pasaje del libro de los Hechos 8:9-24, donde tenemos a un mago de nombre Simón que intentó comprar a los apóstoles el don del Espíritu Santo que ellos ministraban por la imposición de manos. Entonces Pedro le dijo: *"Tu dinero perezca contigo, porque has pensado que el don de Dios se obtiene con dinero"*.

En Hechos 19:13-17 aparecen unos exorcistas ambulantes que intentaron liberar a uno que estaba poseído por un demonio, e invocaron el nombre de Jesús. Pero el demonio reconoció que sobre ellos no había autoridad espiritual delegada por Dios, y saltaron sobre los exorcistas, los dominaron, y estos tuvieron que huir desnudos y heridos para librarse del ataque.

Auto liberación

También la Biblia enseña la posibilidad de que el creyente atormentado por demonios pueda auto liberarse, y lograr el libramiento por sí mismo de acuerdo al método de Dios.

En la carta que Pablo escribió a los Romanos, en el capítulo 7, encontramos una manifiesta confesión de pecados donde el autor afirma que él, como creyente, lleva una vida bajo el control de los instintos y deseos de su carne, y afirma que se ha vendido al pecado. Porque reconoce que hace lo que aborrece, y aunque sabe que está mal hacerlo, descubre que hay un impulso dentro de él que lo domina y lo lleva a pecar.

Ante todo debemos saber que toda liberación del pecado empieza con la confesión. Es imposible echar fuera algún pecado sin confesión; todos los pecados deben confesarse para recibir el perdón de Dios.

Lo único que puede echarse fuera en nombre del Señor Jesucristo son los demonios que estén atormentando a alguna persona. El problema principal de los pecados, es cuando el pecador se deleita con él, y en consecuencia lo retiene sin confesarlo.

Lo que ocurre en ese período de retención es que el pecado se va afirmando hasta hacerse hábito, y un hábito se transforma en un vicio, y el vicio es fortalecido por los demonios que lo sustentan, crean un hambre voraz e incontenible en el pecador, de manera que pierde el dominio propio y queda esclavizado por el vicio.

Todo vicio convierte al pecador en dependiente de una adicción, puede ser de la droga blanda o dura, del tabaco, del alcoholismo, de la fornicación, del adulterio, de la lascivia, de la impureza sexual, de la homosexualidad, de las orgías, de la gula, de la idolatría, de la hechicería y de cosas semejantes a estas.

En este punto es válido preguntarnos si puede un creyente que ha caído en tales vicios lograr su propia liberación.

Pablo se formuló esta misma pregunta después de haber obedecido, una y otra vez, los deseos pecaminosos de la carne. Encontramos en Romanos 7:24, que él exclamó: *"¡Miserable de mí! ¿Quién me librará de este cuerpo de muerte?"* Y luego, pudo alcanzar la respuesta liberadora al decir, posiblemente con toda la fuerza de su voz: *"Gracias doy a Dios, por Jesucristo Señor nuestro (...) Porque la ley del Espíritu de vida me ha librado de la ley del pecado y de la muerte".* En realidad Pablo dice: "No será por medio de mi esfuerzo que seré libertado, es por medio de Jesucristo que es el verdadero dueño y Señor todopoderoso de mi vida, pues es Él el que ha vencido y deshecho las obras del diablo y ha establecido una nueva ley que anuló el poder del pecado sobre mi vida".

La ley del Espíritu de vida puede obrar únicamente sobre los que viven a la sombra de la bendición de Dios, y buscan permanecer en sumisión a sus mandamientos.

Todos los creyentes estamos frente a una decisión respecto al área que elegimos vivir, así como Moisés les dijo a los israelitas en el desierto: *"He aquí yo pongo hoy delante de vosotros la bendición y la maldición; la bendición si oyeres los mandamientos del Señor vuestro Dios, (...) y la maldición, si no oyereis los mandamientos del Señor vuestro Dios..."* (Deuteronomio 11:26-27).

Así como la ley del Espíritu de vida solo puede actuar si estamos bajo la bendición del Señor, la ley del pecado y la muerte solo pueden obrar cuando estamos en desobediencia a Dios y bajo maldición.

Mientras la persona permanece en el área de la maldición, estará a merced de las fuerzas demoníacas que obrarán opresivamente para que el pecador no suelte el pecado.

Separados de Dios nada puede libertarnos; es por la unión con Cristo, no por el derecho de ser creyentes o miembros de una congregación cristiana, ni por nuestra mejor conducta o abstinencia. Es por medio de dicha unión de su Santo Espíritu con nuestro espíritu humano, lo que anula definitivamente todo derecho del pecado sobre nuestra vida, y lo reduce a la impotencia de dueño destronado.

Pero, como sabemos, los deseos pecaminosos no han sido eliminados de nuestra carne. Siempre tenemos que estar alertas para que no se enseñoreen ilegalmente del trono de nuestra vida, pues la carne seguirá siendo débil ante las demandas de los deseos y pasiones desordenadas, pero se hará fuertes si cedemos nuestra voluntad al pecado.

Y recordemos que cuando como creyentes pecamos y retenemos el pecado en secreto, sin confesarlo, entramos en el territorio de la maldición. Quizás no con todo nuestro ser, quizás será un área de nuestra vida la que queda bajo maldición, pero será suficiente para que los demonios comiencen su obra esclavizadora.

Recordemos que cuando los israelitas le robaron a Dios en sus diezmos y ofrendas, Dios les dijo que si se arrepentían y volvían a ofrendar y diezmar, no solo les abriría las ventanas de los cielos para bendecirlos hasta desbordar, pues debido a que esa área de sus vidas estaba bajo maldición, los cielos estaban cerrados para ellos. Les dijo que Él mismo reprendería al "devorador", que no era otro que el diablo, que es el tirano que gobierna en el territorio de la maldición (Malaquías 3:9-11).

En definitiva, hay que cerrar las puertas que se han abierto para la

265

entrada de los demonios, y así regresar al territorio de la bendición de Dios.

Por eso, después de la confesión viene la renuncia a todos los acuerdos, permisos o pactos que permitieron la entrada o la operación de demonios. Pablo manifestó su renuncia al decir: *"Hermanos, deudores somos, no a la carne, para que vivamos conforme a la carne (...) Más si por el Espíritu hacéis morir las obras de la carne, viviréis"* (Romanos 8:12-13). Él estaba renunciando a la vida de los deseos pecaminosos de la carne y, además, la consideraba muerta para poder vivir la vida victoriosa en el Espíritu.

Y finalmente Pablo expulsó toda influencia demoníaca cuando dijo: *"Desechemos, pues, las obras de las tinieblas..."* (Romanos 13:12b). Literalmente echaba fuera de su vida en forma definitiva, a todo espíritu inmundo o influencia demoníaca que lo oprimía a causa del pecado.

La palabra *desechemos,* fue traducida del griego *apotithemi,* que significa poner a un lado, dejar de lado, sacarse de encima, poner afuera o arrojar afuera de uno mismo, rechazar.

El otro aspecto de la auto liberación, es huir de todo aquello que haya influenciado o encendido los deseos de la carne para caer en el pecado. Especialmente lo que haya motivado a que un área de la vida del creyente cediera a las demandas del pecado.

La Palabra de Dios nos exhorta a ser radicales en este asunto. Jesús dijo: *"Si tu ojo derecho te es ocasión de caer, sácalo, y échalo de ti; pues mejor es que se pierda uno de tus miembros, y no que todo tu cuerpo sea echado al infierno"* (Mateo 5:29).

Lo mismo dijo acerca de la mano derecha, que si fuese la causa del pecado era mejor cortarla y separarla del cuerpo. Esta exhortación no es literal, en cuanto a proceder a amputar una mano o anular un ojo si fueran los causantes del incentivo a pecar.

Pero sí lo es, respecto a hacer todos los esfuerzos para negarse a usar la mano o el ojo, hacia cualquier cosa de tentación pecaminosa.

Debemos actuar radicalmente frente a todo lo que pueda despertar codicia o deseos libidinosos, literalmente como si no tuviéramos ojo para ver ni mano para tocar. Por eso Pablo, que ya había sido liberado del pecado que dominaba su cuerpo, dijo que se mantenía

266

alerta contra las asechanzas de las tentaciones, y forzaba a su propio cuerpo y lo ponía en servidumbre, para que él mismo no vaya a ser descalificado (1 Corintios 9:26-27).

Pero no todo ha concluido: después de la liberación de la influencia demoníaca, sabemos que los demonios fueron expulsados, pero el diablo queda siempre en asecho, como un león rugiente, rondando a su víctima para devorarla.

Por eso Pablo una vez más nos exhorta a los creyentes a no bajar la guardia nunca, cuando dijo: *"Andemos como de día, honestamente; no con glotonerías y borracheras, no en lujurias y lascivias, no en contiendas y envidia, sino vestios del Señor Jesucristo, y no proveáis para los deseos de la carne"* (Romanos 13:13-14).

Aprendiendo a vivir en libertad de la tentación

Nadie está libre de ser tentado a pecar; por lo tanto ningún creyente está exento de ser un combatiente de la guerra espiritual. Santiago 1:14 dice que *"cada uno es tentado, cuando de su propia concupiscencia es atraído y seducido"*. No es que cada uno de nosotros somos tentados por las mismas cosas, sino de la misma forma, por medio de nuestros mismos deseos perversos. Satanás nos tienta en algo que estamos dispuestos a hacer, pues de lo contrario no tendría ningún atractivo para nosotros. Lo hace según la debilidad de cada uno. Aquí debemos ser sinceros en reconocer que todos tenemos por lo menos un punto vulnerable dónde ser tentados. Satanás también lo sabe y nos incentiva a que hagamos aquello por lo que tenemos debilidad.

Aquí es importante recordar que la Biblia nos exhorta a resistir, pero debo hacer una aclaración respecto a qué o a quién debemos resistir: no es a la tentación sino al tentador; porque si tratamos de resistir a la tentación en sí misma seremos vencidos. Es lo mismo que llevar a un chico a un negocio de golosinas, y decirle que resista y que no coma caramelos porque le dañan sus dientes. La Palabra nos insta a resistir al tentador, al que está detrás de la tentación, y entonces se cumplirá la promesa de que el tentador huirá de nosotros.

La gran pregunta es ¿cómo y con qué vamos a resistir? ¿Con

ayunos? ¿Con oración? ¿Pidiendo oración a los pastores? Si bien debemos orar, ayunar y consultar a los pastores, Jesús nos enseñó que al diablo hay que resistirlo con la verdad de Dios, que está en las Escrituras. Hebreos 4:15 declara que no es pecado ser tentado, pues Jesús fue tentado en todo como nosotros somos tentados, pero Él no pecó. Resistir al tentador significa resistir a sus propuestas. Cuando llegan los pensamientos para incitarnos a pecar es el momento de rechazarlos. El diablo nos dice "es lo que deseas, lo mejor es que lo hagas de una vez, y la próxima vez no lo harás".

Esta voz no viene de nuestra carne sino del infierno. Judas fue inducido por los pensamientos de Satanás; el problema es que no los resistió, y le costó su vida. El problema no fue que Judas tuviera pensamientos de codicia, el problema fue que aceptó los pensamientos de Satanás.

Cuando Jesús fue tentado en el desierto por Satanás, oyó los pensamientos perversos del diablo pero no los aceptó, sino que resistió a cada uno de ellos: respondió con la Palabra específica de Dios. Recordemos que en la guerra espiritual debemos usar *"la espada del Espíritu, que es la Palabra de Dios"* (Efesios 6:17). Recordemos que en este versículo "palabra" fue traducido del griego *rhema,* y que no está referido a la Biblia entera como tal, (cuando se la menciona como Palabra general de Dios, es traducida del griego *logos*) sino un pasaje específico de las Escrituras que el Espíritu Santo trae a nuestra memoria para ser usado en tiempo de necesidad. Por supuesto, requiere de que no solo leamos la Escritura, sino que la estudiemos y memoricemos algunos textos en particular. Así Jesús contrarrestó las tentaciones del diablo, con la espada del Espíritu, que es la verdad de Dios para desbaratar cualquier artimaña del diablo.

Dice la Biblia que cuando resistimos al diablo, él se irá. Pero recordemos también que la guerra continuará hasta el momento que dejemos nuestro cuerpo en la sepultura; por lo tanto, cuando resistimos al diablo y vencemos, ganamos solo una batalla, porque Satanás no se retira para siempre, volverá y buscará otra oportunidad para hacerlo, esperará un momento de debilidad de nuestra parte. Cuando Jesús fue a orar a Getsemaní y recibió pensamientos ajenos para evitar la cruz, oró y dijo: *"No se haga mi voluntad, sino la tuya"* (Lucas 22:42), y al instante apareció un ángel del cielo para fortalecerlo.

Cuando resistimos con la verdad de Dios el Espíritu Santo siempre nos dará la fortaleza para salir victoriosos.

Hoy, como creyentes, luchamos contra principados y potestades en las regiones celestiales. Si dejamos de resistir y fracasamos, o perdemos alguna batalla, sabemos que debemos volver a Dios inmediatamente en busca que la sangre de Cristo vuelva a limpiarnos de todo pecado. Todo pecado anula nuestra comunión con Dios, y la sucesión de pecados nos debilitan y permiten al diablo intensificar sus ataques para esclavizarnos espiritualmente. El mejor consejo es estudiar la Biblia y buscar textos específicos que hablen de nuestra necesidad, para estar listos con la espada del Espíritu desenvainada para contrarrestar los ataques del diablo.

Todos tenemos por lo menos una debilidad, hay un pecado que nos tienta más que otros y el diablo lo conoce, entonces recordemos Santiago 4:7: *"Someteos, pues, a Dios; resistid al diablo y huirá de vosotros"*.

Cuando un creyente ha sido liberado espiritualmente, debe someterse a una estricta disciplina, necesita límites de contención claros en su conducta. Especialmente reforzar los límites que traspasó para caer en la debilidad que lo esclavizó espiritualmente. Nuevamente estamos frente a dos opciones, puede auto disciplinarse o someterse a una disciplina controlada.

Hay creyentes que necesitan de una terapia de seguimiento, para reforzar el o las áreas de debilidad que le hicieron caer en el hábito pecaminoso. Este debe consultarse con el pastor consejero, que decidirá los pasos del proceso de la definitiva restauración.

Hay creyentes, como Pablo, que pueden definir una auto disciplina, que les permita reconocer los límites de conducta, para no volver a caer.

Lo importante es desarrollar relaciones íntimas con hermanos de la congregación, a los que les rindamos cuentas de nuestra conducta en todas las áreas de nuestra vida. Alguien que cuando usted se equivoca, tenga autoridad para corregirlo; que cuando se cansa espiritualmente, pueda estimularlo y dar fuerzas para seguir; que si se confunde, pueda orientarlo; y cuando celebra, pueda celebrar junto a usted.

La iglesia es el lugar donde podemos hallar los límites de contención que necesitamos, es allí donde recibimos atención espiritual.

Considero muy adecuado recordarles esto que Richard Exley escribió en el capítulo *Cuando el bien sale mal*, de su libro *El Peligro del Poder*; es lo siguiente: "La clave de la victoria en la guerra continua con la tentación sexual, es reconocer el problema en su fase inicial y tomar las medidas apropiadas. No piense que la tentación no existe, pues realmente existe, hasta entre los mejores de nosotros. La mayoría de las tentaciones sexuales pueden eliminarse poniendo en práctica las medidas preventivas mencionadas en este capítulo: mantener una relación íntima con Dios y con nuestra pareja, establecer límites adecuados, permanecer responsable ante otro por nuestros pensamientos, y exponer la tentación tan pronto como sentimos su presencia. Si después de hacer todo esto la tentación persiste, haga lo que hizo José: ¡huya!" (Génesis 39:12).

Capítulo 23

Liberación y santificación

E l 16 de diciembre de 1988 fue para mí un día inolvidable. Junto a mi esposa y a varios pastores de mi denominación (Unión de las Asambleas de Dios de la Argentina), nos encontramos alineados en el altar de la Primera Iglesia de las Asambleas de Dios en Mar del Plata, Provincia de Buenos Aires (un templo que fue construido por medio de una donación de Kathryn Khulman), para ser ordenados Ministros de Dios y separados para su servicio.

Recuerdo vívidamente la oración de consagración a Dios que hicimos ese día. No puedo desligarla ni dejar de escuchar una vez más las palabras de Pablo que dan comienzo al capítulo 12 de la carta a los Romanos: *"Así que, hermanos, os ruego por las misericordias de Dios, que presentéis vuestros cuerpos en sacrificio vivo, santo, agradable a Dios, que es vuestro culto racional. No os conforméis a este siglo, sino transformaos por medio de la renovación de vuestro entendimiento, para que comprobéis cual sea la buena voluntad de Dios agradable y perfecta".*

Aquel día de verano, lo que en realidad yo hacía junto a otros consiervos del Señor, fue literalmente presentarnos ante Dios, y más específicamente nos ofrecíamos y comprometíamos a estar al lado de Dios para someternos a su perfecta voluntad.

La palabra griega de donde se tradujo presentéis, es *paristemi,* cuyo significado literal es "ponerse al lado", "presentar" y también "someter".

Esta misma palabra es la que aparece en el Evangelio de Lucas 2:22, referido al momento en que José y María llevaron al niño Jesús para "presentarlo" en el templo ante Dios. Estaban devolviendo al niño Jesús al Padre Celestial, para que cumpliera sus propósitos en Él; lo consagraron y separaron para Dios.

Lo que sigue al pedido de Pablo, de que debemos presentarnos, es la forma de ponerlo en práctica, y es con nuestros cuerpos en sacrificio vivo.

El Señor busca que nos dispongamos a hacer una decisión principal en nuestras vidas para consagrarnos a Dios, pero no es una decisión temporal sino que dura toda la vida; es un sacrificio viviente, es una muerte a nosotros mismos en el cuerpo a fin de usarlo para el Señor.

No se trata de una actitud interna; requiere una expresión exterior con nuestros cuerpos, porque nos expresamos y actuamos a través del cuerpo.

Dice 1 Corintios 6:15-20: *"¿No sabéis que vuestros cuerpos son miembros de Cristo? ¿Quitaré, pues, los miembros de Cristo y los haré miembros de una ramera? De ningún modo. ¿O no sabéis que el que se une con una ramera, es un cuerpo con ella? Porque dice: Los dos serán una sola carne. Pero el que se une al Señor, un espíritu es con él. Huid de la fornicación. Cualquier otro pecado que el hombre cometa, está fuera del cuerpo; mas el que fornica, contra su propio cuerpo peca. ¿O ignoráis que vuestro cuerpo es templo del Espíritu Santo, el cual está en vosotros, el cual tenéis de Dios, y que no sois vuestros? Porque habéis sido comprados por precio; glorificad, pues, a Dios en vuestro cuerpo y en vuestro espíritu, los cuales son de Dios".*

Aquí se requiere que exista una liberación total del pecado que asedia nuestros cuerpos, y tiene mayor peso aún, dado que Pablo lo había experimentado en carne propia. Recordemos que él también dijo: *"...golpeo mi cuerpo, y lo pongo en servidumbre, no sea que habiendo si-*

do heraldo para otros, yo mismo venga a ser eliminado" (1 Corintios 9:27).

La exhortación del apóstol en el capítulo 12 de Romanos, está dirigida a que nos ofrezcamos en un continuo sacrificio vivo, puesto que nuestros cuerpos se han convertido en templo del Espíritu Santo. Pero este sacrificio no lo debemos ofrecer con la muerte, sino con nuestras vidas, y como es para Dios debe ser un sacrificio de santidad.

La palabra santo de Romanos 12:1 fue traducida del griego *hagion,* que es el neutro del adjetivo *hagios,* que significa separado, y entre los griegos se usaba para señalar a las personas que se dedicaban a los dioses, y que en la Biblia se usa para definir la conducta personal de los que se separan del pecado, para vivir consagrados a Dios. *Hagion* se usa para definir a las cosas que se ponen aparte para el servicio de Dios; por ejemplo, Hebreos 9:1 define al tabernáculo del Antiguo Testamento como *"santuario terrenal",* y se usa el mismo neutro *hagion,* cuya traducción literal es "santuario", aunque en Romanos 12:1 fue traducida como "santo".

Ciertamente somos el santuario de Dios en nuestros cuerpos, como templos del Espíritu Santo.

Y en Romanos 12:3 somos instruidos acerca de cómo lograremos ser un sacrificio vivo, santo y agradable a Dios. Dice el texto que es un proceso dinámico de transformación –el griego *metamorphoo,* que es la raíz de metamorfosis–y requiere que lo vivamos en un tiempo de presente continuo.

El punto principal es dejar de vivir al estilo de vida del mundo, salir del molde de la vida trasgresora y pecaminosa, liberarnos del asedio de los deseos y las pasiones de la carne de la carne.

Pero esto no significa que debamos escondernos de este mundo, ni que huyamos de la compañía de los que viven al estilo del mundo. Sino que vivamos como un sacrificio vivo, al estilo de la nueva vida en Cristo Jesús.

Por lo tanto, necesitamos ser liberados de toda contaminación pecaminosa en nuestros cuerpos, lo que requiere una renovación de nuestra mente. No necesitamos una nueva mente o un nuevo cerebro, sino una renovación, una nueva mentalidad constantemente renovada para poder discernir qué es lo que Dios quiere que hagamos en cada circunstancia que nos toque vivir.

Debemos tener en cuenta que cuando estamos ante una elección, lo que es más honroso para la gloria de Dios y lo más beneficioso para nuestro prójimo, será seguramente contrario a los intereses de nuestro yo y de nuestra mente carnal. Se requiere el sacrificio vivo, santo y agradable para hacer siempre la voluntad de Dios, y rendir todos los derechos sobre nosotros mismos.

El Señor sabe que si nuestros corazones no están comprometidos, nuestras acciones tampoco lo estarán.

Lo que nos separa de Dios

Se requiere una acción de nuestra parte; una vez que Dios obró y nos liberó debemos desechar todo acercamiento al pecado, alejarnos y también huir de toda tentación pecaminosa, para nunca más volver a tener una doble vida.

Cuando nos postramos a orar al Señor, en la lucha contra el pecado que nos asedia, debemos pedir y buscar ser ungidos por una ira santa, impregnados por un odio santo contra todo pecado y sus frutos.

También es bueno confrontar nuestras vidas con los pecados que las Escrituras enuncian, y hacerlo nombre por nombre, para fortalecernos en un odio santo contra cada uno de ellos.

La meta de Dios es hacernos santos como Él es santo, y que lo seamos en toda nuestra manera de vivir. Creo que la carta de Pablo a los Gálatas en el capítulo 5:19-21 descubre por su nombre las obras del cuerpo generadas por la carnalidad humana en las mentes pecadoras.

Lo invito a que se detenga en cada nombre y definición de los pecados, y le pida a Dios: "Dame un odio santo sobre este pecado, quiero tu ira sobre él, ¡dámela ahora, mi Dios, en el nombre de mi Salvador! Amén". Pero si encuentra algo de simpatía retenida en su mente respecto a alguno de ellos, confiéselo al Señor y no siga adelante hasta recibir el odio de Dios por cada uno de estos pecados:

ADULTERIO: del griego *moichea*, denota a alguien que tiene relaciones sexuales ilegítimas con el cónyuge de otro. Jesús dijo en Mateo 6:27-28: "Oísteis que fue dicho: No cometerás adulterio. Pero yo os digo que cualquiera que mira una mujer para codiciarla, ya adulteró con ella en el corazón". En el sentido espiritual es pecado cuando un creyente quebranta su relación con Dios, por mantener afinidad o amor por las cosas del mundo.

FORNICACIÓN: del griego *porneia*, se refiere a cualquier relación sexual fuera del matrimonio, por lo tanto ilícita. Hay dos pecados que tienen una fuerza casi irresistible aún para los creyentes, y el consejo de Dios es "huir" de ellos. Dice 1 Corintios 6:18: *"Huid de la fornicación"*. También se aconseja lo mismo para con la idolatría.

INMUNDICIA: del griego *akatharsia*, denota un acto de suciedad física y moral, que incluye cualquier depravación sexual, desde practicar relaciones sexuales entre varones o entre mujeres, hasta las relaciones sexuales de seres humanos con animales. Romanos 1:24 dice: *"Por lo cual Dios los entregó a la inmundicia, en la concupiscencia de sus corazones, de modo que deshonraron entre sí sus propios cuerpos..."*. También incluye la participación en la pornografía, por medio de revistas, libros, películas o videos con contenido de sexo explícito.

LASCIVIA: del griego *aselgeia*, denota libertinaje moral, indecencia desenfrenada y disolución con conducta desvergonzada. En Romanos 1:26 dice: *"Por eso Dios los entregó a pasiones vergonzosas; pues aún sus mujeres cambiaron el uso natural por el que es contra naturaleza, y de igual modo también los hombres, dejando el uso natural de la mujer, se encendieron en su lascivia, unos con otros, cometiendo hechos vergonzosos hombres con hombres..."*.

IDOLATRÍA: del griego *eidolatria*, se refiere a la persona que voluntariamente se somete a las ideas depravadas que proviene del ídolo que venera. Los pecados de inmoralidad de la carne, son considerados idolatría, pues permiten que la búsqueda de sus propias y egoístas pasiones los esclavice, y cometen pecados con la mente y con el cuerpo contra Dios. En 1 Corintios 10:14 dice: *"Por tanto, amados míos, huid de la idolatría"*.

HECHICERÍAS: del griego *pharmakia*, significa primariamente el uso de fármacos, drogas o encantamientos, con fines predeterminados hacia la invocación de poderes ocultos. Se aplican amuletos y talismanes para atacar o defender al paciente del poder de los supuestos enemigos espirituales. Es la práctica de las artes mágicas. Involucra cualquier participación en el ocultismo, y al mundo de las tinieblas.

ENEMISTADES: del griego *echthra*, denota aborrecer, ser hostil o enemigo de alguien. En el Sermón del Monte Jesús dice que si estamos enemistados con alguien y queremos llevar una ofrenda a Dios, debemos postergar la ofrenda e ir primeramente a reconciliarnos con el enemistado (Mateo 5:23-24).

PLEITOS: del griego *eris,* es un acto de contienda o pelea contra alguien.

CELOS: del griego *zeloo,* es pecado en el sentido de anhelar ardientemente algo que le fue concedido o pertenece como cualidad a otro.

IRRAS: del griego *thumos,* es un arrebato sostenido de enojo violento, es la condición más agitada de los sentimientos humanos, por indignación interna. La ira es altamente peligrosa porque hace hervir el corazón y puede llevar a la venganza contra el otro.

CONTIENDAS: del griego *eruthia,* literalmente significa rivalidad; denota el impulso de alcanzar lo suyo propio, o de lograr mezquinas ambiciones por medio de las riñas y la violencia.

DISENCIONES: del griego *dichostasia,* causar divisiones, literalmente proviene de *di:* división y *chestasis:* estar aparte. Traer discordia o romper los lazos de la familia. Incluye los chismes como instrumento de división.

HEREJÍAS: del griego *haireis,* una opinión errónea que toma el lugar de la verdad, y que al no someterse a ella, conduce a la división y a la formación de sectas.

ENVIDIAS: del griego *phthonos,* significa envidia, que es un profundo sentimiento de disgusto y resentimiento por oír o ser testigo de la prosperidad o felicidad de otro.

HOMICIDIOS: del griego *phonos,* es cometer un asesinato contra alguien, o quitarle la vida violentamente. En el Sermón del Monte Jesús nos recuerda el mandamiento de Dios que dice: *"No matarás, y cualquiera que matare será culpable de juicio".* Pero el Señor amplió el cumplimiento de este mandamiento a todo pensamiento de mal o insulto degradante contra cualquier persona (Mateo 6:21-23).

BORRACHERAS: del griego *metje,* denota el acto de embriagarse con bebidas alcohólicas. El resultado de las borracheras es que la persona pierde el control de sí misma y puede cometer cualquier tipo de mal a otro. En el sentido metafórico, se dice de las personas que viven embriagadas con el abuso del poder y de las abominaciones de los placeres del mundo.

ORGÍAS: del griego *komos*, se refiere a los desenfrenos morales, a las fiestas privadas donde prevalecen las borracheras, intoxicaciones con drogas y perversiones sexuales en las que participan varias personas a la vez, tanto heterosexuales como homosexuales.

(COSAS) SEMEJANTES A ESTAS: del griego *homoiopathes*, significa literalmente sentimientos o pasiones semejantes.

Debemos hacernos enemigos tenaces de cada uno de los pecados enunciados, tal como es enemigo de cada uno de ellos el Espíritu Santo de Dios (Gálatas 5:17).

En el momento de recibir la salvación de nuestras almas, Dios nos confiere una posición de santos, nos separa para Él. Y, además, el Espíritu Santo nos impregna de su santidad y pone en nuestros corazones los deseos de ser santos en nuestra conducta.

Esta santidad dependerá de cómo mantengamos la pureza de nuestras mentes y las acciones de nuestro cuerpo, enfocadas en la obediencia a la Palabra de Dios, que nos exhorta a salir de los moldes de la mentalidad mundana, y buscar siempre la transformación de nuestra mentalidad para hacer la voluntad de Dios y nunca más la nuestra.

Lo que nos separa del mundo

Creo que el mandato de Señor es conciso y simple: primero debemos presentarnos ante Dios y ofrecernos como un sacrificio viviente, y luego, no conformarnos más a los moldes de la manera de vivir del mundo, y buscar transformarnos en la renovación de nuestras mentes, para vivir en santidad, a la nueva manera de Dios.

El cumplimiento de esta solicitud se hará efectiva si nos presentamos cada día ante Dios por sus misericordias recibidas. Debemos hacerlo como seguidores de Cristo, como si estuviéramos alineados en las filas de los condenados a muerte y vamos tras Jesús con nuestra propia cruz de sacrificio.

El Señor nos dijo que si queremos seguir sus pasos, debemos tomar la cruz del sacrificio nuestro cada día.

Esto significa que cada día debemos reiterar y renovar ante el Señor nuestro ofrecimiento voluntario de ser un sacrificio viviente para Él.

La santidad de Dios solo será evidenciada cuando nuestras conductas sean semejantes a la conducta santa que vivió Jesús cuando estuvo en la Tierra.

Ser santos en nuestra conducta requiere un esfuerzo cotidiano para no caer en la tentación del pecado o en las asechanzas del diablo; no es que debemos vivir pendientes de no pecar. Todo lo contrario, debemos vivir pendientes de que nuestro sacrificio esté vivo, para que nuestra mente carnal nunca más se enseñoree de nuestros cuerpos y de nuestras pecaminosas conductas, porque está muerta y bien sepultada.

Quiero invitarlo a hacer una oración de consagración, lo invito a que se presente una vez más ante Dios, como un sacrificio vivo, santo y agradable al Señor. Yo hice esa oración cuando fui ordenado Ministro de Dios, en la que manifestaba mi total entrega al Señor y aceptaba ser apartado para su servicio; sin embargo, volví a presentarme muchas veces más ante Él.

No porque aquella oración haya sido ineficaz, sino porque la vida que le había ofrecido a Dios, una y otra vez se la quité para servirme a mí mismo, y lo peor de todo es que me he encontrado algunas veces sirviendo a Dios aunque estaba separado de Él.

Yo no sé si le ha ocurrido lo mismo, pero creo que hoy tiene una nueva oportunidad de decirle a Dios que usted sigue estando disponible para Él.

Pero en esta oportunidad debe incluir algo más. Antes de tomar la decisión de hacerlo, el Señor nos demanda salirnos de los moldes del mundo, por medio de la renovación de nuestro entendimiento.

Ante todo, analicemos la profundidad de este concepto. La palabra *"entendimiento"* de Romanos 12:2 fue traducida del griego *nous*, que significa "la mente como asiento de la conciencia reflexiva, que abarca las facultades de la percepción y la comprensión.

Se trata de que comencemos a percibir todas las cosas que provienen de la mente del Señor, y dejemos de lado toda percepción que se origina en nuestra mente sensitiva.

¿Qué es lo que tenemos que comprender o percibir en la renovación de nuestro entendimiento? Principalmente, conocer cuál es la actitud de Dios hacia el pecado. Este entendimiento nos separará de todo afecto hacia los deseos y las costumbres de este mundo, porque percibiremos el profundo odio que Dios tiene hacia el pecado. Entonces odiaremos el pecado en pensamiento, palabra y hecho, cuando logremos alcanzar ese odio por la renovación de nuestras mentes, porque ese es el punto fundamental cuando llega la tentación, allí es donde nace todo pecado. Allí mismo debemos separarnos con odio de la propuesta pecaminosa.

Renovarnos en el entendimiento es cambiar de mente, de corazón y de manera de vivir respecto al pecado, y solo así podemos experimentar el verdadero arrepentimiento que nos llevará a buscar la santidad de conducta y la integridad de corazón, para ser santos como Dios es Santo. Y esta será nuestra verdadera liberación del pecado, para siempre.

Y ahora sí, en este espíritu le invito a repetir estas palabras en oración:

"Amado Señor y Salvador mío:

una vez más vengo a presentarme ante ti.

Vengo dispuesto a pagar el precio, para ofrecerme como un sacrificio viviente, para ser usado por ti.

Quiero desligarme ante ti de mi egoísmo y de mi autosatisfacción, para que sean quemados en el fuego de tu altar.

Quiero separarme solo para ti, y agradarte para siempre.

Crea en mí, oh Dios, un corazón limpio,

Y renueva un espíritu recto dentro de mí.

Cantará mi lengua tu justicia a todos los pueblos y naciones.

Y publicará mi boca tu alabanza a todas las gentes de la Tierra, por amor a tu nombre, y por siempre,

¡amén!

279

Para comunicarse con el autor: e-mail: mbertolini@attglobal.net

www.labibliateguia.com

EXPONIENDO
LA HECHICERÍA
EN LA IGLESIA

En la actualidad, muchos cristianos no se dan cuenta de la sutil influencia de la hechicería en sus vidas. Satanás es un hábil manipulador que desea despojar a la iglesia de su poder. Él sabe que su destino final implica pasar la eternidad en el lago de fuego, y hará cualquier cosa posible para prolongar su influencia en el mundo y en la iglesia. Las operaciones encubiertas de Satanás están aumentando más que nunca en esta época, y necesitamos aprender a identificar sus influencias en nuestras vidas.

USTED DESCUBRIRÁ:

♦ Las sutiles (y no tanto) influencias de la hechicería en la iglesia.

♦ La relación entre culpa, condenación y hechicería.

♦ Cómo detectar la hechicería.

♦ Lo que la Palabra viva y eficaz de Dios tiene para decir en respuesta a la influencia de la hechicería.

♦ Cómo apropiarse de la victoria de la cruz sobre las influencias de la hechicería.

w w w . p e n i e l . c o m

Cómo hacer lo imposible

ORAL ROBERTS

Fundador y rector de la Universidad Oral Roberts, en Tulsa, Oklahoma, EE.UU., es reconocido como una de las personalidades sobresalientes de su generación, como *educador, evangelista y autor.*
Ha tenido numerosas cruzadas de evangelismo y sanidad en los cinco continentes, y es autor de más de cien libros.

"Lo que digo en este libro es tan real como Dios es real, y tan fresco como el rocío de la mañana. Aunque soy un estudioso, el consejo que doy no es mero conocimiento teórico, le estoy compartiendo la vivencia de años de enfrentar la adversidad y experimentar los milagros y la inconfundible presencia y acción del Dios Todopoderoso.

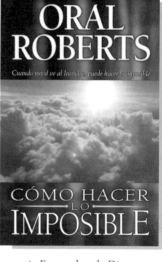

Yo he estado en medio de las críticas, en momentos donde nada parece dar resultado, pero me rehusé sentarme y esperar morir. En nombre de Dios y a favor de la liberación me he levantado y marchado dando golpes donde debía darlos.

Quizás usted este pasando por lo mismo, quiero desafiarlo a obedecerle a Dios, ver al invisible y hacer lo imposible. Antes que Moisés pudiese emprender la tarea imposible de liberar al pueblo de Israel del cautiverio egipcio, ¡se dice que él vio al invisible! Eso cambió por completo su vida, de un tartamudo, titubeante e incrédulo, a un firme creyente, ungido y poderoso en palabras. ¡Lo mismo le puede ocurrir a usted!".

Cuando usted ve al Invisible, puede hacer lo imposible